社会资本视角下农村
中小企业信贷融资机制创新

林丽琼　著

前言 Foreword

农村中小企业作为农村金融需求的主体之一，其信贷融资问题历来受到理论界和政策层的高度关注。为此，国家出台了相关政策和条例，理论界也进行了不少的探索，但农村中小企业信贷融资难似乎是一个顽疾，难以根除。笔者从2001年开始关注农村金融，致力于农村中小企业融资问题的研究。经过长期的摸索，本书最终选择了社会资本视角，这与以往有关农村中小企业信贷融资的多数研究局限于主流经济学范畴形成鲜明对比。本书选择这样的视角，主要基于以下考虑：一是近年来无论是国家出台的解决农村中小企业信贷难的政策举措还是理论界的政策建议大多收效甚微，当然，国家出台相关政策的初衷不能否认，但是任何政策的出台都需要与农村社会的实际情况相适应；二是农村中小企业作为企业组织嵌入在农村这个熟人社会或至少是半熟人社会，其融资带有很强的社会性，信任、关系网络、规范等社会资本对农村中小企业信贷产生重要的影响；三是在促进农村中小企业信贷交易的达成上，社会资本理论和信贷融资理论之间存在很好的切合点。因此，本书从经济社会学角度研究农村中小企业信贷融资问题，希望能够弥补传统研究的不足，并为政府在制定农村中小企业融资决策方面提供科学的参考依据。

本书的意义不再局限于为农村中小企业信贷融资提供理论支持和政策建议，而是进一步扩展到为这些新政策的推行提供更为微观和细致的提示。因为在本书有限的篇幅中，不仅系统地诠释了社会资本作用于农村中小企业民间借贷和正规信贷获得的作用机理，还包括采用了实地调查获取的大量样本数据资料对社会资本影响农村中小企业信贷可得性进行的计量分析和案例研究，尤其是书中运用了多案例研究，对于弥补社会资本计量分析的不足发挥了重要作用。本书的最后提出了构建有助于农村中小企业获得信贷的社会资本机制及现实途径。因此，主要内容有：(1)对企业主社会资本进行操作化定义，采用问卷调查数据从企业主的社会关系网络、信任、规范三个社会资本分量对企业主社会资本进行描述分析，归纳企业主的社会资本特征，为本书研究构建社会资本的理论分析框架；(2)从企业主的社会资本角度探讨农村中小企业民间借贷和正规信贷获得的作用机理，为实证研究提供理论依据；(3)采用样本数据和典型案例对企业主社会资本作用于农村中小企业民间借贷和正规信贷可得性进行分析，为理论研究提供实证支持；(4)从社会资本角度提出构建农村中小企业信贷融资机制的政策建议。

在研究方法上，主要运用规范研究与实证研究、定性与定量相结合的方法对农村中小企业信贷融资机制进行研究。在实证研究过程中，第3章运用描述性统计方法分析农村中小企业业主的社会资本状况和特征。第5章运用因子分析方法对企业主社会资本进行因子分析，采用主成分分析方法提取了企业主社会资本的7个公共因子，进一步将所得因子值与农村中小企业民间借贷和正规信贷可得性进行Logistic回归检验。第6章采用多案例研究方法分类例证企业主社会资本对农村中小企业信贷可得性的作用。

通过理论和实证研究得到以下主要结论：(1)企业主社会资本作为整体对农村中小企业信贷可得性的影响较为显著，社会资本越传统，企业越依赖民间借贷；社会资本越现代，企业越容易获得正规信贷。(2)在社会资本的分量指数中，熟人信任、普遍信任、规范对企业民间借贷可得性具有显著的正向影响，其他社会资本分量指数对企业民间借贷可得性的影响并不显著。(3)传统社会资本的负面效应使得企业难以突破对民间借贷的融资依赖。(4)在社会资本分量指数中，网顶、熟人信任、贷款认知性三个变量对企业正规信贷可得性的影响是显著的，且是正向关系；普遍信任、规范两个变量的影响是显著的，且是负向关系；其他社会资本分量指数对企业正规信贷可得性的影响则不显著。(5)整合社会资本对企业获得正规金融机构贷款具有重要的作用。

从社会资本角度系统研究农村中小企业信贷融资机制是一个新的尝试,具有一定的开创性。与以往研究相比,本书有独特的创新点和研究特色:

第一,采用可操作性强的24个指标测量企业主社会资本,较为全面、客观地衡量了农村中小企业业主的社会资本;

第二,从社会资本角度透视农村中小企业民间借贷嵌入性依赖的机制,剖析农村中小企业突破正规信贷融资障碍的社会资本机理,构建了一个较完整的分析农村中小企业信贷融资的社会资本理论视角;

第三,将因子分析方法和Logistic回归模型运用于企业主社会资本对农村中小企业信贷可得性的研究,实现了研究方法应用上的创新;

第四,从社会资本这个全新的角度提出构建农村中小企业信贷融资的社会关系网络、信任、规范约束等机制。

当然,社会资本作为一个研究企业信贷融资的新视角,还有许多有待进一步开展的研究,如由于数据的可得性和研究的难度,部分研究的结论难以采用数据进行直接检验,只能通过典型案例进行佐证,因此,如何采集数据并进一步拓展研究结论的应用范围值得继续探索。又如从企业主社会资本切入分析农村中小企业信贷融资问题,抓住了企业社会资本中的核心组成部分,而如何进一步系统全面地分析企业社会资本影响农村中小企业信贷可得性成为将来研究的方向。

需要特别指出的是，本书的出版得到了国家社科基金青年项目（12CGL022）、福建省社科规划项目（2010B057）和福建省科协决策咨询研究课题项目的资助，在此对这些项目的支持表示衷心感谢。此外，本书的写作由笔者独立完成，书中观点仅代表个人观点，由于理论功底不深和知识水平有限，书中难免存在错误和遗漏之处，笔者对此承担责任。

目　录 Contents

第1章　导　论　/ 1

1.1　问题的提出　/ 1

1.2　研究内容和技术路线　/ 6

1.3　理论工具和研究方法　/ 9

1.4　数据来源与调查方案　/ 11

第2章　相关理论回顾与文献综述　/ 14

2.1　信贷可得性的界定　/ 14

2.2　信贷融资理论回顾与文献述评　/ 17

2.3　社会资本理论研究综述　/ 38

2.4　社会资本与信贷融合研究综述　/ 48

2.5　小结　/ 53

第3章　农村中小企业社会资本考察　/ 55

3.1　农村中小企业社会资本的界定　/ 56

3.2 企业主:企业社会资本研究的逻辑起点 / 59
3.3 企业主社会资本透视 / 62
3.4 企业主社会资本的特征 / 81

第4章 社会资本对农村中小企业获得信贷的作用机制 / 86

4.1 农村中小企业信贷融资需求的特殊性 / 86
4.2 农村中小企业民间借贷嵌入性依赖机制 / 93
4.3 农村中小企业正规信贷获得的社会资本机理 / 106
4.4 小结 / 116

第5章 社会资本作用于农村中小企业信贷可得性的实证分析 / 119

5.1 企业主社会资本的因子分析 / 120
5.2 企业主社会资本与信贷可得性的实证分析 / 132
5.3 结论与讨论 / 152

第6章 社会资本作用于信贷可得性的案例分析 / 158

6.1 案例资料来源 / 158

6.2 传统社会资本与民间借贷的案例分析 / 160
6.3 现代社会资本与正规信贷的案例分析 / 168
6.4 整合社会资本的作用 / 176
6.5 结论与讨论 / 186

第7章 研究结论与政策建议 / 189

7.1 研究结论 / 189
7.2 创新农村中小企业信贷融资机制的政策建议 / 197
7.3 研究的不足之处及未来研究展望 / 216

参考文献 / 218

附 录 / 238

附录1 社会资本与中小企业融资情况调查表 / 238
附录2 社会资本与信贷可得性赋值处理结果 / 247
附录3 社会资本分量指数与总指数 / 277

后 记 / 305

第 1 章

导　论

1.1　问题的提出

改革开放以来，以中小企业为主体的非公有制经济不断发展壮大，对中国经济增长的贡献作用巨大，然而中小企业在发展过程中面临严重的资金瓶颈约束，中小企业的贡献与受到正规金融机构的待遇不匹配。由于中小企业自身规模小，财务报表制度不健全又无法提供有效的抵押物，经营稳定性较差，风险承受能力比较低，银企之间存在严重的信息不对称、违约率高、交易成本高等问题使得中小企业往往不能从正规金融机构得到足额的信贷资金，不得不转向民间金融渠道筹集资金，而民间金融又由于资金规模小、借贷利率高，无法满足中小企业的资金需求。因此，如何解决中小企业融资问题是一项紧迫而艰巨的任务。

实际上，由于农村经济的“弱质性”、农村城镇化水平严重滞后、城乡“二元”分割等条件的存在，使得农村地区的盈利性投资变得十分稀缺，在这种背景下，正规金融机构必然从农村地区吸走大量资金，形成“抽水机”效应。正如Stiglitz和Hoff所指出的发展中国家的农村金融是典型的二元形态。在中国农村金融市场上，国有商业银行缺乏信息的搜寻、监督、执行等方面的优势，因而不断调整经营战略，撤并农村机构网点（2007年末县域四大国有商业银行机构的网点数为2.6万个，比2004年减少6743个；金融从业人员43.8万人，比2004年减少3.8万人）；邮政储蓄银行虽然可以开展面向农村的小额贷款服务，但其发展仍以零售业务和中间业务为主；农村金融“新政”[①]及国家信贷政策[②]的调整并没有改变农村地区金融供给不足、竞争不充分的局面，形成典型的城乡“二元”金融格局。因此，信息透明度差、缺乏抵押

① 2006年12月中国银行业监督管理委员会发布了《关于调整放宽农村地区银行业金融机构准入政策更好支持社会主义新农村建设的若干意见》，适度调整放宽农村地区银行业金融机构准入门槛。

② 2008年9月16日起下调一年期人民币贷款基准利率0.27个百分点，意味着2004年4月25日起的“银根紧缩”周期结束。

担保品的农村中小企业[①]受到更严重的正规信贷约束。

然而，农村中小企业却普遍地存在着依赖血缘、亲缘、地缘等关系的民间融资现象。通过对国内外文献的整理发现，在发展中国家或地区的中小企业融资结构中，正规金融所占比重很小，而内源融资和依靠人缘、地缘关系或其他商业关系获取信息的民间金融是中小企业创立和成长的主要资金来源[②]。笔者的调查结果同样反映了这个问题，在350家农村中小企业中，210家企业在2006—2008年的生产资金主要来源于民间借贷。显然，农村中小企业作为一个企业组织嵌入在农村这个熟人社会或至少是半熟人社会，其融资特点带有很强的社会性，农村社会中血缘、亲缘、地缘等非经济因素对其融资必然会产生影响。

从理论研究看，绝大多数与农村中小企业信贷融资相关的研究都被界定在一个比较狭义的主流经济学范围内进行，因此，从这些研究中得出的结论对于破解农村中小企业信贷融资困境问题效果并不理想。而超越主流经济学的关于农

① 本书定义的农村中小企业是指在乡镇及其以下地区进行生产的，从事制造业、建筑业、批发零售业、住宿和餐馆业等行业，职工数、销售额和资产总额符合《中小企业标准暂行规定》(国经贸中小企业〔2003〕143号)、《统计上大中小型企业划分办法(暂行)》(国统字〔2003〕17号)和《部分非工企业大中小型划分补充标准(草案)》(国资厅评价函〔2003〕327号)规定的农村私营企业。在笔者的调查对象中，农村私营中小企业多数是家族式经营，因此，本书所指的农村中小企业与家族企业有着很大的交叉。

② 林毅夫，孙希芳. 信息、非正规金融与中小企业融资[J]，经济研究，2005(07)：35～44

村中小企业信贷融资的研究鲜为少见。林毅夫、孙希芳通过假定借贷双方都是异质的情况下，分析了正规金融的信息劣势以及民间金融的信息优势，在正规金融和民间金融并存的信贷市场上，民间金融改善了整个信贷市场的资源配置效率。那么，民间金融究竟通过什么渠道获取有益于借贷的信息？在正式制度约束力不足的情况下，民间借贷合约又是如何得到有效的执行？问题的关键是，正规金融能否通过某种方式获取有益于信贷决策的信息，抑或是改变对企业的经济担保要求为社会担保，实现信息不对称下的农村信贷市场效率的改进？显然，这属于社会资本范畴。

社会资本理论是20世纪80年代发展起来的一种新的分析途径，为人们提供了一个理解社会的新视角。从有关对社会资本进行讨论的文献中可以看出，社会资本具有重要的经济功能，在宏观方面，社会资本对经济增长、金融发展、反贫困及民主建设等诸多方面都有非常重要的作用；在微观方面，社会资本对家庭收入的增长、个人就业、企业获得信贷等方面作用重大。其中，关系网络、信任、规范构成社会资本的三大基本要素，并且具有克服不对称信息、弥补正式制度缺陷、解决集体行动困境、降低交易成本、促进交易等的作用。可以说，在促进农村中小企业信贷交易的达成上，信贷融资理论与社会资本理论找到了共同的落脚点和切合点，这是本书选择从社会资本角度研究农村中小企业信贷融资的重要依据。近年来,国内外部分学者已经运用社会资本理论对中小企业融资问题进行研究。少数学者对农村中小企业借贷的研究其实已经触及到社会资本,开始注意家族、关系、信任、网络等对农村中小企业借贷行为的影响。但是,这些研究多数是零星的、缺乏系统的。

基于上述的分析,选择从社会资本角度对农村中小企业信贷融资进行研究,其研究的意义在于两个方面:理论上,为研究农村中小企业信贷融资提供一个新的理论视角,弥补传统的主流经济学研究的不足,从而有助于完善中国农村中小企业信贷融资理论;实践上,从社会资本角度探索破解农村中小企业信贷融资困境的崭新思路及现实途径,为政府在制定农村中小企业融资决策方面提供科学的参考依据,为企业制定经营发展战略和选择融资策略在观念和思路上提供有价值的参考。

1.2 研究内容和技术路线

1.2.1 研究内容

根据国内外有关中小企业信贷融资以及社会资本研究的现状，选择从社会资本角度切入研究农村中小企业信贷可得性，找出社会资本对农村中小企业信贷获得的作用机制，实证研究分析社会资本对农村中小企业信贷可得性的影响，试图从一个全新的角度为破解农村中小企业信贷融资困境提供政策建议。因此，全书共分为七个部分，具体如下：

第1章导论。说明选题背景，构建研究内容和技术路线，阐明理论工具和研究方法选择，交代实证资料收集方法以及研究目标和本书的创新之处。

第2章相关理论回顾与文献综述。梳理信贷融资及社会资本相关研究的进展，找出研究视角。在对已往文献进行述评的基础上，得出若干启示。

第3章农村中小企业社会资本考察。着重对社会资本进行操作化定义，以所调查的数据从社会关系网络、信任、规范三个社会资本分量对企业主社会资本进行描述分析，并从社会资本分量和社会资本总指数两个方面归纳出企业主社会资本特征，目的是为了构建农村中小企业信贷融资机制研究的社会资本理论分析框架。

第4章社会资本对农村中小企业获得信贷的作用机制。着重从企业主社会资本角度剖析农村中小企业民间借贷嵌入性依赖机制，探讨企业获得正规信贷的社会资本机理，为实证研究提供理论依据。

第5章社会资本作用于农村中小企业信贷可得性的实证分析。尝试采用24个指标测量企业主社会资本，运用主成分分析方法提取社会资本公共因子，进一步运用描述性统计方法和Binary Logistic回归模型对企业主社会资本影响农村中小企业信贷可得性进行检验。

第6章社会资本作用于信贷可得性的案例分析。通过对深入调研收集的案例进行个案筛选，选用典型的多案例①研究分类例证，进一步验证企业主社会资本对农村中小企业信贷可得性的作用。

第7章研究结论与政策建议。在前面章节讨论的基础上，得出一些结论性的认识；并提出构建农村中小企业信贷融资的社会资本机制的政策建议。

1.2.2 研究的技术路线

运用社会资本理论，按照"文献综述→提出问题→分析问题→解决问题"的逻辑思路对农村中小企业信贷融资机制进行研究，拟采取的技术路线如图1-1所示。

---

① (美)罗伯特·K.殷著. 案例研究设计与方法[M]. 周海涛(主译). 重庆：重庆大学出版社，2007：14～19

研究步骤
文献综述
提出问题
分析问题
解决问题
研究内容
信贷融资理论文献述评
社会资本理论研究综述
社会资本与信贷融合研究综述
文献综述的启示
农村中小企业社会资本考察
社会资本对农村中小企业获得信贷可得性的作用机制
社会资本作用于农村中小企业信贷可得性的实证分析
案例研究
研究结论与政策建议
研究方法
分类法 归纳法
描述性分析
规范研究
实证研究
因子分析 回归分析

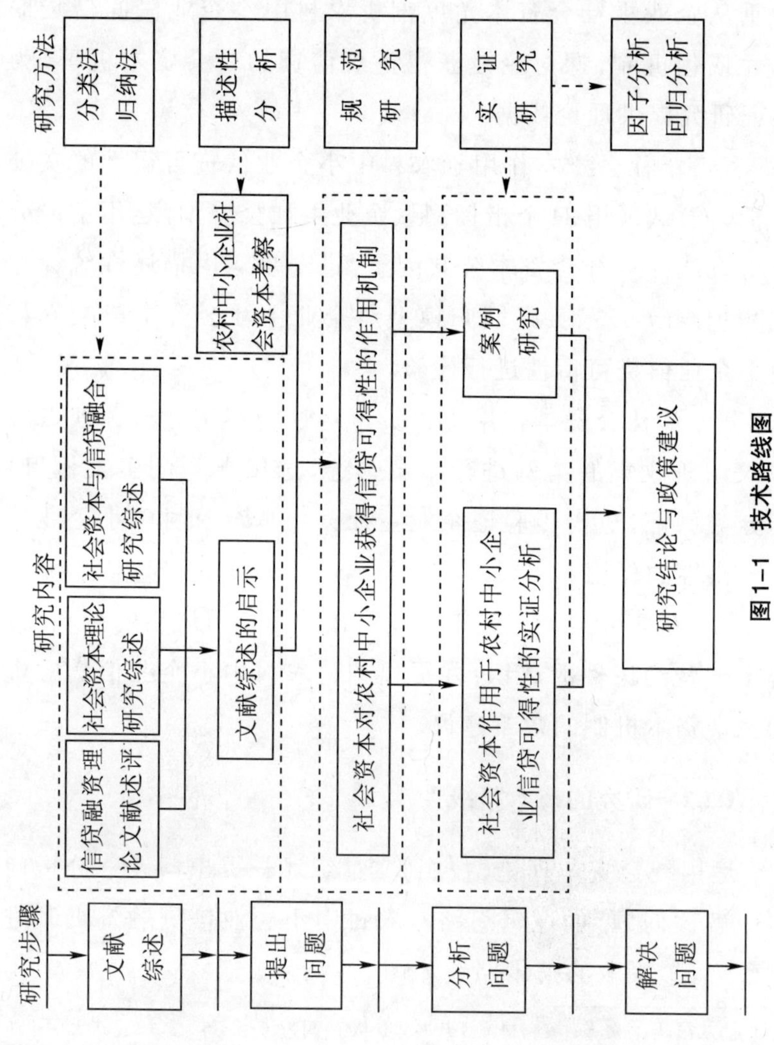

图1-1 技术路线图

1.3 理论工具和研究方法

本书采用跨学科的理论工具，围绕社会资本这个核心概念，综合社会学、经济学、管理学等学科的前沿研究成果，重点运用社会资本理论，并结合采纳信息不对称理论、关系型借贷理论以及民间金融理论等研究成果，对农村中小企业信贷融资机制进行深入研究。

在具体研究过程中，主要运用规范研究与实证研究、定量和定性分析相结合的方法，针对研究的具体问题，灵活采用不同的方法。第2章运用分类法和归纳法对信贷融资和社会资本研究的相关文献进行分类、归纳和总结。第3章运用描述性统计分析方法分析农村中小企业业主的社会资本状况，归纳企业主的社会资本特征。第4章运用规范研究方法分析社会资本对农村中小企业获得信贷的作用机理。第5章运用因子分析方法对企业主社会资本进行因子分析，采用主成分分析法提取企业主社会资本的公共因子，并将所得因子值与农村中小企业民间借贷和正规信贷可得性进行Logistic回归分析。第6章采用多案例研究方法进一步验证企业主社会资本对农村中小企业信贷可得性的作用。在实证研究过程中尽可能做到既采用定量方法又采用定性方法，定量方法的好处是可以用有限的几个变量来对社会现象做出普遍性的解释，从而达到对社会现象的认识，但定量方法不能揭示事物背后的规律，而定性方法中的个案研究却可以弥补这个不足，虽然个案研究因样本选取的限制缺乏代表性，缺乏普遍解释力。因此，定量和定性相结合弥补了研究方法上的不足。

1.4 数据来源与调查方案

1.4.1 数据来源说明

全书实证研究部分采用的数据均来源于调查所获得的数据。第3章对企业主社会资本状况以及特征的描述分析和第5章对企业主社会资本影响农村中小企业信贷可得性的计量分析所用数据均是2008年5～9月对福建省5个设区市(福州、泉州、莆田、宁德、南平)乡镇及以下的中小企业调查所取得的。第3章和第5章的图表数据也均来自对调查数据的整理和分析。

1.4.2 调查方案设计

根据实证研究的需要和研究所具备的条件,采用问卷调查与实地调研相结合的方式进行数据收集。此次调查问卷主要通过金融机构进行投放,具体的调查方案设计如下:

(1)调查对象

调查的对象是福建农村中小私营企业,其职工数、销售额和资产总额符合《中小企业标准暂行规定》(国经贸中小企业〔2003〕143号)、《统计上大中小型企业划分办法(暂行)》(国统字〔2003〕17号)和《部分非工企业大中小型划分补充标准(草案)》(国资厅评价函〔2003〕327号)的规定，行业所属为农林牧渔业、采掘业、制造业、建筑业、批发零售业、住宿和餐馆业等行业。

(2)调查范围与内容

调查范围为福建省福州、泉州、莆田、宁德、南平5个设区市位于乡镇及以下的中小企业。调查的内容包括企业基本情况、融资情况、社会资本情况三个部分，其中，24个企业主社会资本指标是调查的主要内容。

(3)调查方式

调查方式采用问卷调查与实地调研相结合的方式，其中，通过金融机构调查的采用随机抽样发放问卷；实地调研根据企业近3年的生产经营状况决定样本分布数量并进行比例抽样，采用面访问卷调查方式共发放28份问卷，并重点访谈了其中14家企业的业主。

(4)调查步骤

首先，调查问卷的设计。选择了12家熟悉的企业进行实地个案为主的预调查，搜集了大量个案数据，据此对问卷进行重新修订。然后，通过与人民银行福州中心支行调统处、商业银行、企业负责人、高校专家等对修订的问卷进行有针对性的交流，为最后的调查定案提供了许多有益的建议。

其次，问卷的正式投放。问卷于2008年5～9月正式投放，共向福建省5个设区市的农村中小企业发放540份问卷（每家企业1份），问卷要求由企业主填写。

最后，问卷回收与整理分析。2008年9月问卷调查工作结束：实际回收436份，回收率为80.74%，根据研究需要，本书对数据进行了筛选：第一，剔除研究中关键变量缺失的样本25个；第二，在剩余的411家样本企业中，32家企业位于城区、20家企业为集体企业、9家企业为外商独资企业，这些企业可能因所有制或所处地理位置不同等原因使企业较容易获得正规金融机构的贷款。由于城乡的“二元”金融格局，农村中小私营企业普遍较难获得正规信贷，因此，未对上述61家企业做分析，基于此，最后选择了350个有效样本。

经过对样本数据的整理发现，有效样本企业以工业和建筑业为主，占样本总数的59.43%，农业和服务业所占比重为40.57%。企业年龄为0～5年的样本企业数有153家，占样本总数的43.71%；企业年龄为5年以上的样本企业数有197家，占样本总数的56.29%，样本企业的行业分布和年龄分布基本合理。

第2章 相关理论回顾与文献综述

中小企业发展面临的资金瓶颈约束，是世界经济发展普遍存在的带有规律性的问题。国内外有关这方面的研究成果非常丰富，可谓汗牛充栋。根据研究需要，首先对信贷可得性进行界定，然后梳理有关信贷融资的主要理论、社会资本理论以及社会资本与信贷融资融合研究的相关文献，并对这些文献进行简要述评。

2.1 信贷可得性的界定

信贷在《不列颠百科全书》里的解释是指一方（债权人或贷款人）供应货币、商品、服务或有价证券，而另一方（债务人或借款人）在承诺的将来时间偿还的交易行为。因此，信贷有广义和狭义之分，狭义的信贷指货币借贷的信用活动，广义的信贷指所有有关借贷的信用活动总称，包括银行和非银行的信用活动。本书所指的信贷属于狭义范畴。从资金来源看，信贷可有正规信贷和民间借贷之分[①]。从监管的角度划分信贷，认为民间借贷是指处于金融当局监管之外的公民之间、公民与法人之间、公民与其他组织的资金借贷活动；正规信贷指经中央银行批准，受国家法律法规保护和金融当局监管的资金借贷活动。在农村信贷市场，正规信贷是指正规金融机构[②]的资金借贷，民间借贷指除银行等正规金融机构以外的资金借贷。相应的，信贷可得性也可分为正规信贷可得性和民间借贷可得性，正规信贷可得性是指借款主体能够从正规金融机构获得资金，民间借贷可得性是指借款主体从正规金融以外渠道获得资金[③]。信贷可得性的衡量有相当的难度，国外主要有两种测量方法。一是Petersen和Rajan采用间接衡量的方法。Petersen和Rajan指出直接衡量信贷可

① 目前对正规和民间借贷之间的界限还比较模糊。理论界总体上有两个大致的划分：一种是将焦点集中在金融机构的功能性特征上，如规模大小、劳动密集程度等；另一种是从法律特征上划分。转引自刘民权等.信贷市场中的非正规金融[J]. 世界经济，2003(7):61～73,80.另外，由于行文需要，文中部分内容使用“民间金融”概念，其实质是指民间借贷。

② 本书所提到的正规金融机构主要指在农村信贷市场上从事借贷活动的农村信用社、商业银行，除此之外都属于民间金融范畴。

③ 需要说明的是，农村信贷市场的民间借贷主要包括自由借贷、银背和私人钱庄、合会、典当业信用、民间集资、民间贴现和其他民间借贷组织(如金融服务公司、财务服务公司、股份基金会等)。转引自郭沛.中国农村非正规金融规模估算[J]. 中国农村观察，2004(02):21～25

得性非常困难，如用企业的负债率衡量信贷可得性，但企业的负债率高低由信贷需求和信贷供给同时决定，即负债率高低受需求（a demand constraint）和供给（a supply constraint）的双重约束，因而应该选择一个替代变量即商业信贷比率衡量信贷可得性。二是Cole使用直接衡量的方法。不同于Petersen和Rajan，Cole则使用企业申请的贷款是否被银行拒绝或同意来衡量信贷可得性。这两种衡量方法各有特点：间接衡量法较为准确，但数据难以获取；直接衡量法简单可行，更适合于抽样调查，但对所要研究的问题解释力较差。国内有林平等用贷款与负债比例指标衡量贷款可得性，该指标虽然能较好地解释贷款可得性，但常常因为数据是通过调查取得而不够准确；冯兴元用企业实得贷款额与企业对贷款的需求额比例衡量正规金融机构贷款可得性，用企业实得民间借贷资金额与企业民间借贷资金的有效需求额的比例衡量民间借贷可得性，但贷款的需求额和民间借贷资金的有效需求额都难以准确衡量，所以指标的操作性不强。除此之外，国内至今尚未见专门对信贷可得性指标进行界定的文章。由于研究条件的限制，本书借用了Cole有关信贷可得性的衡量方法，用“是”表示获得正规信贷或民间借贷，“否”表示没有获得正规信贷或民间借贷。

2.2 信贷融资理论回顾与文献述评

有关中小企业信贷融资的文献相当多，鉴于研究需要，着重梳理了有关信息不对称、关系型借贷、民间金融理论的研究成果，并对中小企业信贷融资难的原因及解决思路的进展进行了综述。

2.2.1 信贷融资理论回顾

2.2.1.1 信息不对称理论

信息不对称理论是用来解释中小企业信贷融资难的经典理论，是国内外许多学者对中小企业进行专题研究的理论基础。

信息不对称是信贷市场的典型现象。自 Stiglitz 和 Weiss 的《不完全信息市场中的信贷配给》发表后，信息不对称理论成为解释中小企业融资难的经典理论。Stiglitz 和 Weiss 认为，信息不对称是金融市场上的一个普遍现象，银行等正规金融机构无法在众多的借款人中甄别出哪些借款人有还款能力，哪些借款人无还款能力，这导致了逆向选择和道德风险问题，使得金融机构贷款的质量严重恶化。金融机构为了自身的利益和降低信贷风险，不得不采取信贷配给政策。与大企业相比，中小企业与银行间的信息不对称问题更严重，更容易受到银行信贷配给的约束①。有关信贷市场上信息不对称的经典文献还有如Bester②、Milde and Riley③等，但这些研究都假定金融市场上借款人是异质的，而贷款人是同质的，因此，难以用来解释民间金融和正规金融并存的信贷市场现象。

2.2.1.2 关系型借贷理论

关系型借贷(relationship lending)是20世纪90年代才引起经济学家关注的前沿问题，该理论认为银行在与企业长期交往过程中可以了解到许多内部信息，克服信息不对称，这构成关系银行相对于其他贷款人的比较优势。Peterson和Rajan最早使用美国1987年美国全国小企业金融调查(NSSBF)的数据，对于从业人数小于500人的3400家美国小企业的银企关系、信贷可得性等关系信贷问题进行系统的经验检测，分析了在关系型借贷而不是距离型借贷中，贷款条件的跨期优化才能实现。最后的结果显示：良好的银企关系无论对于企业贷款成本，还是信贷可得性都会产生有利的影

① Stiglitz, Joseph E.and Andrew, Wess.Credit Rationing in Markets with Imperfect Information [J]. American Economic Review, 1981, Jun, 71(3):392～410

② Bester, H..Screening Versus Rationing in Credit Markets with Imperfect Information [J].American Economic Review, 1985, 75, 850～855

③ Milde, H., John G. and Riley.Signaling in Credit Markets [J].The Quarterly Journal of Economics, 1988, 2

响，其中对信贷可得性的影响较为显著，对贷款成本的影响却并不显著。另外，企业所处地区的银行越集中，企业的信贷可得性也会显著提高[①]。Petersen和Rajan进一步探讨了信贷市场竞争对关系型贷款的影响。他们认为，垄断性信贷市场更有利于关系的形成并在企业陷入困境需要帮助时体现其价值[②]。Ennew和Binks也发现良好的银企关系能够提高信息传递的质量和数量，能够提高信任的水平。Berger和Udell用Petersen与Rajan(1994)同样的数据，集中分析抵押要求和利率对贷款额度(line credit)的影响，结果发现，具有较长借贷关系的企业，更少被要求提供抵押，贷款额度的利率是期限的减函数，说明借贷关系期限对信贷价格条款有一定的影响，但总体而言，借贷关系对企业贷款的可得性方面则更为重要[③]。

有关关系型借贷的研究为中小企业信贷可得性提供了一个相当强的理论支持，即长期的银企合作关系改善了企业信贷的可得性，但关系型借贷也是有成本的：一是软预算约束

① Petersen, M. A. and R. G. Rajan.The Benefits of Lending Relationships: Evidence from Small Business Data [J].The Journal of Finance, 1994, XLIX, 3～37

② Ennew, Christine T. and Martin Binks.The Provision of Finance to Small Businesses: Does the Banking Relationship Constrain Performance [J].The Journal of Small Business Finance 1995, 4 (1), 57～73

③ Berger, A. N. and G. F. Udell. Relationship Lending and Lines of Credit in Small Finance Firm[J].Journal of Business, 1995, 68:351～381

问题(soft-budget constraint problem),这是指当企业遇到经营问题甚至是财务危机时,银行由于害怕先前投入企业的贷款无法回收,而不得不继续向企业发放贷款以挽救之。如果企业意识到这一点,则可能会产生道德风险,比如企业经营者从事高风险投机或者工作不尽全力;二是套牢问题(hold-up problem),即当关系银行对企业取得信息优势时,将长期占有这种优势,而企业此时转向其他银行则是困难的,因而关系银行实现了对企业的信息俘获(informationally capture),此时银行有可能通过提高利率等来攫取高额垄断租金。尤其是在竞争有限、集中度高的市场上,这种可能性更大;相反,在竞争度较高的市场中,关系更难维持。Ongena和Smith(2000)发现企业与多个银行建立关系可以缓和套牢问题①,但这对贷款可得性不利,或者抬高了信贷成本(Masayo Shikimi)②。Elsas也研究了这个问题,认为关系型借贷必然与一定程度的银行垄断相关③。Agarwal和Elston的研究也显示关系型借贷会使银行与企业间产生利益冲突,尤

① Ongena, S. and D.C. Smith.What determines the number of bank relationships? Cross-country evidence [J].Journal of Financial Intermediation, 2000, Vol. 9, No.1, 26～56

② Masayo Shikimi (Tomiyama).Do Firms Benefit from Multiple Banking Relationships?: Evidence from Small and Medium-Sized Firms in Japan[WP].Institute of Economic Research, Hitotsubashi University Working Paper, 2005, No.d04～70

③ Elsas, R.. Empirical determinants of relationship lending [J].Journal of Financial Intermediation, 2005, Vol.14, No.1, 32～57

其会阻碍企业上市融资[①]。

国内有关关系型借贷较为成熟的研究并不多见，张捷在这方面的研究较有代表性。作者建立一个权衡信息成本与代理成本以寻求最优贷款决策位置的组织理论模型，证明了在关系型贷款上的小银行优势，从而指出长期合作的银企关系可增加企业信贷获得性[②]。张捷、梁笛通过实证研究证明较为紧密的银企关系对于缓解中小企业的融资约束起到了重要的作用[③]。当企业与数目较少的银行保持信贷关系时，企业的贷款约束会有较大幅度的降低。同时，银企关系对于企业的贷款条件也有很大影响。不紧密的银企关系导致企业只能获得抵押和担保贷款，并且贷款利率上浮的可能性也将增加。

2.2.1.3　民间金融理论

民间金融是指那些没有被官方监管、控制到的金融活动。大量的调查表明，在发展中国家和地区，民间金融对于中小企业融资具有异常重要的作用，甚至在一些已经实现了金融自由化的国家和地区，民间金融仍然不同程度地存在

① Agarwal, R.and J. Elston.Is there a Conflict of Interest in Universal Banking?: Evidence from Germany[J].Economics Letters, 2001, Vol.72, No.2, 225～232

② 张捷. 中小企业的关系型借贷与银行组织结构[J]. 经济研究, 2002(6): 32～37, 54

③ 张捷, 梁笛. 我国中小企业贷款约束的影响因素分析[J]. 暨南学报(人文科学与社会科学版), 2004(1): 40～44, 139

着。因此，有关民间金融理论的研究主要包括民间金融的一些基本特征、产生原因、运行机制等方面。Bose、叶敏和Schreiner等分析了民间金融的特征，包括利率高低、一般不要求抵押品、借款合约的执行主要不是依靠国家的法律体系，而是依靠当地的某种社会机制，民间金融市场的履约率往往高于正规金融部门[①]。对于民间金融产生的原因主要有：何田、柳松、程昆等认为是源于正规金融的缺位[②]；张杰、杜朝运、郭沛、史晋川和叶敏等认为是金融抑制的结果[③]；另外一些学者则从信息不对称的角度剖析民间借贷产生的根源。如Hoff和Stiglitz认为由于信息不对称，正规金融机构在农村信贷市场上对借款人的搜寻成本、监督成本、执行成本太高，使得正规金融机构在农村信贷市场丧失优势，民间

① Bose, P..Formal-informal Sector Interaction in Rural Credit Markets [J].Journal of Development Economics, 1998, 56:pp.265～280；叶敏．信息甄别机制与金融深化——温州金融案例研究[D]，浙江大学硕士学位论文，2002；Schreiner, Mark. Informal Finance and the Design of Microfinance, An Earlier Version of a Paper that Appearedin Development in Practice, 2000, Vol.11, No.5.[EB/OL].http://www.microfinance.com/English/Papers/Informal_Finance_Lessons.pdf, 2000-11/2008-10-13

② 何田．"地下经济"与管制效率：民间信用合法性问题实证研究[J]．金融研究，2002(11)：100～106；柳松，程昆．中国农村非正规金融：绩效、缺陷与治理[J]．农业经济问题，2005(08)：35～38，79

③ 张杰．中国农村金融制度：结构、变迁与政策[M]．北京：中国人民大学出版社，2003；杜朝运．制度变迁背景下的农村非正规金融研究[J]．农业经济问题，2001(03)：23～27；郭沛．中国农村非正规金融规模估算[J]．中国农村观察，2004(02)：21～25；史晋川，叶敏．制度扭曲环境中的金融安排：温州案例[J]．经济理论与经济管理，2001(01)：63～68

金融应运而生[①]。Diamond(1989)也指出在信息不对称的情况下,民间金融利用声誉机制对借款人进行监督[②]。林毅夫和孙希芳、张捷等人的研究认为,基于人缘、地缘而拥有的对借款者的信息获取优势以及由于借款人社会身份形成的"声誉机制",使得民间金融得以顺利开展。张杰认为在信息不对称的信贷市场里,民间金融具有比正规金融不可比拟的优势,它利用血缘、地缘、业缘等社会关系形成的社会网络降低借贷的信息搜寻、信息获得成本,在降低营运成本的同时还减少了违约带来的风险。林毅夫和孙希芳直接指出,信息不对称造成的事前的逆向选择和事后的道德风险是民间金融广泛存在的根本性原因。张胜林等、姚耀军、陈德付等认为民间金融是诱致性制度变迁的产物[③]。

显然,这些观点不能全面解释民间金融产生的根源。实际上,民间金融普遍存在的一个很重要的原因在于其能够较好地克服逆向选择和道德风险问题。刘民权等(2003)认为,由于地域、职业和血缘等原因,民间借贷市场上的借贷双方保持相对频繁的接触,贷款人对借款人的资信、收入状况、还

① Hoff, K. and J.Stiglitz.Imperfect information and rural credit markets: puzzles and policy perspectives[M].The Economics of rural organization: theory, practice, and policy, oxford press, 1993

② Diamond, D.W.. Reputation Acquisition in Debt Markets [J].Journal of Political Economics, 1989, 97(4): 828~862

③ 张胜林,李英民,王银光. 交易成本与自发激励:对传统农业区民间借贷的调查[J]. 金融研究,2002(2):521~921,031~431;姚耀军,陈德付. 中国农村非正规金融的兴起:理论及其实证研究[J]. 中国农村经济,2005(08):45~51

款能力等相对都比较了解，因此，民间金融具有信息优势[①]。王晓毅进一步指出，民间金融具有乡土性，乡土社会的亲戚朋友以及社会关系网都起着重要的作用[②]。因此，民间金融是建立在社会信誉和乡土亲情上的，具有相互信任的基础，借贷风险较小。林毅夫、孙希芳也认为，信息不对称造成的事先逆向选择和事后道德风险问题是导致民间金融广泛存在的一个更为根本性的原因。

以往的研究普遍发现，与正规金融相比，民间金融的贷款偿还率相当高，这种优势来自于民间金融良好的运行机制。在民间金融运行的过程中，非经济因素发挥了关键的作用。由于血缘、地缘关系形成的社区里的无形资源——社会资本约束借贷双方的行为，促使民间金融交易有效进行。这是一种社会担保机制（social collateral）（BesleyhCoate）[③]，或称隐性担保机制（implicit collateral）。黄君慈、罗杰认为传统民间信用的产生和发展根植于特殊主义信任系统的发展[④]。在传统封闭经济状态中，人们通常受地域限制而通过

① 刘民权，徐松，俞建拖. 信贷市场中的非正规金融[J]. 世界经济，2003(07)：61～73，80

② 王晓毅. 农村工业化过程中的农村民间金融——温州市苍南县钱库镇调查[J]. 中国农村观察，1999(01)：52～59

③ 转引自刘民权，徐松，俞建拖. 信贷市场中的非正规金融[J]. 世界经济，2003(07)：61～73，80

④ 黄君慈，罗杰. 声誉、关联博弈与民间信用私人实施机制[J]. 江淮论坛，2006(03)：55～58

血缘和地缘关系形成相对稳定的互助关系，这种互助关系是基于特殊主义信任系统构成的，民间信用的产生正是利用了系统内这种特殊主义来满足经济活动主体的融资需求。张杰指出，在中国广大的农村地区，纯粹的信用关系还未建立，而社会关系就成为人们在经济交换中可利用的重要资源，这种相互信任的社会关系，实际上就起到了抵押品作用。由于血缘、地缘、业缘等原因，借款人一旦违约，将受到社会惩罚，其声誉将大打折扣，因此，借款人考虑到高昂的违约成本，不会轻易选择违约，保证了民间金融的有效运行[①]（Bell；Arndt etc.；Chakrabarty 和 Chaudhuri）。显然，民间金融中的社会担保、声誉、关系、网络等已经具有社会资本属性，但从研究的进展情况看，目前尚缺乏从社会资本角度较为系统地研究民间金融问题，这也为本选题开辟了全新的研究视角。

2.2.2 中小企业信贷难的原因及解决思路述评

2.2.2.1 有关中小企业信贷难原因的研究述评

国外学者对中小企业信贷难的原因主要从信息不对称、银企关系、企业借款声誉和银行规模结构[②]四个方面进行分

① Bell(1990)，Arndt etc(2001)，Cbakrabarty and Chaudhuri(2001)都指出社会惩罚机制使得民间借贷违约率低下。

② 田晓霞(2004)从货币政策、金融自由化、银行业合并及结构调整三个方面梳理了宏观经济政策对小企业融资影响的观点，其综述较为完整。

析。既有的研究表明，除了资金成本、风险偏好等差异之外，对于放贷决策来说，正规金融和民间金融面临的最大差别主要是信息的搜取与甄别（Stiglitz 和 Weiss； Debraj Ray； Pranab，Bardhan 和 Christopher Urdy）。持信息不对称观点的学者认为在信贷市场上企业对自己的财务状况及项目情况非常了解，而银行对此并不完全知情，因此，企业具有明显的信息优势，这样，在借贷过程中经常会出现逆向选择和道德风险问题。国外有关银企关系的研究较为成熟，其中 Peterson and Rajan 的研究较有代表性，后来的一些学者进一步证实了小企业与银行保持长期的合作关系对于小企业信贷可得性尤为重要，而不稳定的银企关系不仅会增加小企业获得银行贷款的难度，而且还会加大贷款成本。

借款声誉也是小企业信贷难的一个有力解释。这种观点认为银行为了促使小企业建立起良好的借款声誉，早期会限制小企业的贷款。如 Diamond 指出信誉机制的形成和逐步演化对于区分借贷市场上不同风险借贷对象至关重要。作者通过信用评级（credit rating）刻画企业借贷的声誉，当企业初期借贷逆向选择问题非常轻微时，信贷市场上的声誉机制才可能较快地发挥作用，为企业提供经营长期性项目的激励。Martinelli 进一步分析了这个问题，作者指出，银行对小企业早期的信贷约束是为了促使企业建立自己在信贷市场上的声誉：从事风险较低的项目，及时还债，从而可以在将来获得更大额度的贷款和更优惠的利率条件①。

关于银行规模结构影响小企业信贷的观点认为，银行业合并后形成的金融机构不仅规模会增大，组织结构会更复杂，行为方式也会发生变化，而这些变化通常将不利于关系型贷款的开展。因此，如果关系型贷款的确在小企业融资中起着重要作用，银行业合并将不利于小企业融资。Berger 和 Udell 证明了关系型借贷需要不同的银行组织形式②。由于小银行信贷代理链条短，信贷人员容易掌握企业主的品德、还债能力、企业所处的社区环境、企业经营情况，能够获取小企业的“软”信息，所以小银行更利于开展关系型借贷，从而得出银行规模结构影响小企业信贷可得性。但是 Robert 等的分析却发现大银行集中会导致小企业贷款的减少，而小银行并购和集中会增加小企业的贷款③。因此，从经验研究来看，涉及大银行的银行间合并通常会大大减少对小企业的贷款，而小银行间的合并并不一定会导致对小企业贷款的减少。

---

① Martinelli, C. Small Firms, Borrowing Constraints, and Reputation [J].Journal of Economic behavior & Organizations, 1997, 33（1）: 91～105

② Berger, A. N. and G. F. Udell. Small Business Credit Availability and Relation-ship Lending : the Importance of Bank Organizational Structure[J].Economic Journal, 2002, 112（477）, pp. 32～54

③ Robert B. Avery and Katherine A., Samolyk. Bank Consolidation and Small Business Lending: The Role of Community Banks[EB/OL].http://www.fdic.gov/bank/ analytical /working /wp2003_05/wp2003_05.pdf, 2003-5/2008-3-4

此外，国内学者根据中国信贷市场的特点，对中小企业信贷难的原因展开讨论，学者们讨论基本上沿袭信息不对称理论框架展开的，主要从信息不对称、外部体制、企业自身问题三个方面进行解释。其中，樊纲、贺力平较早把信息不对称理论用来解释中小企业融资难的原因[①]。后来，李志赟在这方面做了更系统的研究，并得出有价值的结论[②]。何广文等也指出从农村地区看，农村中小企业正规信贷融资的障碍主要是因为借款者不能提供完全可靠的信息[③]。尤其是林毅夫、孙希芳的研究较为典型，他们通过假定借贷双方都是异质的情况下，考虑了具有不同信息结构的贷款人的行为方式即正规金融的信息劣势以及民间金融的信息优势，在正规金融和民间金融并存的信贷市场上，民间金融改善了整个信贷市场的资源配置效率。郭斌、刘曼路也论述了民间金融具有的信息优势[④]，由于地缘性的原因，民间金融对于个人信用和私人关系网络的依赖使得它们对所服务的中小企业经营状

① 樊纲．金融发展与企业改革[M]．北京：经济科学出版社，2000；贺力平．克服金融机构与中小企业之间的不对称信息障碍[J]．改革，1999(2)：14～16，26

② 李志赟．银行结构与中小企业融资[J]．经济研究，2002(6)：38～45，94

③ 何广文等．农户信贷、农村中小企业融资与农村金融市场[M]．北京：中国财政经济出版社，2005

④ 郭斌，刘曼路．民间金融与中小企业发展：对温州的实证分析[J]．经济研究，2002，(10)：40～46，95

况及背景信息较为熟悉，信用调查成本相对较低，相对商业银行体系而言在信贷方面具有较高的收益费用比。在此基础上，一些学者从交易成本、信贷风险角度进一步探讨中小企业信贷难的原因。一般认为，中小企业信息透明度差，银行为此要付出比大企业更多的搜寻成本、谈判成本、监督成本和其他交易费用，必然加大中小企业贷款的难度。张乐柱、王家传从中小企业财务风险较大、严重信息不对称造成道德风险较高、经营风险相对较大三个方面分析了中小企业信贷风险高，从而对中小企业融资带来负面影响①。实际上，无论是交易成本还是信贷风险都仍然是信息不对称理论应用研究的进一步延伸。

外部体制导致中小企业信贷融资难，主要体现在金融体制的不合理。在此，仅从三个方面说明。一是现有金融体系的结构缺陷：何广文、冯兴元分析了中国农村金融市场缺乏竞争主体，没有形成有效的竞争机制②。目前，地方性金融机构只有农村信用社、城市商业银行和股份制银行三种形式，一方面缺少包括专门为中小企业服务在内的中小金融服务

① 张乐柱，王家传. 中小企业融资问题再探讨[J]. 山东农业大学学报（社会科学版），2004（3）：55～62

② 何广文，冯兴元. 农村金融体制缺陷及其路径选择[J]. 理论探讨，2004（8）：23～25

体系，另一方面社会信用体系不健全，这些都制约了中小企业的融资规模。二是国有银行与中小企业的“所有制”不兼容造成中小企业贷款难，樊纲指出如果一笔给私人企业的贷款出了问题，有关负责人尽管可能不会认为犯了“政治错误”，但是可能会被认为收取了对方的贿赂①。因此，国有银行宁愿把贷款给国有企业。张杰也认为处于所有制等级序列的末端的乡镇企业会受到国有银行程度不同的歧视。陈晓红、林汉川等通过实证分析证实了国有银行贷款“所有制歧视”的存在②。三是金融机构的经营策略调整使中小企业融资困难。钱小安（2000）指出金融机构提高贷款标准使得信用等级较低的中小企业借款要求不能得到满足③。近年，各个银行不断把降低不良贷款率作为主要的经营目标之一，由于中小企业信贷风险高，其信贷规模必然受信贷经营策略约束。马九杰等还指出信用社采取个人名义贷款与企贷私

① 樊纲. 克服信贷萎缩和银行体系改革：1998年宏观经济形势分析与1999年展望[J]. 经济研究，1999(1)：5～10，54

② 陈晓红，刘剑. 我国中小企业融资结构与融资方式演进研究[J]. 中国软科学，2003，(12)：61～67；林汉川，夏敏仁，何杰等. 中小企业发展中所面临的问题——北京、辽宁、江苏、浙江、湖北、广东、云南问卷调查报告[J]. 中国社会科学，2003(2)：84～95

③ 钱小安. “信贷紧缩——不良贷款”陷阱的形成及其治理[J]. 金融研究，2000(5)：29～38

抵的经营策略也可能是导致企业信贷约束的主要原因[①]。

王朝弟等多位学者指出中小企业自身的问题是导致信贷约束的主要原因[②]。一般认为，中小企业自身规模小、科技含量不高、产品缺少竞争力、管理不规范；内部财务制度不健全；自有资金不足、抵抗风险能力低、经营脆弱性大；信用观念差，逃废债现象严重，因而存在信用等级较低的问题；人才匮乏、劳动力素质较低，从而制约了企业技术和效率的迅速提高。梁冰[③]、何广文等认为部分中小企业缺乏有效抵押品和担保是贷款难的最主要原因。有一种观点，国内多数学者赞同，认为中小企业违约率高是由于企业缺乏信用所致，所有这些都使得中小企业信贷融资难。

2.2.2.2 有关中小企业信贷难解决思路的研究述评

对于如何解决中小企业信贷难问题，国内外学者主要从关系型借贷、小企业信用评分、发展中小金融机构、建立中小企业担保体系、规范发展民间金融等方面提出建议。

---

① 马九杰等. 县域中小企业信贷约束及源自信贷供给行为的影响[J]. 农业经济问题，2004，(7)：22～28

② 王朝弟. 中小企业融资问题与金融支持的几点思考[J]. 金融研究，2003(1)：90～97

③ 梁冰. 我国中小企业发展及融资状况调查报告[J]. 金融研究，2005(5)：120～139

20世纪90年代后以Petersen和Rajan为代表的多数学者证实了关系型借贷有利于提高中小企业信贷可得性。国内也有部分学者分析了中小企业融资难的根源主要归结于信息不对称与交易成本等，因此，以破解信息不对称为目标的关系型借贷是有较高应用价值的。但有学者指出关系型借贷不能解决小企业融资困难，如张杰等通过对江苏的实证检验发现“企业成立时间”变量与银行机构关系型借贷没有显著关系①。

Arturo和Miller等学者指出由于信贷市场信息的不对称，传统的注重研究小企业现金流、项目可行性、抵押物等来决定发放贷款成本太高，而信贷登记(credit registries)能够起到声誉抵押的作用，缓解逆向选择和道德风险②。信用评分(credit scoring)技术可以利用信贷登记系统的数据，从而大大降低交易成本，提高小企业信贷的可得性。因此，信用评分旨在降低信息不对称的程度，培育中小企业的声誉来提高中小企业信贷可得性。

① 张杰，经朝明，刘东．商业信贷、关系型借贷与小企业信贷约束：来自江苏的证据[J]．世界经济，2007(3)：75～85

② Arturo Galindo and Margaret Miller.Can Credit Registries Reduce Credit Constraints? Empirical Evidence on the Role of Credit Registries in Firm Investment Decisions.[EB/OL]. http://www.aaep.org.ar/espa/anales/pdf_01/inv_galindo_miller.pdf, 2000-6/2008-5-24

由于银行规模结构会影响中小企业信贷可得性，国内外学者对此也提出了一些解决对策。银行业合并后形成的金融机构不仅规模会增大，组织结构会更复杂，行为方式也会发生变化，而这些变化通常将不利于关系型贷款的开展。因此，如果关系型贷款的确在小企业融资中起着重要作用，银行业合并将不利于小企业融资。Berger 和 Udell 证明了关系型借贷需要不同的银行组织形式①。由于小银行信贷代理链条短，信贷人员容易掌握企业主的品德、还债能力、企业所处的社区环境、企业经营情况，能够获取小企业的"软"信息，所以小银行更利于开展关系型借贷，从而得出银行规模结构影响小企业信贷可得性。但是 Robert 等的分析却发现大银行集中会导致小企业贷款的减少，而小银行并购和集中会增加小企业的贷款。因此，从经验研究来看，涉及大银行的银行间合并通常会大大减少对小企业的贷款，而小银行间的合并并不一定会导致对小企业贷款的减少。林毅夫指出如果一个经济中的企业以中小企业为主，最有效的融资方式应以中小银行贷款为主②，并且认为这种金融格局的形成主要是由

① Berger, A. N. and G. F. Udell. Small Business Credit Availability and Relationship Lending : the Importance of Bank Organizational Structure[J].Economic Journal, 2002, 112（477）, pp. 32～54

② 林毅夫. 发展中小银行服务中小企业[J]. 瞭望, 2000(16): 32～33

交易费用和信息成本决定的，所以应建立和发展中小银行为中国中小企业融资。张捷通过一个权衡信息成本与代理成本以寻求最优贷款决策的组织理论模型，证明了在中小企业贷款上的小银行优势，提出建立一个以民营中小银行为主体的中小金融机构体系。李志赟建立了一个银行业垄断情况下的企业信贷模型，发现中小金融机构的引入使中小企业得到的贷款增加，社会的总体福利水平提高。何广文指出小型金融机构具备金融空间结构效率方面的比较优势，发展地方中小金融机构，增加对私营企业的信贷，可以更好地促进私营经济的增长。由此可见，相对大型金融机构而言，中小金融机构能够充分发挥地缘优势，获取中小企业有效的信息，降低信息成本，一定程度上缓解中小企业的信贷约束。

针对中小企业担保机构功能缺失的现状，有学者提出应该建立多层次的中小企业融资担保体系，以降低中小企业信贷约束程度。曹凤岐分析了中小企业发展过程中的融资障碍，提出可以借鉴日本和韩国的经验建立信用担保体系，充分发挥政府、社会、企业的作用，多方解决中小企业融资困难问题①。周宗安较为全面地分析了中小企业担保的现实情况，提出建立一个多层次的中小企业融资担保体系②。无疑，

① 曹凤岐. 建立和健全中小企业信用担保体系[J]. 金融研究，2001(5)：41～48

② 周宗安，张秀锋. 中小企业融资困境的经济学描述与对策选择[J]. 金融研究，2006(2)：152～158

为中小企业融资困境的解决提供了一个思路。

大量的资料表明,民间金融对于中小企业融资有着异常重要的作用。Woodruff 利用 1994 和 1998 年的调查数据对墨西哥小企业在初创阶段和发展阶段融资状况的研究表明,企业极少获得正规信贷,在墨西哥更为普遍,对于小企业的发展起着重要的作用[①]。Aliber 对印度城市 Nagpur 和乌干达首都 Kampala 的调查研究发现,民间金融对于非正规部门企业主创业的支持远大于正规金融[②]。在肯尼亚,根据 Isaksson 的研究,正规部门的小企业和非正规部门的企业向民间金融的借款较多,尽管从借款规模来看,企业从民间金融获得的融资额不是很大,但是从借款范围来看,对民间金融的利用较多[③]。史晋川和叶敏、Tsai、郭斌和刘曼路等分析了民间金融在温州非常普遍,对温州中小企业的发展起了巨大的推动作

① Woodruff, Christopher. Firm Finance from the Bottom Up: Microenterprises in Mexico [J].Paper Prepared for the Conference on Financial Markets in Mexico, Organized by the Center for Research on Economic Development and Policy Reform at Stanford University, 2001, October 526

② Aliber, Michael.Informal Finance in the Informal Economy: Promoting Decent Work Among the Working Poor[EB/OL].http://www-ilo-mirror.cornell.edu/public/english/employment/infeco/download/wp14.pdf, 2002-14/2008-11-10

③ Isaksson, Anders. The Importance of Informal Finance in Kenyan Manufacturing [WP].the United Nations Industrial Development Organization Working Paper, 2002, No 5

用[①]。因此，从以往研究的成果看，多数学者在分析民间金融作用的基础上，提出了进一步规范民间金融的发展以解决中小企业融资供给约束问题。

上述学者围绕信息不对称问题从不同角度提出解决中小企业融资困境的思路，但传统的这些方法对于克服信息不对称问题的效果并不显著。如建立中小企业信贷担保体系，并不能解决信息不对称问题，只会使银企间的信息不对称转移到企业和担保机构之间，从而把风险转嫁给担保机构。而由于中小金融机构依然偏好大项目和大企业，不愿意花费长期的成本与中小企业建立密切关系并获得充分的信息，且普遍具有短视行为，因此，仅发展中小金融机构并不是提高中小企业贷款可得性的有效途径。虽然多数学者提出关系型借贷有助于缓解银企之间的信息不对称，但只是从经济学的角度证明了此种现象。对于小企业信用评分，其在中国中小企业信贷评估中的应用还有待进一步检验。然而，已有的研究已经表明，由于信息不对称等原因，以网络、信任、规范为基本元素的社会资本成为融资不可忽略的重要影响因素。社

①史晋川，叶敏. 制度扭曲环境中的金融安排：温州案例[J]. 经济理论与经济管理，2001(01)：63～68；Kellee S.Tsai. Beyond Banks: The Local Logic of Informal Finance and Private Sector Development in China [J].Paper Prepared for the Conference on Financial Sector Reform in China，2001；郭斌，刘曼路. 民间金融与中小企业发展：对温州的实证分析[J]. 经济研究，2002，(10)：40～46，95

会资本能够促进企业有效信息的传递，建立重复交易的信任与声誉机制，弥补企业有效担保品的不足，降低融资双方的交易成本，从而大大提高企业信贷可得性。

2.3 社会资本理论研究综述

社会资本概念的出现相对较晚，尽管早期学者已经认识到隐藏在社会关系或网络中的资源在一定条件下构成资本的性质，但是直到20世纪80年代才引起学术界的关注，并成为一种新的分析途径，为人们提供了一个理解社会的新视角。

2.3.1 关于社会资本概念的研究

最早将“社会资本”这一概念引入社会学研究领域并进行系统分析的是法国社会学家Bourdieu。1980年，布迪厄在《社会科学研究》杂志上发表了题为“社会资本随笔”的短文，正式提出了“社会资本”(social capital)这一概念，并认为社会资本以关系网络的形式存在，是一种通过对“体制化关系网络”的占有而获取的实际的或潜在的资源的集合体。由此可见，Bourdieu所定义的社会资本包括两个要素：一是社会关系，使个人可以获得社团成员的身份；二是这些资源的数量和质量。Bourdieu的概念是工具性的，他关注的是个人通过参与网络不断增加收益。从这个意义上来说，布迪厄开创了社会网络分析的社会资本研究。也正是这一点,被后来的社会资本研究者继承和发展。

Coleman[①]从功能的角度来定义社会资本。在Coleman看来,社会资本就是个人拥有的、表现为社会结构资源的资本财产,它们由构成社会结构的要素组成,主要存在于人际关系和社会结构中,并为社会结构内部的个人行动提供便利,表现为信息网络、规范与惩罚、社会组织等形式。Coleman在对社会资本的论述基础上试图建构经济社会学理论,将理性选择模式与社会结构分析联系起来,可以说,他实现了经济学与社会学的完美结合。

Ronald Burt[②]是在理论上对社会资本给予了全面而具体的界定和分析的第一位社会学家,是最早把社会资本由个人层次延伸至企业层次。他在著名的"结构洞"(structure hole)理论强调社会资本是个人或企业内部和企业间的关系网络,而网络中各节点提供资源和控制资源的程度即为社会资本水平。

Putnam[③]认为社会资本是指社会组织中能够通过促进协同提高社会效率的各项特征,如信任、规范和网络等。Putnam

---

① Coleman, J. S.Social Capital in the Creation of Human Capital [J].American Journal of Sociology, 1988, Vol.94 No5, pp95～121

② 参考(美)伯特著,任敏等译. 竞争的社会结构[M]. 上海:格致出版社,2008

③ Putnam, R..The prosperous community: Social capital and public life[J].The American Prospect, 1993, 13:35～42

不仅关注社会网络等，还开始探讨社会资本在经济发展中的作用，尤其关注社会资本在形成民主社会中的作用，他将社会资本等同于“公民参与”的程度。他把长期以来为主流经济学所忽略的基本关系转换为解释潜在经济能力与行为差异的概念，作为一种对集体行为以及长期选择，对经济发展所须依赖的结构与制度安排的诠释，在20世纪90年代迅速得到了一大批学者的赞同，并被广泛地运用到各个层面的研究之中。

Fukuyama从经济发展与社会特征方面界定了社会资本概念，认为社会资本的实力是成就社会经济差异的重要因素。在《信任：社会美德与创造经济繁荣》一书中将在社会或群体中成员之间的信任普及程度视为一种社会资本，并认为社会的经济繁荣在相当程度上取决于该社会的信任程度的高低。世界银行则主要关注社会资本对经济和社会发展的作用，认为社会资本体现了一个社会的社会互动质量和数量的制度、关系和规范的总和。社会资本能够产生强大的内聚力，对一国经济繁荣和可持续发展具有决定性作用①。

由此可见，以Bourdieu、Coleman、Putnam为代表的社会资本概念，描述了社会资本概念从微观层次到中观层次至宏观

① 陈军，曹远征．农村金融深化与发展评析[M]．北京：中国人民大学出版社，2008

层次的逻辑演变主线，但是尽管社会资本的概念未统一，社会网络、信任、互惠、合作等却是社会资本的基本元素，同时也展现了社会资本作为一种解释范式演变成新的理论研究途径的过程。

2.3.2 关于社会资本测度的研究

正如学者们对社会资本概念的质疑，社会资本的测度一直很有争议。社会资本的直接测量非常困难，不同的学者提出不同的观点。

Bourdieu、Lin Nan、Coleman 从网络角度测量社会资本。Bourdieu 认为个体所占有的社会资本的多少取决于两个因素：一是行动者可以有效地加以运用的联系网络的规模；二是网络中每个成员所占有的各种形式的资本的数量。Lin Nan 认为决定个体所拥有社会资源数量和质量的有三个因素：一是个体社会网络的异质性；二是网络成员的社会地位；三是个体与网络成员的关系强度。Coleman 则认为个人社会资本的拥有量与个人参加的社会团体数量、个人的社会网络规模和异质性程度以及个人从社会网络摄取资源的能力成正比[①]。

Putnam 从社会信任、公民参与的网络、互惠规范以及成功

① Coleman, J. S..Foundations of Social Theory [M]. Cambridge MA: Harvard University Press, 1990

的合作等方面进行测量[①]。Paul Bullen and Jenny Onyx 从八个方面衡量了社会资本：地方社区的参与、社会关系的能动性、信任和安全感、邻里关系、家庭和朋友关系、差异的宽容度、生命的价值和工作联系[②]。此外还有 Stone，他着眼于社会资本在家庭和社区水平上的衡量，测度指标包括了网络、信任以及互惠等核心因素[③]。Sabatini 则通过标准、规范和信任对社会资本进行衡量[④]。由此可见，他们是从网络与认知型社会资本的角度测度社会资本。

国内对社会资本的测度基本沿袭国外的方法，主要有“网络”法、“网络与认知结合”法、替代指标法等，其中“网络”法、“网络与认知结合”法最常见。最具有代表性的是边燕杰，他从网络规模、网络顶端、网络差异及网络构成等方面从网络角度测度社会资本[⑤]。张其仔借用了范德普尔问卷对晋江市西滨镇跃进村进行弱网和强网假说的检验，并用嵌入系数反

① Putnam, R..The prosperous community: social capital and public life[J].The American Prospect, 1993, 13:35～42

② Paul Bullen and Jenny Onyx.Measuring Social Capital in Five Communities in NSW[J]. The Journal of Applied Behavioral Science, 2000, Vol. 36, No.1, 23～42

③ Wendy Stone. Measuring social capital: Towards a theoretically informed measurement framework for researching social capital in family and community life [J]. Research Paper, 2001, No.24

④ Fabio Sabatini. Social Capital and Labour Productivity in Italy [WP].Working Papers, 2006, No.30

⑤ 边燕杰. 城市居民社会资本的来源及作用：网络观点与调查发现[J]. 中国社会科学，2004(03)：136～146，208

映社会结构对经济生活的支持程度，反映了村庄利用社会资源的能力，采用了事件介入法测量跃进村的关系强度，即进入的事件越多，其关系的强度就越强[①]。边燕杰和丘海雄还提出一种方法度量中国企业的社会资本，主要通过三个指标的调查来进行测度：一是企业法人是否在上级领导机关任职来衡量纵向网络关系；二是企业法人代表是否在跨行业的其他任何企业工作或任职来衡量横向网络关系；三是企业法人代表的社会交往和联系来综合衡量社会关系[②]。卢燕平将自愿免费献血比率（自愿免费献血与临床总用血的比率）作为社会资本的替代变量，原因是自愿献血不受经济和法律的影响，是由社会义务、规范和信任决定的[③]。

因此，选择什么样的指标变量测度社会资本应根据社会资本的特殊表现或获得社会资本的特殊渠道来决定的。另外，社会资本这个概念的范畴和研究对象的范畴对选择什么样的指标来测量社会资本也起着指导作用。

2.3.3 关于社会资本作用的研究

社会资本无论是作为一种人际关系网络还是作为维持这

---

① 张其仔．社会网与基层社会生活——晋江市西滨镇跃进村案例研究[J]．社会学研究 1999，(3)：25～34

② 边燕杰，丘海雄．企业的社会资本及其功效[J]．中国社会科学，2000(2)：87～99，207

③ 卢燕平．社会资本的来源及测量[J]．求索，2007，(5)：5～8

种人际关系的信任、互惠、合作等文化规范，都有一个功能和效用问题，也即社会资本的作用。Potes提出社会资本能够通过提高社会惩罚水平维持社区关系，强化资源的有效分配[①]。因此，社会资本是较之国家干预和市场调节更为节约成本的资源配置方式。Granovetter指出社会资本的核心内容社会网络在促进经济发展中具有三个方面的积极功能：促进有效经济信息的传递，在团体成员之间实行及时的奖惩机制以促进组织成员向有利于经济发展的目标积极前进，以及存在于组织成员之间的信任关系降低了交易成本[②]。因此，社会资本的作用首先包括微观方面和宏观方面，如：社会资本有利于个体的知识传播，通过重复交易建立信任与声誉机制，可减少机会主义行为；其次，社会资本有利于技术与市场知识的传播，从而减少信息传递的市场失灵；最后，依照规范和准则，社会资本可以减少“搭便车”行为，促进集体行动。

随着社会资本研究的深入，一些学者开始将社会资本引入实证研究，分析社会资本对经济增长、金融发展、劳动力市场、收入和福利、贫困问题、企业生产经营、创新、融资等方面的作用。如Narayan通过在坦桑尼亚乡村地区进行的经验调查证明了宏观社会资本在乡村经济发展中所起的积极作用，

---

① Alejandro Portes.Social Capital: Its Origins and Applications in Modern Sociology [J].Annual Rev. Social，1998，24:1～24

② 马克·格兰若维特著，罗家德译. 镶嵌：社会网与经济行动[M]. 北京：社会科学文献出版社，2007

据他们测算，社会资本对于人均收入的影响要远远大于教育等其他因素的作用。信任可以促进大型企业的建立，形成规模经济，减少交易成本[①]。Knack 和 Keefer 根据在29个市场经济国家进行的“世界价值观调查”(world value survey)所得数据对宏观社会资本和经济发展关系进行了经验验证，结果发现一个国家的国民对他人的信任程度越高，国家的公民规范越明确，则该国的经济发展水平就越高，三者之间存在着显著的关联[②]。Guiso 等用一系列指标，如行业协会的参与程度、选举参与者和其他市民参与的测度来度量社会资本，并得出结论：在意大利，社会资本的高低与经济的发展成正相关。而且，拥有较高社会资本的人在股票市场上的投资更多，并更容易从正式的金融机构获取各种资源[③]。Nahapiet 和 Ghoshal 将企业社会资本分为三个维度，即结构、关系和认知嵌入性社会资本，论证了企业社会资本具有信息、凝聚和节约交易费用等功能[④]。

① Deepa Narayan and Lant Pritchett.Cents and Sociability: Household Income and Social Capitalin RuralTanzania[EB/OL].http://www.worldbank.org/html/dec/Publications/Workpapers/WPS1700series/wps1796/wps1796.pdf, 1997-5/2008-4-21

② Knack, Stephen, Keefer and Phillip. Does Social Capital have an Economic Payoff [J].The Quarterly Journal of Economics, 1997, 112(4)

③ Guiso L, Sapienza P, and L. Zingales.The role of social capital in financial development [WP].NBER working paper, 2001, No.7563

④ Nahapiet, J.and Ghoshal.Social capital, intellectual capital, and the organizational advantage [J].The Academy of Management Review, 1998, 23 (2):242～266

国内许多学者对社会资本作用也进行了较为广泛的探索，比较有代表性的有边燕杰、张其仔、卜长莉、周小虎、石秀印等。如边燕杰通过分析社会网络在市场经济、再分配经济、转型经济中的作用，并通过对天津劳动力流动的最新调查，不仅证明了强关系假设在市场转型过程中的持续效力，而且验证了体制洞假设，部分证实了市场化假设、权力维续假设和机制共存假设①。边燕杰通过对广州188 家企业的调查结果证明，企业的纵向联系、横向联系和社会联系是形成和扩展企业社会资本的渠道，社会资本对企业的经营能力也具有直接的正面影响②。边燕杰进一步运用珠三角企业家的访谈和830 家企业的调查数据对市场——网络互动关系的理论模型进行了实证检验③。社会关系是寻求合作伙伴、筹集资金、拿到订单的前提条件，突出了社会资本在创业过程中的作用。卜长莉分析了社会资本的不足是吉林省工业经济发展滞后的一大原因，由于企业的纵向联系传统化、企业之间的横向关联程度低、企业及经营者的社会联系弱化导致吉林省工业企业的社会资本明显不足，从而影响吉林省工业企

① 边燕杰，张文宏. 经济体制、社会网络与职业流动[J]. 中国社会科学，2001，(2)：77～89，206

② 边燕杰，丘海雄. 企业的社会资本及其功效[J]. 中国社会科学，2000(2)：87～99，207

③ 边燕杰. 网络脱生：创业过程的社会学分析[J]，社会学研究，2006，(6)：74～88

业的发展[①]。

总的来说，在当前社会资本作用的研究中，学者们关注的焦点是社会资本对个体行动或集体行动的正面影响，以及社会资本对降低信息不对称及交易成本的作用，而社会资本的负面效应，往往被主流研究所忽略。Portes是社会资本主流研究中的一个例外，他提出"消极社会资本"的概念，指出社会资本的四种消极作用，包括排斥圈外人、对团体成员要求过多、限制了个人自由、用规范消除了差异。Portes的消极社会资本只是对个人层面可能产生的消极后果，忽视了对群体的发展、对整个社会发展的探讨。卜长莉在此基础上，从社会资本具有个体与群体、局部和整体的两重性，探讨社会资本的负面影响，比较全面地认识了社会资本的性质[②]。

① 卜长莉. 企业社会资本与吉林工业经济的振兴[J]，长白学刊，2002，(1)：61～64

② 卜长莉著. 社会资本与社会和谐[M]. 北京：社会科学文献出版社，2005

2.4 社会资本与信贷融合研究综述

随着学者们对社会资本作用研究的进一步深入，一些学者开始进一步关注社会资本与信贷可得性的关系。Impavido认为团体贷款能够起到发挥“社会惩罚”的作用，而这种“社会惩罚”起到了抵押品的作用，从而说明了社会规范对信贷可得性的影响[①]。Chakravarty关注社会关系网络对企业信贷行为的影响：中小金融机构因在竞争性信贷市场与大机构相比处于劣势，因此，必须考虑差别化战略与之竞争：通过维持与中小企业的社会关系获取一些“软”信息从而减少信息不对称程度，其用实证研究也表明，借款者和银行间的“关系变量”显著影响信贷可得性[②]。Woolcock持续地研究了小额信贷和小企业中的社会资本问题，在对小企业的研究中，指出社会资本对于小企业获得资源是非常重要的，特别是对于不发达地区，资源有限，社会资本能起到将有限资源更加有效交

① Impavido, Ghatak Maitreesh.Group Lending, Local Information and Peer Selection [J].Journal of Development Economics, 1999, Vol. 60, pp.27～50

② Chakravarty, Sugato and Scott, James S. Relationships and Rationing in Consumer loans[J]. Journal of Business, 1999, Oct, 72 (4):523～544

易的作用，通过小企业的运作，实现财富积累[①]。

社会资本在发展中国家农村信贷市场中的作用由来已久，并已引起学者们研究的兴趣。如世界银行“社会资本首创性”协会（the World Bank Social Capital Initiative）[②]的专家Bastelaer认为格莱明银行的放贷官和借款人之间保持持续的关系降低了信息不对称的成本，应用社会资本有力地解释了农村信贷市场的市场失灵，激发了理论界的研究热情[③]。Bastelaer认为越来越多的金融机构开始利用社会担保（social collateral）向穷人提供信贷，即用借款人的名声和嵌入的社会网络作为一种抵押，这种抵押制度在很大程度上依赖个人之间的关系强度，因此社会担保为研究社会资本在信贷中的作用提供了丰富的土壤。Seibel考察菲律宾的微型金融并指出，所有复制格莱明银行模式的国家，应借鉴格莱明银行成功的经验即利用社会资本，因此，他建议应当首先

① Woolcock, M. Social capital and economic development: toward a theoretical synthesis and policy framework [J].Theory and Society, 1998, 27 (2):151～208; Woolcock, M. Microenterprise and social capital: a framework fro theory, research and policy[J].Journal of Socio-Economics, 2001, 32:151～208

②该协会成立于1996年10月，自90年代末以来，已出版了大量的工作论文、研究报告和专著（参看世界银行网站）。

③ Van Bastelaer, T. Does Social Capital Facilitate the Poor's Access to Credit? A Review of the Microeconomic Literature[WP].Washington D.C.Social Capital Initiative Working Paper, 1999, No.8

注意利用和培育具有当地特色的社会资本[①]。Serageldin and Grootaert (World Bank,2000)认为,以小组为基础的微型金融便是利用社会资本来促进发展的有力例证[②]。

国内学者也发现了社会资本与信贷的关系,并在这方面作了一些有益的探索。李路路发现企业家拥有越多的社会资本,社会关系越好,越容易获得正规金融机构的贷款[③]。在企业日常经营所需的贷款方面,朋友的职业有着更为明显的影响。戴建中采用描述性统计方法分析得出私营企业主拥有的社会资本影响其获取资源的能力,私营企业在领取执照、在集资和向金融机构借贷、在日常采购和销售、获取信息和技术、租或买场地、保证水电供应等方面都动用了社会网络[④]。王霄对此作了比较详细的分析,作者指出社会资本反映为可以帮助提高收益的社会网络关系和社区内企业间的合作程度,两者的交互影响可以起到奖优罚劣的作用:通过降低抵押量奖励良好声誉的借款者,通过社会压力惩罚不良

① Seibel, H.. How values create value: social capital in microfinance-the case of Philippines, rural finance [WP].International Fund for Agricultural Development Working Paper, 2000, No. B8

② 陈军,曹远征. 农村金融深化与发展评析[M]. 北京:中国人民大学出版社,2008

③ 李路路. 社会资本与私营企业家——中国社会结构转型的特殊动力[J]. 社会学研究,1995(06):46～58

④ 戴建中. 现阶段中国私营企业主研究[J]. 社会学研究,2001(5):67～78

借款者[①]。因此，在中小企业受到信贷配给的情况下，社会资本成为融资的权变因素：社区中小金融机构往往从经常进行社区参与，具有广泛网络关系的中小企业获得其“软信息”，从而缓解信息不对称程度，有利于企业获得银行贷款。万俊毅从信任的角度分析了农村中小企业因还贷信任缺乏使得正规金融机构难以对其提供足额的贷款，金融机构对农村中小企业的融资信任障碍主要表现为所有制偏好、规模歧视、贷款发放困境和抵押贷款担保物难落实等[②]。因此培育农村中小企业的还贷信任能够提高贷款获得性。梁向东从社会学视角分析了信贷的人格化特征和社会关系的网络特点对降低信贷风险的作用[③]，由于中国社会独特的差序格局，处于差序格局中的人相互之间的信息透明度远远大于商业银行通过外围考察所得的信息，这也在很大程度上缓解了银行和借款人之间的信息不对称状况，同时降低了商业银行的贷款成本，从而能提高中小企业信贷可得性。

实际上，一些以会员、协会或者小组[④]为基础的非正式制度安排便充分地利用当地的社会资本，尤其是内嵌于会员或

① 王霄．我国中小企业融资行为研究——一项社会资本视角的演化分析[D]．暨南大学博士学位论文，2005

② 万俊毅，欧晓明．还贷能力信任与农村中小企业融资难题[J]．农业经济问题，2005，(9)：31～36，80

③ 梁向东．差序格局与中小企业融资[J]．武汉科技大学学报(社科版)，2007(04)：357～361

④ 小组 指的是小组联保贷款，或联保贷款，也称团体贷款。

小组的网络、信息共享机制。如:资金互助组织、小额信贷、微型金融(Microfinance)等[①]。由此可见,社会资本与信贷的关系较为普遍存在着,但是直到20世纪90年代末以来,才成为国外学者研究信贷问题的前沿领域和热点问题,研究的重点集中于关系型借贷、团体贷款和农村信贷市场中的一些非正式制度安排等。近几年,有关社会资本降低信息不对称和交易成本的研究也引发了国内理论界的极大兴趣。但是国内的这些研究多半是零星的、不成系统的,还只是处于研究的初级阶段。

① 陈军,曹远征沿用Coleman和Putnam的社会资本理论框架,以"循环储蓄信贷基金会"和微型金融(Microfinance)为分析对象,说明了农村信贷市场的这些非正式制度安排如何利用社会资本获得成功。

2.5 小结

从中小企业信贷融资及社会资本的相关研究文献来看，可以得出以下几点启示：

第一，中小企业信贷融资的研究多集中在中小企业是否存在信贷缺口及如何解决的问题。从已往的研究看，研究的视角主要从信息不对称理论、融资周期理论等切入分析主题；研究的重点是分析中小企业受到正规金融机构信贷约束的原因，较少涉及民间借贷问题；研究的对象是中小企业，而以农村中小企业作为研究对象的尚未多见。其实，对于一个政府失败和市场失灵的农村信贷市场而言，农村中小企业受到正规信贷的约束更为严重，尤其是对于信息透明度差、缺乏有效抵押担保品的农村中小企业来说，其受到的资金瓶颈约束程度不言而喻。实际上，农村中小企业信贷融资是一个复杂的问题，正规信贷融资只是其中一个部分，或者是信贷融资的主要内容，但不是信贷融资的全部，其信贷融资还有一个显著的特征就是民间借贷融资非常普遍。那么，为什么农村中小企业民间借贷会如此盛行？农村中小企业依靠熟人关系进行信贷融资的逻辑是什么？农村中小企业如何才能实现获得正规金融机构的信贷？

第二，国内关于社会资本的理论和实证研究略显不足。从既有的文献看，主要有三个方面的不足：一是国内对社会资本理论的研究仍停留在对国外的简单翻译上，缺乏系统的、整体性的、有深度的研究成果；二是实证研究较为缺乏，且都是零星的、非系统性的专题研究；三是应用社会资本理论框架研究中国现实问题较为少见，尤其是研究中国农村问题就更显不足。因此，建立有中国特色的社会资本理论框架研究中国现实问题尤为重要。

第三，从社会资本角度研究农村中小企业信贷融资问题尚为少见。中小企业融资长期以来被看作一个世界性难题，国内有关这方面的研究也一直就没有间断过。同样在社会学领域，关于社会资本的研究也比比皆是。但是，把社会资本与信贷结合起来研究并不多见，尤其是运用社会资本理论研究农村中小企业信贷可得性几乎还是空白。虽然，目前尚未发现有从社会资本角度对农村中小企业信贷问题进行深入研究的成果，但从相关文献看，已有一些学者观察到社会资本对农村信贷的影响，并作了一些有益的探索，取得了很有意义和价值的结论，这些都可作为开展研究的理论支撑。由此可见，从社会资本角度研究农村中小企业信贷融资机制具有重要的理论和现实意义。

第3章 农村中小企业社会资本考察

企业主是农村中小企业创建和发展的逻辑起点，基于这样的分析思路，首先对农村中小企业社会资本进行界定，然后就企业主为何是企业社会资本研究的出发点进行说明，在此基础上，对企业主社会资本相关研究进行简单梳理，提出企业主社会资本概念，并将企业主社会资本划分为传统社会资本和现代社会资本。最后，在对文献研究的基础上结合问卷调查的数据从社会关系网络、信任、规范三个社会资本分量对企业主社会资本进行描述性分析，进一步从社会资本分量和总指数归纳出转型期农村中小企业的企业主社会资本特征，为农村中小企业信贷融资机制提供社会资本理论分析框架。

3.1 农村中小企业社会资本的界定

尽管社会资本的概念未统一，但社会资本是指行动主体通过社会关系网络获取稀缺资源[①]并由此获益的能力，该概念是个人层面的社会资本较有代表性的一种观点，对于理解企业社会资本也有重要的意义。由于企业是经济活动的主体、经济行为者，同时企业也是在各种各样的社会联系中运行，是有目的的社会行为者，因此，社会资本就不可避免地被引入到企业层面。

自Burt率先将社会资本由个人层次延伸至企业层次，随后，一些学者从不同的角度对企业社会资本的概念进行了界定。Gabbay等认为企业的社会资本是以社会结构为载体，有助于企业这一主体目标实现的那些资源[②]。Nahapiet与Ghoshal认为企业社会资本是嵌入于可利用的资源或社会单元拥有的关系网络中的实际的和潜在的资源。Seung Ho Park则将网络关系看作为企业的社会资本[③]。社会资本源于

① 这里的稀缺资源包括权力、地位、财富、资金、学识、机会、信息等。参考边燕杰,丘海雄.企业的社会资本及其功效[J].中国社会科学,2000(2):87～99,207

② 赵顺龙,谭湛. 论企业社会资本的建构[J]. 江海学刊,2007(05):64～69,238

③ Seung Ho Park, Yadong Luo. Guanxi and organizational dynamics: organizational networking in Chinese firm [J]. Strategic Management Journal, 2001, (22):128～143

社会网络的观点，在社会学研究中得到充分的重视，如Bourdieu认为社会资本是社会网络关系的总和，影响个人的各种回报。Coleman指出社会资本发源于紧密联系的社会网络，是人力资本创造、传递和获得的积极的社会条件。国内对企业社会资本的研究基本上延续上述学者的观点，将企业社会资本视为社会关系网络，如边燕杰、丘海雄认为企业社会资本是企业通过各种网络关系获取稀缺资源的能力。陈晓红、吴小瑾对中小企业社会资本进行了研究，认为企业社会资本是占有的有益于企业获得资源的社会关系网络及以此获得的资源总和。但是社会资本的含义不仅限于社会网络，规范、信任、社会道德因素在社会资本概念中也具有重要的地位。

因此，结合前人的研究观点，将农村中小企业社会资本界定为企业可利用的、信任、规范引导下的有益于获得资源的社会关系网络。它具有社会结构资源的性质，网络、信任、规范是农村中小企业社会资本的三大基本元素，其中，信任是最为重要的一个元素，缺乏信任，农村中小企业是不可能发展的[①]。

① 格兰诺维特认为经济行为嵌入于社会结构，而核心的社会结构就是人们生活中的社会网络，嵌入的网络机制是信任。信任来源于社会网络，信任嵌入于社会网络之中，而人们的经济行为也嵌入于社会网络的信任结构之中。参见：Granovetter,M. Economic Action and Social Structure. The Problem of Embeddedness[J].America Journal of Sociology,1985,vol.91:481～510

企业社会资本既能体现企业作为经济活动的主体，通过外部社会网络获得稀缺资源；又能体现企业作为内部活动的组织，通过内部社会网络提升利用稀缺资源的效率。企业社会资本是企业在内部和外部网络关系中获取资源并有效利用资源的能力，它包含企业内部社会资本、企业外部社会资本以及两者之间的交集——企业家社会资本，因为企业家既是企业内部网络的最重要的结点和组成部分，又是企业外部网络构成中的实际代表①，企业家社会资本对企业特别是农村中小企业的生产经营影响巨大。在企业的创业之初，企业主利用社会关系网络为企业获取资金、信息等企业生产经营所需的资源，随着企业的发展、生产经营规模的扩大，企业与外部单位交流的日益频繁，企业主的社会关系网络也得到不断发展。为了满足企业发展的需要，企业主个人不仅必须与上下游企业保持良好的人际关系，而且还要根据企业进一步发展的需要，积极地与金融、政府部门等有关人员建立起必要的联系，扩大社会关系网络，以期获得更多社会关系资源，不断推动企业的发展以适应各种市场环境的变化。因此，选择企业主作为企业社会资本研究的为出发点。

① 赵顺龙，谭湛．论企业社会资本的建构[J]．江海学刊，2007(05)：64～69，238

3.2 企业主：企业社会资本研究的逻辑起点

以企业主作为研究农村中小企业社会资本的逻辑起点，以企业主的社会资本替代农村中小企业的社会资本，还基于以下考虑：

一是企业所有权与经营权的高度统一。农村中小企业业主既是企业的创始人，又是企业的管理者。在笔者的调查中发现大多数农村中小企业业主不仅仅是企业发生的逻辑起点，最初的“中心签约人”，而且是整个生产经营的核心人物。由于农村中小企业内部组织结构简单，在企业的管理过程中人格化现象特别突出，企业主的人格魅力对企业的稳定发展起了关键的作用。企业主不仅依靠自己的才能发现市场、创造市场、应对各种风险，而且还凭个人的品质、能力、网络建立起一个分等级的人际关系结构，而这一人际关系结构是企业发展的基础。因此，由于企业所有权与经营权的高度统一，企业主的作用更为突出，企业主的品质、能力、网络关系等社会资本是企业获得资源和企业内部管理稳定性的关键，能够为企业所利用，企业主的社会资本很大程度上代表了企业的社会资本。

二是企业主的目标函数多元化。农村中小企业业主不仅是理性的经济人，而且是理性的社会人。在“经济理性”和“社会理性”的双重驱动下，农村中小企业业主的目标不是简单地追求企业价值最大化或利润最大化，而是考虑企业主及其家族的社会效应、企业整体利益最大化等。由于企业所有者个人与企业的高度融合，企业主为了实现企业目标，必然精心编织一张社会关系网，在这张网络中，包含有亲戚网、朋友网、同事网、以及企业主与政府部门、金融机构等之间的网络，显然，企业主在这里发挥了核心作用。企业主不仅是企业的所有者和经营者，而且也是培育和利用企业社会资本的中心人，因而，以企业主社会资本替代农村中小企业社会资本是合乎逻辑的①。

三是企业与企业主为同一个债务体。由于农村中小企业业主个人在企业中的核心地位，农村中小企业具有不同于一般中小企业的内在融资特征。首先，企业主个人对企业所有权和风险的态度决定了企业融资结构和融资次序。其次，金融机构对企业进行信用评级及作出贷款决策时，都要参考企业主个人因素，包括品德、财务能力等。再次，企业主个人的社会网络、心理、行为等对企业融资活动有着重要的影响，因

① 吴小瑾，陈晓红认为企业主和企业两个主体之间并不存在绝对的分割，企业主的社会关系网络甚至等同于企业的关系网络。参考吴小瑾，陈晓红.基于社会资本的集群中小企业融资行为研究[J].中南财经政法大学学报，2008(03):121～127

此，农村中小企业与其业主实为同一个债务体。可见，以企业主作为企业社会资本研究的逻辑起点不仅具有合理性，且与分析企业的融资问题具有一致性。

四是数据的可获取性。由于直接测量企业社会资本的难度很大，虽然有些指标可以用来反映中小企业社会资本，但考虑到数据获取性、可信度差等问题，在测量时往往无法选取全部指标。虽然国内有少数学者尝试直接测量企业社会资本，如边燕杰、丘海雄用3个指标测量企业社会资本，然而，3个指标都是涉及企业主的社会资本。陈晓红、吴小瑾用11个指标来测量中小企业社会资本，但在指标的选取上，更多地考虑了企业家的社会资本，当然，一方面由于企业家是经营的核心人物，同时也是发展和利用社会资本的核心人物，另一方面也考虑了数据的可获取性。鉴于此，选择企业主作为企业社会资本研究的逻辑起点。

3.3 企业主社会资本透视

为理清企业主社会资本的状况及特征，首先需要界定企业主社会资本并对其类型进行划分。由于企业主是农村中小企业的核心人物，其行为必然带有农村的社会属性，因而农村社会资本的特点成为阐述中的一个不可缺少的方面。最后，在对文献研究的基础上结合问卷调查数据对企业主社会资本进行描述性分析。

3.3.1 企业主社会资本概念界定

最近，杨鹏鹏等对企业家社会资本进行了较好的梳理，在此基础上，对企业主社会资本进行简单回顾。在国外的文献中，对企业家社会资本的研究多数从社会网络、社会关系或信任维度进行研究，极少直接提到企业家社会资本，其中，使用较多的是企业家社会关系网络，认为企业家的社会关系网络是由一些特殊类型社会关系连接在一起的一系列接点，该网络的不同方面是由不同类型的关系组成。企业家的社会资本镶嵌于当地的文化和传统之中，是各种机构、网络、商业伙伴间合作的产物，同时也是企业家的支持网络，其基本着眼点是资源和利益。在国内,李路路认为私营企业家的社会资本即为企业主拥有什么样的社会关系[①]。石秀印指出,企业家作为企业与社会环境的关键"接点",必须有能力为企业获取所需资源[②]。在中国的特殊社会条件下,每一获取资源渠道的连接方式都是双层的,第一层是公务关系连接,即组织与组织、单位与单位之间的渠道接通;第二层是私人关系连接,即企业家与资源提供单位的负责人(或资源的主要掌管者)之间的渠道接通。周小虎认为企业家社会资本是建立在企业群体范式上由信誉、规范引导下的企业家社会关系网络,是企业家动员内部和外部资源的能力[③]。企业家的信誉是企业社会资本的基础价值;企业家的社会资本是企业最重要和最稀缺的资源。惠朝旭指出企业家社会资本是个人拥有社会资本的一种,主要指以企业家个体依附为主要特征,以企业家个体为中心结点的网络体系、社会声望和信任的总和[④]。杨鹏鹏等把企业家社会资本界定为企业家利用其社会

① 李路路. 社会资本与私营企业家——中国社会结构转型的特殊动力[J]. 社会学研究,1995(06):46～58

② 石秀印. 中国企业家成功的社会网络基础[J]. 管理世界,1998(06):187～196,208

③ 周小虎. 企业家社会资本及其对企业绩效的作用[J]. 安徽师范大学学报,2002(01):1～6

④ 惠朝旭. 企业家社会资本:基于经济社会学基础上的解释范式[J]. 理论与改革,2004(03):117～120

网络关系获取企业所需资源的能力①。宇红、刘琛认为企业家社会资本就是建立在信任、规范和网络基础上的、嵌入在企业家现有稳定社会关系网络和结构中的实际或者潜在资源的集合②。

通过以上的综述可以发现，尽管分析的角度不同，但都强调了企业家的社会关系网络、信任、规范对于私营企业获取社会资源和企业发展的重要作用。因此，结合上述农村中小企业社会资本的概念，借鉴前人的研究成果，将企业主社会资本界定为企业主可利用的、信任、规范引导下的企业主社会关系网络，是企业主获取所需资源的能力。

3.3.2 企业主社会资本的类型

从企业主社会资本的概念可以看出，企业主社会资本的类型可从不同角度进行划分，根据中国经济社会转型的特征以及中国农村社会的特点，从社会变迁的角度将企业主社会资本分为传统社会资本和现代社会资本。

传统社会资本与传统的农耕社会相适应，土地成为人与人之间互动的关键环节，人们和地域建立了相对固定的对应关系，人与人之间的关系具有地域性也即地缘关系在人际关

---

① 杨鹏鹏，万迪昉，王廷丽. 企业家社会资本及其与企业绩效的关系——研究综述与理论分析框架[J]. 当代经济科学，2005(04)：85～91，112

② 宇红，刘琛. 信任与企业家社会资本[J]. 社会科学辑刊，2006(05)：49～53

系中占有重要位置。同时,人们的日常交往行为主要发生在以血缘为纽带的家庭、家族、泛家族网络内,网络成员之间的信任是建立在血缘关系基础上,这种信任是一种基于血亲关系的特殊人际关系信任,对与自己有血亲关系的亲人信任而对非亲关系的外人则少信任。由于传统社会较为封闭,人际关系局限在"熟人社会",人口的流动性小,交往范围狭小,呈现"闭合"状态,因此,习惯、习俗、传统道德规范等的约束力强,成为规范人们行为的主要方式)。总之,传统社会资本具有以血缘、亲缘、地缘关系为主要形式、特殊人际关系信任为主,习惯、习俗、传统道德等是社会资本的重要规范,社会资本呈现偶然性的闭合状态等特征。

现代社会资本与现代工业经济发展相适应,人与人之间的联系借助物质、精神、信息等多种媒介,传统的以血缘关系为纽带的家族观念逐渐淡化,公司、社团等的观念逐渐产生,因此,学缘、业缘等关系成为社会资本的主要形式。这种建立在学缘、业缘等关系基础上的信任是一种非人格化的普遍信任,表现为对不同的对象信任水平整体提高。同时,网络化的交往方式打破了人们交往的地域限制,人际关系不再局限于"熟人社会",人与人之间的交往面临着不同的文化传统、价值观念和风俗习惯等的冲突,需要契约、合同和法律等规则以协调人们之间的关系①。

因此，现代社会资本具有以业缘、学缘等关系为主，契约、合同和法律是协调人际关系的重要手段，信任是一种非人格化的普遍信任，社会资本呈现普遍性的开放状态等特征。相应地，企业主的传统社会资本是以血缘、亲缘、地缘关系为主、信任具有“差序格局”结构、传统的道德伦理规范约束力强、网络呈现闭合状态、网络同质性高等特点。而企业主的现代社会资本是以业缘关系为主、普遍信任、法律制度等正式规范约束力强、网络呈现开放状态、网络异质性上升等特点。

显然，对企业主社会资本的界定和类型的划分为分析企业主社会资本的现状和特征提供了一条思路，进一步透视农村中小企业业主的社会资本状况需要了解当前农村社会资本特性。由于农村中小企业作为“嵌入”于农村的经济组织，其生产经营行为除了要受到经济规则的约束外，还要受到当前政治、社会、文化因素的束缚。作为企业核心人物的企业主，其行为也“嵌入”于农村区域的社会、文化等领域之中，必然带有中国农村的社会属性。因此，要分析农村企业主的社会资本必须先了解目前中国农村社会资本的特点。

中国长期存在的二元社会结构造成了农村和城市的分割

① 卜长莉著. 社会资本与社会和谐[M]. 北京：社会科学文献出版社，2005

局面，使得农村相对比较封闭。乡村之间的联系受制于信息和交通的不便，使得中国的农村更加封闭。按照费孝通先生的“差序格局”理论，中国传统的乡村社会是一个以血缘为中心的传统亲属关系占据重要地位的熟人社会，在这样的社会中，血缘社会、熟人社会和差序格局是其基本特征。但是，随着中国农村经济体制改革和现代化进程的推进以及计划生育和晚婚政策的推行，人员流动性的增强，中国农村社会网络结构发生了巨大的变化，传统的熟人社会变成现在的半熟人社会①；传统的血缘社会变成现在的血缘、地缘、学缘、业缘等融为一体的现代社会；传统血缘社会奉行的“人情”原则融合了现代社会的“理性”元素，出现了“差序格局的理性化”趋势，利益原则成了差序格局中的一个重要维度。同时，随着专业化生产的发展，农村社会亲友间义务劳动帮助和礼节性往来逐渐减少，情感性的需要越来越少，而出于“功利性”需求的社会交往则日益频繁。总体而言，处于转型期的中国农村社会资本正经历由单一的传统社会资本逐渐转向传统和现代社会资本并存，但以血缘、亲缘、地缘为基础的家族制度

① 贺雪峰通过对行政村的形成过程的考察，认为行政村已大大不同于作为熟人社会的自然村的情况。在行政村中，村民之间相互认识而不熟悉，共享一些公众人物，但缺乏共同生活的空间。若将自然村看作熟人社会，行政村便可以称为“半熟人社会”。参考贺雪峰. 论半熟人社会——理解村委会选举的一个视角[J]. 政治学研究，2000(03)：61～69

有着相当的作用，特殊信任[①]仍然占据支配地位，传统的伦理道德规范与农村市场经济运行相关的法律法规等正式行为规范共同存在。

3.3.3 企业主社会资本的描述性分析

本书把企业主社会资本定义为社会关系网络，因而，探讨信任、规范引导下的社会关系网络是企业主社会资本的核心部分。在对已有文献进行研究的基础上结合问卷调查的数据对企业主社会资本分量包括社会关系网络、信任、规范进行分析。

3.3.3.1 企业主的个人特征

企业主社会资本属于微观社会资本范畴，因此，在分析企业主社会资本之前必须先了解企业主的个人情况。

在所调查的企业中（如表 3-1），企业主年龄最小的为 20 岁，最大的为 82 岁，平均年龄为 44.02 岁。年龄在 20～30 岁的企业主有 25 位，占样本企业主的 7.14%；年龄在 31～40 岁的企业主有 102 位，占样本企业主的 29.14%；年龄在 41～50 岁的企业主有 142 位，占样本企业主的 40.57%，年龄在 51～60 岁

① 韦伯认为中国人的信任建立在血缘共同体的基础之上，即建立在家族亲戚关系或准亲戚关系之上，是一种凭借血缘共同体的家族优势和宗族纽带而得以形成和维续的特殊信任。转引自李伟民，梁玉成.特殊信任与普遍信任：中国人信任的结构与特征[J].社会学研究，2002(03):11～22

的企业主有69位，占样本企业主的19.71%；年龄在61岁及以上的企业主有12位，占样本企业主的3.43%，因此，企业主的主要年龄在41～50岁之间，以中年为主，说明农村地区年轻创业的较为少见。

表3-1　企业主年龄

企业主年龄（岁）	业主数（位）	比例（%）	累计比例（%）	均值	最小值	最大值
20～30	25	7.14	7.14	-	-	-
31～40	102	29.14	36.28	-	-	-
41～50	142	40.57	76.85	-	-	-
51～60	69	19.71	96.56	-	-	-
61岁及以上	12	3.43	100	-	-	-
合计	350	100	-	44.02	20	82

在企业主的文化程度结构中，如表3-2所示，高中学历所占比重较大，占48.86%，本科及以上学历的较少，仅占6.57%，小学至高中学历所占比重共占62.86%，这说明农村企业主接受教育的机会较少，文化程度相对较低。从企业主从事管理年限看（表3-3），企业主从事管理年限高于企业经营年限，企业主从事管理的平均年限为10.62年，管理年限在5年以上占样本总数的77.71%，而企业经营年限在5年以上的占样本总数的56.29%，表明多数企业主具有较丰富的管理经验。

表3-2 企业主文化程度

企业主文化程度	企业主数(位)	比例(%)	累计比例(%)
小学	12	10.57	10.57
初中	61	3.43	14
高中	171	48.86	62.86
中专	37	13.14	76
大专	46	17.43	93.43
本科及以上	23	6.57	100
合计	350	100	-

表3-3 企业主从事管理年限

年龄分段	企业数比例(%)	累计比例(%)	均值	最小值	最大值
0～5年	78	22.29	22.29	-	-
5年以上	272	77.71	100	-	-
合计	350	100	10.62	1	39

3.3.3.2 企业主的社会关系网络

现实生活中的网络是多维的、变化的，边界是开放的，即梁漱溟所说的“关系无界”。中国人的关系网络大于核心网络所限定的3～5人，重要生活事件中的接触、交往、互助是核心网络成员的共有特征。因此,针对农村社会特性和农村中小企业业主的个人特征,从联系密切的亲友数量[①]、父母亲职位、联系密切亲友的最高行政级别和财富状况、与网络成员的交往频率四个角度分析企业主的社会关系网络。

在农村中,最为重要的是家族关系,即血缘、亲缘和地缘关系,继而形成家族企业。农村中小企业业主既是家族核心成员和关键人物,又是企业的领导人物。家族作为企业主社会关系网络的基本组成部分对企业生产所必需的资源方面发挥着重要作用。随着企业主阅历增加和社会交往的扩展,其原有的以血缘、亲缘为基础的社会关系网络逐渐发生变化,通过认识新朋友、熟人和同事等,建立新的社会关系网络。通过调查发现(如表3-4),与企业主密切交往的亲戚数量为6～10人的占29.43%、11～30人的占28.86%,共占58.29%。与企业主密切交往的朋友数量6～10人的占32%、11～30人的占26.86%,共占58.86%,因此,企业主密切交往的朋友圈和亲属圈在扩大。这种建立在血缘、亲缘、地缘、业

① 网络的特征根据问题的指向而变化,如“借贷网”是不同的关系人所构成的网络(边燕杰,2004)。由于借贷直接涉及到资金利益、财富问题,人们对此问题较为敏感和谨慎,因此,能够与企业主发生借贷关系的多数是联系密切的亲戚和朋友,基于这一认识,本书通过联系密切亲友数量来衡量企业主的关系网络规模。又由于农村私营中小企业多数是家族式经营,家族特性使得农村企业主的联系密切亲友圈较大,因此,笔者在企业主联系密切亲友数量的测量设计上考虑的第一个选项为5人及以下,其他选项分别是5的倍数并依次递进。

缘、学缘之上的新社会关系网络，形成以“自我”为中心，沿着“自家人”→“自己人”→“外人”向度向外圈扩散（越向外关系越疏），最终汇聚成一个内外不同、生熟有别的类似同心波纹的人际关系网①。

表3-4　企业主密切交往的亲戚、朋友数分布(%)

企业主密切交往的亲戚、朋友	5人及以下	6～10人	11～30人	30人以上
亲戚数量所占比例(%)	24	29.43	28.86	17.71
朋友数量所占比例(%)	15.14	32	26.86	26

在企业主的社会关系网络中，企业主父亲、母亲的职位以及关系密切亲属和朋友的行政级别、财富状况决定了企业主的社会关系网络资源的丰富程度，其中，企业主父亲是农民的占44.86%，母亲是农民的占50.86%，如图3-1、3-2所示，说明农村的企业主多数出生于农民家庭。企业主的亲友行政级别中，如图3-3，科级及以下占59.71%，但县（处）级以上只占40.29%，明显低于朋友县（处）级以上54.29%的占比。在企业主的亲友财富结构中，如图3-4所示，朋友的富有与很富有情况占32.86%，高于亲戚的富有与很富有占比21.71%。

① 赵泉民，李怡．关系网络与中国乡村社会的合作经济——基于社会资本视角[J]．农业经济问题，2007(08)：40～46

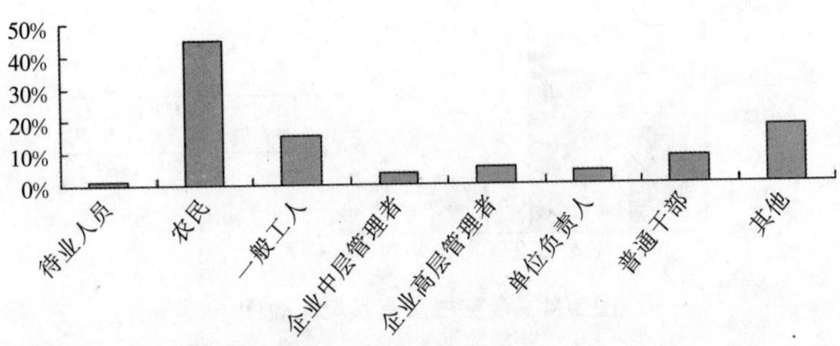

图3–1 父亲的职位分布图

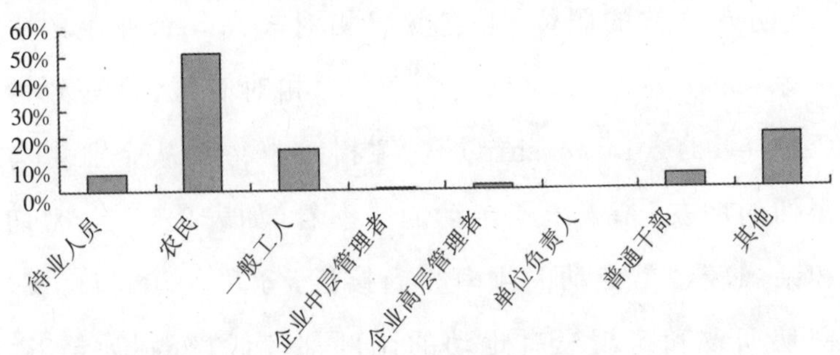

图3–2 母亲的职位分布图

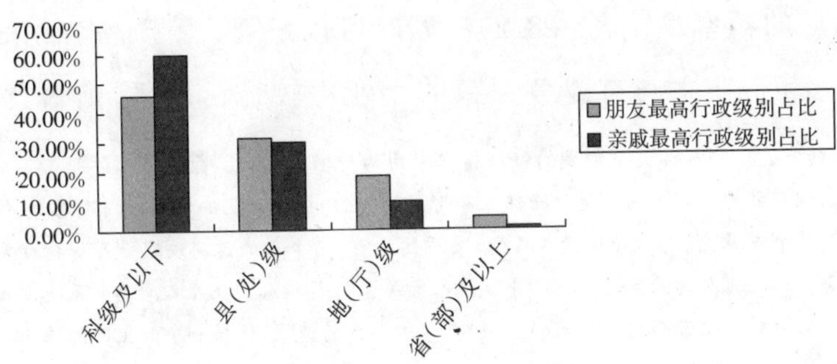

图3–3 亲友行政级别分布图

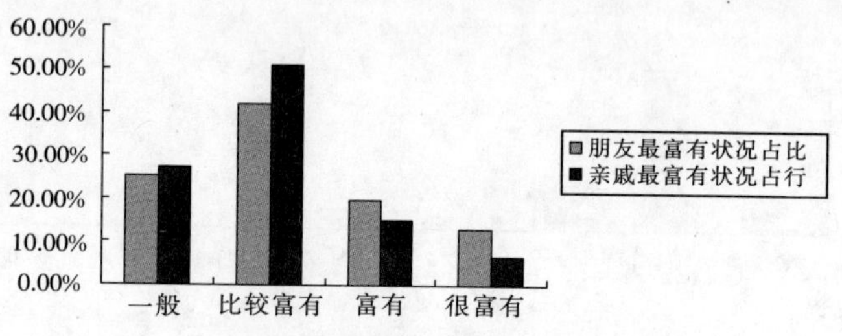

图3-4　亲友最富有状况比较图

由此可见，企业主亲缘群体的职位、财富状况相对都比较低，而朋友群体的职位、财富状况相对较高。企业主的先赋性关系（ascribed relationship）资源相对有限，而获致性关系（achieved relationship）[①]资源相对丰裕。从企业主与关系密切的朋友、亲属一年走动的频率看（如表3-5），与密切朋友和亲属较经常走动的频率相当接近，分别占50%和50.86%，与密切朋友和亲属没有走动的比例都较低，分别为6.57%和7.14%，而企业主与所有交往对象中，与普通朋友一年中没有走动的频率最高，占28.29%，同时可以发现，由于业务往来的需要，企业主与有业务关系的企业主较经常联系，所占比重

① 杨宜音根据人际关系形成的特征将它分为两种形式：其是“获致性人际关系”，是指人们相互之间关系是由于交往而建立和形成的，人们根据自己的需要、性格、喜好、价值取向等个人意愿，有选择地投入感情、物质的资源，由个人的意志决定是否保持和发展或是中断与他人的关系；其二是“先赋性人际关系”，是指人们相互之间的关系是以血缘或地缘为联系纽带而建立起来的，人们在这种关系的建立、保持和中断上面的选择性都不大，尤其在建立方面。参见杨宜音.试析人际关系及其分类——兼与黄光国先生商榷[J].社会学研究，1995(05)：18～23

为60.86%，可见，企业主增加了对密切朋友的联系，企业主不仅重视亲戚关系网络的建构，还重视朋友关系的培养，企业主的网络密度发生变化。

表3-5 企业主与网络成员的交往频率(%)

一年走动的频率	关系密切的朋友	关系密切的亲属	业务往来的企业主	普通朋友
没有	6.57	7.14	2.86	28.29
偶尔	42.29	38.57	36.29	36

3.3.3.3 企业主的信任边界

信任问题已成为理论界新近探讨的热点之一。Weber(1995/1920)认为中国人的信任是“建立在亲戚关系或亲戚式的纯粹个人关系上面”的，是一种凭借血缘共同体的家族优势和宗族纽带而得以形成和维续的特殊信任，因此对于那些置身于这种血缘家族关系之外的其他人即“外人”来说，中国人是普遍地不信任[①]。Weber的观点后来进一步地被Fukuyama引用和扩展。Fukuyama也指出：中国在文化上是一个低信任度社会，社会资本以重视家族传统为核心，家族之内人们彼此间的信任程度很高，但对家族之外人们的信任程度则

① 李伟民，梁玉成．特殊信任与普遍信任：中国人信任的结构与特征[J]．社会学研究，2002(03)：11～22

低[①]。其理由是家族血缘关系上的信任恰恰造成了一般陌生人交往中的不信任。但中国社会变革的现实已证明了这些论断是片面的和不准确的。有关中国传统文化和社会的众多研究都表明，中国社会是“关系本位”的社会。关系建构的核心是血缘家族关系，围绕此核心建立起与血缘家族关系之外其他人的社会联系。因此，中国这种“特殊主义”关系结构在相当程度上影响着人们日常交往行为中的信任。“关系本位”取向信任的实质不是关系自身，而是关系中所包含的双方心理和情感上亲密认同。实证研究表明中国人不仅信任与自己具有血缘关系和家族关系的人，而且也信任与自己交往密切的其他人。

如表3-6所示，企业主对亲人、最亲近朋友、普通朋友、生人（不认识的人）的信任程度打81分～90分[②]的分别占40.86%、41.71%、49.14%、1.14%；对亲人、最亲近朋友、普通朋友、生人的信任程度打91分～100分的分别占46.86%、49.71%、0.86%、0.00%。

也就是说，有46.86%的企业主认为亲人的信任度最高，有49.71%的企业主认为最亲近朋友的信任度最高，只有0.86%的企业主认为普通朋友是完全可信，多数企业主认为生人不可

① 弗朗西斯·福山著，彭志华译．信任——社会美德与创造经济繁荣[M]．海口：海南出版社，2001

②李伟民，梁玉成(2002)将信任对象的信任程度区分为完全可以信任、可以信任、说不准、不可信任和完全不可信任五种类型，本书采用企业主对交往对象的信任程度进行打分，更能清晰区分企业主对交往对象的信任度差异。

信。由于业务往来需要，企业主之间的信任度差异较大，有28.86%的企业主认为有业务往来的企业主信任度低，而24.00%的企业主认为有业务往来的企业主信任度高。

表3-6　企业主信任程度分布(%)

根据信任程度打分(100分制)	亲人	最亲近的朋友	普通朋友	不认识的人	业务往来的企业主
60分及以下	0.29	0.29	3.14	78.29	2.00
61～80分	12.00	8.29	46.86	20.57	28.86
81～90分	40.86	41.71	49.14	1.14	45.14
91～100分	46.86	49.71	0.86	0.00	24.00

进一步分析可以发现(如表3-7所示)，企业主对亲人和最亲近朋友的平均信任水平最高，分别为87.73分、88.57分；其次是对普通朋友，平均信任水平为76.33分；再次是对生人，平均信任水平为38.86分[①]。

显然，农村中小企业的企业主社会关系结构在相当程度上影响着企业主的信任程度和信任边界，企业主与其他人之间的熟悉程度及心理或情感上的亲密程度是企业主的信任

①平均信任水平的计算首先对各段分值取值，60分及以下取值为30分、61～80分取值为70分、81～90分取值为85分、91～100分取值为95分，然后采用加权平均法计算得出。

函数。企业主信任程度最高的自然是与企业主有着血亲关系或亲密关系的“自己人”，而后信任度随着亲密度逐级减弱、“层层外推”，企业主对亲人的信任度及与自己最亲近的朋友最高，而对普通朋友的信任度明显下降，对企业主自己不认识的人信任度最低。

表3-7 企业主平均信任水平

企业主的不同交往对象	平均值	最小值	最大值	样本数
亲人	87.73	30	95	350
最亲近的朋友	88.57	30	95	350
普通朋友	76.33	30	95	350
不认识的人	38.86	30	85	350
业务往来的企业主	81.97	30	95	350

3.3.3.4 企业主的行为规范

规范可以分为正式的和非正式的行为规范，前者是指成文的正式法律法规，后者是指由于历史、文化、传统和习俗的影响，在人们头脑中所形成的有关行为规范的所谓“隐含知识”(tacit-knowledge)，表现为伦理道德等非正式行为约束[①]。如未特殊说明，下述的规范指非正式规范，以区别于正式的法律制度。在中国经济转轨时期，则表现为正式制度规则处于变革过程，非正式制度规则发挥着更加重要的作用。中国传统家族文化悠久而深厚，包括家族成员的家族观念、行为规范、伦理道德规范等内涵，是中国传统文化的基本精神和突出特征的体现，对人们心理与行为的影响最深远[②]。农村中小企业作为现代组织依靠血缘、亲缘、地缘、业缘等关系和利益把企业主和员工联结在一起。在企业运行的过程中，也渗透了较多的传统的文化、习俗等因素。企业主是现代组织的关键人物，其行为必然受到市场规则的约束，但传统的家族观念、行为规范、伦理道德文化等在企业主的思想中已经固化，约束着企业主的行为，如任人唯亲[③]。

根据调查得知，96.29%的企业主认为遇到困难时希望得到亲属和朋友的帮助，99.14%的企业主在亲属、朋友遇到困难时给予帮助。在与他人发生纠纷时，只有4.57%的企业主认为会通过法律渠道解决，95.43%的企业主选择采取私了的方式解决纠纷，如通过自己与他（她）协调或兄弟联合起来讨个说法、找朋友出面协调等方式。从企业主对金融机构贷款、

① 汪小勤，汪红梅. 我国农村社会资本变迁的经济分析[J]. 福建论坛，2007(12)：10～14

② 胡军，钟永平. 华人家族企业网络：性质、特征与文化基础[J]. 学术研究，2003(02)：37～41

③ 吉小安，王晓毅. 中国农村社会分化与整合[J]. 管理世界，1993(05)：176～178

民间借贷偿还态度看，大多数的企业主认为贷款要及时偿还，其中，72%的企业主选择按时还款，16%的企业主认为即使资金紧张也要通过各种渠道筹集资金按时还款，只有10.57%的企业主认为资金紧张时可以延缓偿还时间，1.43%的企业主选择了能拖则拖①。可见，企业主对参加社会公益活动、传统的关系和伦理道德调解机制、亲友间互助及对贷款偿还态度等的认同程度较高，虽然法律对农村企业主行为有一定的约束力，但传统的家族观念、伦理道德、习俗等发挥着更重要的约束作用。

运用描述性统计法，从社会关系网络、信任、规范三个社会资本分量透视了企业主社会资本的现状，同时也揭示了企业主的社会关系网络规模扩大、网络同质性下降、信任的边界性以及传统规范与正式制度并存等特征。

① 根据问卷调查结果统计得出。

3.4 企业主社会资本的特征

对企业主社会资本特征进行进一步归纳，能够为社会资本理论提供更为清晰的逻辑框架，因此，从社会资本分量和社会资本作为整体两个方面进一步归纳出转型期企业主社会资本的特征。

3.4.1 社会资本分量的特征

随着中国农村社会资本的转型，农村中小企业的企业主网络、信任、规范等发生变化，社会资本呈现新的特征。

一是网络规模扩大，网络的构成模式发生明显变化。伴随企业主社会交往范围的扩大，企业主的社会关系网络规模发生变化。原先建立在血缘、地缘之上的关系网络不断向外扩张，形成融合血缘、地缘、姻缘、业缘、学缘为一体的新社会关系网络，并且是以家族血缘为中心的呈现“差序格局”的人际关系网。从企业的创业到成长的整个过程，企业主与网络成员互动进一步深入，建立在亲缘基础上的先赋性关系重要性下降，而以朋友关系为基础的获致性关系的重要性开始上升。

二是网络的紧密度趋向弱化，同质性下降。企业主的交往半径不断扩大，接触的对象复杂化，这些网络成员在性别、年龄、职业、文化程度、阶层等类似性逐步减弱，因而，网络的异质性在增多。网络的紧密度是衡量社会网络成员间相互联系程度的概念，企业主与网络成员的交往频率特别是与朋友的交往频率提高了，企业主的社会关系网络正从“强关系”向“弱关系”过渡，但网络仍然呈现相对“封闭性”。

三是企业主信任边界的有界性。与企业主的社会关系网络“差序格局”相似的，企业主对网络成员的信任也表现出以“己”为中心，“层层外推”的格局，信任程度随着与自己关系的疏淡程度递减。企业主对家人、亲密朋友关系圈最为信任，其次为熟人[①]关系圈，再次为生人关系圈，信任更多地存在于以个人与家族为边界的范围内，形成内外有别、具有“差序格局”的人际关系特殊信任[②]。

四是规范与正式制度并存。在企业主的社会关系网络中，建立在血缘、地缘之上的“强”关系仍发挥着重要的作用，因而，传统的家族观念、伦理道德文化、习俗、声誉等约束着企业主的行为。另一方面，随着企业主社会交往范围的扩大和社会互动的深入，企业主不仅要与政府“打交道”，还要与银行、供应商、销售商等交往，由此，法律法规等正式的制度规则也制约着企业主的行为。

从社会资本分量角度归纳出的企业主社会资本特征，还

① 郑也夫认为熟人处在亲人和陌生人之间。本书所指的熟人主体为远亲、近邻和朋友。

② 本书提出的特殊信任，不同于韦伯(1964)提出的特殊信任，不仅包括企业主对与自己有血亲关系的“自家人”的信任，还包括对与自己有密切关系的朋友的信任。

不足以概括企业主社会资本整体特征的全部。因此，为了分析企业主社会资本作为整体的特征，有必要引入社会资本总指数，通过对总指数进行分析可以进一步揭示转型期企业主社会资本状况。

3.4.2 社会资本整体的特征

从社会资本总指数[①]看，呈偏态分布，见表3-8。为观察数据分布的特征，需要对社会资本总指数进行适当的分组整理，根据Sturges提出的经验公式来确定组数K，即$K=1+\lg n/\lg 2$，并求各组的组距，可根据全部数据的最大值和最小值及所分的组数来确定，即组距=（最大值－最小值）÷K。依此，求出的组数K为9，组距约为16。社会资本总指数Isc按照大小分成9组，$-81.06<I\text{sc}<-65.06$、$-65.06\leqslant I\text{sc}<-49.06$、$-49.06\leqslant I\text{sc}<-33.06$、$-33.06\leqslant I\text{sc}<-17.06$、$-17.06\leqslant I\text{sc}<-1.06$、$-1.06\leqslant I\text{sc}<14.94$、$14.94\leqslant I\text{sc}<30.94$、$30.94\leqslant I\text{sc}<48.94$、$48.94\leqslant I\text{sc}$，其中，指数在$-81.06<I\text{sc}<-65.06$和$-65.06\leqslant I\text{sc}<-49.06$范围的企业分别只有3家和1家，显然，将这4家企业都归为低社会资本组的企业之中不会影响分析结果，这样，社会资本总指数就被分成低、较低、中低、中等、中高、较高、高共7个组。进一步，如果把社会资本总指数中高、较高、高的企业加总，中等以上社会资

① 有关社会资本总指数的计算在第五章有详细的介绍。

本组的企业有95家，占样本总数的27.14%；中等社会资本组的企业有79家，占样本总数的22.57%；把社会资本总指数低、较低、中低的企业加总，低社会资本组的企业有176家，占样本总数的50.28%。社会资本总指数范围在－81.06与66.09之间，因而，取值越接近66.09，企业主社会资本越趋近现代；反之，则越趋近于传统。

表3-8　企业主社会资本总指数及分布

社会资本总指数	企业数（家）	累计企业数（家）	企业分布（%）	累计比例（%）
低	26	26	7.43	7.43
较低	62	88	17.71	25.14
中低	88	176	25.14	50.28
中等	79	255	22.57	72.85
中高	50	305	14.29	87.14
较高	41	346	11.71	98.85
高	4	350	1.14	100
总体	350		100	

由此可见，农村中小企业业主的社会资本既不是单纯的传统社会资本，也不是单纯的现代社会资本，正经历从传统社会资本向现代社会资本转型。由于企业主社会关系网络

仍依赖传统的血缘、亲缘、地缘为主、信任具有“差序格局”、传统的规范约束依然发挥着重要的作用，多数企业主的社会资本总指数低，因此，企业主的社会资本偏向传统性，具有以传统社会资本为主，传统社会资本与现代社会资本并存的格局。

上述有关企业主社会资本的分析提供了一个非常有益的研究农村中小企业信贷获得的出发点，既然农村中小企业的企业主社会关系网络发生变化，网络中企业主信任和规范具有差异性，但企业主的传统社会资本仍然发挥了重要的作用。那么，农村中小企业获得信贷的机理是什么？为什么农村中小企业对民间借贷具有依赖性？农村中小企业获得正规信贷的社会资本因素是什么？第4章、第5章和第6章将分别从理论和实证方面对上述问题进行分析，以求能够真正有效地破解农村中小企业信贷融资困境。

第 4 章

社会资本对农村中小企业获得信贷的作用机制

从分析农村中小企业信贷融资需求的特殊性着手，说明企业主社会资本对企业信贷融资的重要作用，进而从企业主的社会关系网络、信任、规范角度剖析农村中小企业民间借贷嵌入性依赖的机制，探讨农村中小企业突破正规信贷融资障碍的社会资本机理，为实证研究提供理论依据。

4.1 农村中小企业信贷融资需求的特殊性

有关民营中小企业的组织经营特征和融资需求的特殊性，罗丹阳、殷兴山进行了较透彻的分析，在此基础上，笔者结合调查访谈的情况，对农村中小企业的组织经营特征进行分析，进而概括了农村中小企业信贷融资需求的特殊性。

农村中小企业不同于一般的中小企业，其经营具有明显的特征：一是企业主起主导作用。企业的所有者与经营者合二为一，企业主在企业中的作用尤其突出，是企业的生产、经营、融资等决策的关键人物。同时，企业主运用自己的才能、个人魅力、社会关系等应对各种困难，保证企业能够正常运转；二是具有明显的家族特性①。农村中小企业由于嵌入在特定的区域，必然受到当地文化传统的影响，家族观念使农村中小企业经营具有明显的家族性，企业的高层管理人员、财务人员等是企业创业者的家族成员。另一方面由于长期以来社会信用遭到破坏，人们之间的信任度降低，显然，合作的对象选择以亲缘、血缘、姻缘、地缘为基础的家族成员或泛家族成员成为企业应对社会信用制度缺陷的明智之举；三是经营不确定、风险大。在调查中发现，部分农村中小企业业主仍然带有“小农”的思想意识，缺乏对市场的准确判断，往往“一哄而上”大量生产某一热销产品，结果造成企业大面积亏损甚至破产。农村中小企业普遍地没有稳定的主营业务和自己的品牌，难以应对市场的瞬息万变，抗外部冲击的能力弱，与大企业相比，倒闭率和竭业率较高。根据美国小企

① 2005年7月出版的第一部《中国民营企业发展报告》列举的调查数据显示：300多万家私营企业90%以上是家族企业，而在江浙、等沿海地区比例更高，家族企业已经构成我国民营企业的主体部分。因此，书中所指的农村中小企业与家族企业有着很大的交叉。

业管理局(SBA)的统计,有近23.7%的小企业在开业后的两年内消失,由于经营失败、倒闭或转产,有近52.7%的小企业在四年内退出市场。中国民营中小企业的平均寿命一种说法是2.9岁,另一种说法是3.7岁①。农村中小企业经营的不确定性和较高的倒闭率加大了银行和其他投资者的风险。农村中小企业的经营特征决定了其融资需求具有不同于一般中小企业及大企业的特殊性,主要表现为以下几个方面:

一是企业主是融资安排的主体。杨其静指出,企业家才是企业发展初期融资安排的中心签约人,是企业家而不是投资者主导着企业最初的融资安排②,因此应该站在企业家的角度来考察企业家的融资行为。Matthews, etal、Mayers、Barton和Mattews、Poutziouris等论述了企业家个人因素在中小企业融资中的重要性③。在农村中小企业融资过程中,企业主个人因素包括企业主个人的目标函数、对风险和企业控制权的态度、企业主的知识水平和社会关系等决定了企业融资方式的选择和企业融资的数量。

二是融资的基础是企业主个人及家族的财富。财富具有“信息显示功能”和“担保”功能。企业主个人及其家族集中

① 罗丹阳,殷兴山. 民营中小企业非正规融资研究[J]. 金融研究,2006(04):142～151

② 杨其静. 财富、企业家才能与最优融资契约安排[J]. 经济研究,2003(04):41～50,92

③ 田晓霞. 小企业融资理论及实证研究综述[J],经济研究,2004(05):107～106

和控制着企业的财产权，从而承担了企业风险和隐性成本，当企业扩大生产规模或追求技术进步需要进行外部融资时，企业主个人及家族的财富发挥了抵押担保的作用，其中，尤其是企业主个人及其家族的信用、关系财富成了外部投资者最看重的因素。建立在血缘、亲缘、地缘基础上的农村中小企业，其融资也具有明显的家族性。企业主的社会关系网络、信任等社会资本在企业融资中起了决定性作用。

三是融资所需信息的私有化。私营企业融资双方的非对称信息大致包括：个人信息和企业经营方面的信息。个人信息包括借款人的人品素质、个人能力、风险偏好等方面的信息；企业经营方面的信息包括会计信息、资本运营、技术创新与产品开发、管理控制、产权分配、投资决策、市场营销、生产情况、利润分配、机构设置、人事变动、税收缴纳等方面的信息。个人信息是一种人格化的信息，它只能被有限范围内的家人、亲戚朋友、同学、同事以及左邻右舍的街坊等熟人所掌握和了解。企业经营信息是一种可以以数据和书面资料形式反映的非人格化的信息，一经公开，其他利益相关者就能够根据自己的需要加以利用[①]。因此，在社会信用低下，法制不健全的情况下，农村中小企业业主为降低企业的经营风

① 王宣喻，储小平. 信息披露机制对私营企业融资决策的影响[J]. 经济研究，2002(10)：31～39，94

险，将企业经营管理信息控制在企业内部，处于信息的垄断地位。这样，信息的私有化一方面使得外部投资者放款的风险加大，另一方面也迫使企业的最优融资决策尽可能依靠自有资金或具有熟人性质的民间借贷解决资金问题。

因此，由于农村中小企业信贷融资需求的特殊性，决定了农村中小企业信贷融资不同于一般中小企业及大企业的特性。一方面，农村中小企业自身缺乏正规金融机构要求的有效抵押担保，其融资的基础必然是业主个人的社会关系、信用及其家族的财富。另一方面，信息不对称加大了农村中小企业外部融资的难度。一般而言，层级越低的资本市场，要求企业披露的经营信息就越少越不规范，企业融资的风险成本就越小；层级越高的资本市场，要求企业披露的经营信息就越多越规范，企业融资的风险成本就越大。农村中小企业业主为降低融资风险，将企业的经营信息控制在企业内部，缺乏企业财务报表等易于传递的“硬信息”(hard information)，而企业主个人信息等的“软信息”(soft information)只能被特定的社会网络成员所掌握和了解，这种矛盾使得企业获得外部正规金融贷款更为困难。企业融资中依赖的“软信息”，只有便于获取并处理这种“软信息”的金融交易主体才能克服农村中小企业融资中的信息不对称难题。因此，信息不对称使得外部投资者与企业主及其家族对企业的评价差异巨大，以致于企业主即使使用高昂的利益也无法吸引外部投资者。此时，企业主只有依赖血缘、地缘和亲缘等关系网络，向比较熟悉、关系较好的亲戚、朋友、邻里、乡里等寻求帮助，这是一种建立在特殊关系基础上的社会关系网络融资，依赖的是企业主传统的社会资本。

当然，银企之间的信息不对称本可以通过抵押担保加以缓解，但企业在创业阶段不得不把几乎全部资源投入再生产，固定资产的形态是以机器设备、原材料、产成品存在的，土地厂房则不得不采取租赁的形式[①]，企业面临着另一个难题：抵押担保不足。但是如果企业与银行建立了长期的互动关系，促进相互了解和彼此信任，能够在一定程度上降低银企之间的信息不对称程度，可见，这种现代意义上的社会资本是农村中小企业获得正规信贷的关键。

不难发现，企业主社会社会资本在农村中小企业信贷融资中发挥着重要的作用。企业是一个社会系统，必须与社会环境进行资源交换。企业主作为企业与社会环境的关键“接点”，必须有能力为企业获取所需资源。因此，企业主的社会网络对企业的经营成败起着关键的作用。在中国，传统的亲缘关系与现代经济关系交织和融合在一起，家族关系常常成为企业融资的基础。在传统农村社会中，社会结构是建构在

① 罗丹阳，宋建江. 私营企业成长与融资结构选择[J]. 金融研究，2004，(10)：120～127

血缘关系和地缘关系基础上的。前者是以家族为核心内容的亲缘网络，后者则是以村庄为单位的社会共同体。在家族企业的发展中，以村社及家族等为主建立起来的各种特殊关系作为非正式组织及由此而形成的非正式制度，对家族企业的发展有着巨大影响。因此，农村中小企业业主不仅通过社会关系网络传递信息，且利用关系网络为企业的成立和发展获取所需的资金。企业主关系在民间借贷和正规金融机构借贷中尤其重要性。在民间借贷中，财产抵押和正式的计划书基本不起作用，借贷双方的人情面子和对借款人个人的了解是决定信贷关系的决定性因素。民间借贷以个人的信誉和承诺作为还款担保，并根据关系亲近程度决定利率高低。在正规借贷中，企业主为人的诚实可信、经营能力、与银行的私人关系等个人信息是银行贷款的重要约束条件。除此之外，上述有关社会资本与信贷融资关系的研究综述都表明了企业主社会资本对企业尤其是农村中小企业的融资有着至关重要的作用。

4.2 农村中小企业民间借贷嵌入性依赖机制

借用嵌入性概念，目的是为了说明农村中小企业普遍依赖民间借贷现象，且发生在熟人之间、具有自我强化倾向、存在路径依赖的特性，因此，本部分的重点是剖析农村中小企业民间借贷嵌入性依赖的机制，为社会资本影响民间借贷可得性的实证研究提供理论依据。

从第2章有关民间借贷产生根源的研究进展来看，尽管前人研究的角度不同，但实际上都说明了民间借贷与“熟人社会”的吻合性，也即民间借贷充分地利用了当地的社会资本，尤其是内嵌于借贷双方间的信息共享机制。国际上小额信贷还贷率至少为98%，其成功的经验是充分地利用了社会担保机制，世界银行也认为，社会担保、“同伴监督或压力”是利用社会资本成功解决发展中国家农村信贷市场上不完美信息的典型①。民间借贷主要发生在相互熟悉的社区，借贷双方彼此知根知底，各自不仅了解对方的才干与人品，而且清楚对方的身世、财产及亲友关系，贷款人通过人缘、地缘等

① 陈军，曹远征. 农村金融深化与发展评析[M]. 北京：中国人民大学出版社，2008

获取借款人的信息，在此，借款人的名声及其所属的社会关系网络取代了传统的实物或金融抵押，成为民间借贷的基础。如果借款人违约，将受到声誉丧失、社会排斥等严厉的社会惩罚。因此，民间借贷的运行机制是利用当地固有的社会网络、关系、名声等进行履约，而这些是具有完全意义上的社会属性。显然，从网络、信任、规范三个社会资本分量对农村中小企业获得民间借贷的作用进行剖析，显得尤为重要。

4.2.1 网络的信息传递机制

农村中小企业融资所需的信息大致包括企业主个人信息和企业经营信息，其中，企业主个人信息是一种人格化的信息，只能被熟人所掌握和了解；企业经营信息是非人格化的信息，企业主为了控制企业经营可能面临的风险，通常对企业经营信息建立一种保密机制，不对外公开披露真实信息。因此，除了企业主的“自家人”、“自己人”以外，“外人”很难了解企业的真实信息。在信息不规范化的情况下，信息的交流将受到极大限制，信息的扩展借助于面对面的人际交流，或者通过扩大的血缘、地缘和人缘等的联系纽带传递，这时相对应的融资交易方式是家族和网络型融资。这种家族和网络型的民间借贷融资方式需要借助于一种特殊主义的人际关系网，即以家族血缘为中心的呈现“差序格局”的企业主人际关系网。贷方通过企业主的人际关系网络了解企业主的信息，包括企业主个人的人品、经营能力、还款来源以及企业主及其家族的关系、财富等信息。因此，与企业主越亲密、联系越密切、交往越频繁的亲友、邻居、同学等越容易获得信息，使得信息在基于血缘、亲缘、姻缘、地缘关系的网络之间传递效率更高。在这个意义上，熟人之间的相互了解、彼此知根知底起了重要的作用，使得借贷双方之间的信息更加透明，信息不对称程度下降。

由于民间借贷多发生在熟人和亲友之间，借贷所需的信息收集是与日常生活结合在一起的，通常是日常生活的副产品，信息主要通过闲言碎语方式进行收集和传递，信息收集费用很低。即使交易通过民间金融机构进行，由于民间金融机构的规模和服务的地域范围较小，日常生活也是其交易信息收集的主要途径[①]。因此，民间借贷利用社会关系网络成员之间日常的人际交往，“熟人社会”中特有的信息搜集、甄别等优势，以较低成本收集信息，具有正规金融无法比拟的信息优势。

农村中小企业正是通过企业主社会关系网络的信息传递机制获得民间借贷。由于处于创业和发展早期的农村中

① 张杰. 中国农村金融制度调整的绩效：金融需求视角[M]. 北京：中国人民大学出版社，2007

小企业信息不透明、抵押能力严重不足，企业主个人及家族的关系、信用等财富是外部投资者最看重的因素，并发挥了“担保”功能，而企业主个人及家族的财富信息通过企业主的关系网络进行传递，因此，对这个阶段的企业来说，企业主关系网络的信息传递功能所发挥的作用尤其突出。

随着企业规模扩大和存续时间的延长，企业进入较为成熟的阶段，企业主交往半径的不断扩大，企业主的社会关系网络也发生了变化，但传统的以血缘、地缘为基础的家族关系或泛家族关系仍然发挥了主要作用，网络呈现相对的“封闭性”，因此，企业主所具有的特殊关系网络为企业所能认同的融资对象范围本能地设定了地域界限和空间边界，最终使得企业融资范围呈“闭合”状态。因此，对于创业和发展早期的农村中小企业，关系网络的信息传递机制使得企业的融资成本大为降低，但是，通过企业主关系所达成的借贷契约还具有自我强化的趋势，使得较为成熟的企业仍然使用民间借贷作为重要的资金来源，形成企业对民间借贷的嵌入性依赖。

4.2.2 信任机制

中国民间信任形式具有多样化，呈现由低到高的形态分布，与此相对应，民间金融也呈现由低到高的形式分布。一是私人借贷(一般发生在亲友、乡邻之间),它对应于亲缘、地缘以及朋友间的信任关系;二是各种民间借贷组织如“抬会”、钱庄、典当行等,此类组织的服务范围基本是本村本里,服务半径在2公里以内。这是一种较为低级的社群信任形式;三是企业之间的商业信贷多发生在因长期业务往来而相互熟悉的圈内人之间,它已超过乡邻亲友间的融资关系,因此它已是一种较高级的社群信任形式;四是以合伙投资、商会、互助贷款协会、互助担保协会等形式存在的金融互助组织[①]。这类组织的活动一般都已超出乡土范围,而可以为县市一级甚至更高层的企业融资提供服务。此类组织已较为正规,无疑是高级的社群信任形态。

因此,与企业主内外有别、“差序格局”的特殊信任结构相对应的,企业的信贷融资交易半径局限于企业主的关系网络内,融资的对象为近亲、远亲、乡邻、朋友等,并以亲友为主。在企业主的社会关系网络内,企业主与网络成员的互动是在彼此信任的基础上,正如Fukuyama所说的信任是“在正式的、诚实和合作行为的共同体内,基于共享规范的期望”,双方重复多次交往,彼此知根知底,因而,企业主的信任水平间接地衡量了其他网络成员对企业主的信任水平。在这种

① 楼远. 非制度信任与非制度金融:对民间金融的一个分析[J]. 财经论丛,2003(06):49～54

情况下，信任不仅能够提高借贷双方合作的效率，还能够降低借贷成本，达到帕累托最优状态。

假定有资金融入方（企业主）甲和资金融出方乙，乙借款给甲可以获得收入为I，甲得到资金后运用资金的净收益为NI，乙对甲的信任概率为P，不信任概率为$1-P$，乙根据对甲的信任情况决定贷款与不贷款。乙对甲信任则贷款，概率为P，乙对甲不信任则不贷款，概率为$1-P$。则：甲的期望收益为$R_{甲}=P\times NI$，乙的期望收益为$R_{乙}=P\times I-(1-P)\times I$。乙对甲的信任度有三种情况：第一种情况，如果双方不完全信任，乙对甲的信任度低，设$P=0.3$，则甲的期望收益为$0.3NI$，乙的期望收益为$-0.4I$；第二种情况，如果双方不完全信任，乙对甲的信任度高，设$P=0.8$，则甲的期望收益为$0.8NI$，乙的期望收益为$0.6I$；第三种情况，如果双方彼此信任，设$P=1$，则甲的期望收益为NI，乙的期望收益为I，双方的收益达到最大化[①]。可以看出，在双方不信任情况下，双方的收益都会遭到损失，无法达到最优状态。由于民间借贷发生在企业主的社会关系网络范围内，借贷双方已经培育起良好的合作关系，彼此信任，从而使得民间借贷的成本降低。

但由于企业主的信任度是内外有别、“差序格局”的特殊

① 在此参考了宇红，刘琛(2006)分析信任对供货商和销售商作用的方法。参见宇红，刘琛.信任与企业家社会资本[J].社会科学辑刊，2006(03):49～53

信任结构，其最鲜明的特征是必须依附于血缘、亲缘、地缘基础上的社会关系网络，信任具有边界范围，其作用力与有效性难以超越"熟人"社会范畴，因此，这种特殊信任关系使得企业主不能把关系网络内的借贷优势与借贷效率扩展到网络外，企业的融资范围大多被"锁定"在民间借贷内，导致企业与外部正规金融机构融资方面遇到障碍。

4.2.3 规范的约束机制

社会网络能够产生社会资证作用：一个人的信誉首先在关系网络中建立"口碑"，一传十，十传百，形成声望，就像一个人的文凭和证书一样，是一种资本①。在中国乡村社会，"关系网"执行着非市场化的社会交换功能，"人情"就是建立在此基础之上的，是习俗所认可的人际交往准则。"人情"相当于"礼尚往来"中的"礼"。作为交往规范的礼（人情）必须是，我来拜访你，你应该回访我；拜访你时，我随身带着物品送你，你请我吃饭，那你回访我时，也须带有物品，也要盛情款待你②。"人情"意味着交往中要讲究"礼尚往来"而不能无"情义"，这种伦理道德已经形成乡村的文化习俗，始终是农

① （美）林南著，张磊译. 社会资本——关于社会结构与行动的理论[M]. 上海：上海人民出版社，2005

② 曹锦清，张乐天. 传统乡村的社会文化特征人情与关系网[J]. 探索与争鸣，1992（02）：51～59

村社会经济关系的基础。由此可见,"人情"往来是发生在熟人之间,是关系取向下的人际交往潜规则,使得乡村社会的借贷也带有浓厚的"人情"味,借款方恪守"有借必有还,借贷必相等,或者还要额外偿还人情债"的准则。因此,对于农村的企业主,不仅通过"人情"关系获得资金,还可能因"人情"获得无息借款,当然,企业主必须偿还因"人情"获得的借款,否则,在乡村社会就会被其他人说"坏话"(乡村信息传递速度快,大家口口相传),留下坏名声。

"顾面子"成为一件和个人自尊密切关联的重要事情。当中国人主观地觉得"失去面子"时,他的自尊心会受损,造成情绪的不平衡。因此,个人平时不仅要消极地"维护面子",而且要积极地运用种种的面子工夫来"争面子"①。由于个人是家族链条上一个摆脱不掉的分子,因此他的言行举止、为人处世、事业功名、做官掌权的问题就不仅是他个人的问题,而是整个家族的期待并由此可以沾光的问题。如果一个人做的事符合家族众人的期待,那么他不但自己感到非常荣耀,他的家人也会为他感到骄傲;反之,如果他做的事情或选择违背了家人对他的期望或以失败而告终,他就感到羞耻,丢脸,不愿回到家人群体中,以免被家人羞辱或让家人在当

① 黄光国等. 人情与面子:中国人的权力游戏[J]. 领导文萃. 1988:160～166

地感到无地自容①。

因此，农村中小企业的企业主作为家族的核心人物，其行为不仅是为了追求经济利益的最大化更是为了追求家族利益的最大化，给整个家族争"面子"。在农村中小企业的民间借贷中，借贷双方之间的金融交易并不是一次性的，它带有一定重复博弈的性质，如果借款人发生一次非正常原因的赖账不还，那么，贷款人将会永远终止与借款人的经济关系。更关键的是，这种信息将会扩散出去，借款人的"恶劣行径"就会成为整个村落的共同信息，从而使潜在违约面临着惩罚的扩大化的威胁。企业主作为借款方有激励建立诚实的声誉，进而保证借贷合约的执行，其根本的原因在于在熟人社会借款方的声誉信息易于传递，以及对不良声誉的社会惩罚力。这种惩罚即使不能施加于借款方本人，也可以通过家族成员而实现。惩罚力度之大以致于违约者无法在当地立足，甚至再也不能得到贷款。

由于民间借贷合约是一种私人契约，具有非市场化的交换功能，实行"非等价交换"原则，因而，传统的家族观念、伦理道德、文化习俗等非正式制度对合约的执行约束力更大。许多无法通过法律机制来执行的非正式合同的交易行为则

① 翟学伟．人情、面子与权力的再生产——情理社会中的社会交换方式[J]．社会学研究，2004(05)：48～57

由信誉机制来保证完成。信誉是一种社会资本，是由社会公众所形成和持有，行为者(即信誉主体)因诚实交易、信守合约、真诚合作而赢得的声誉。在此没有区分信誉、声誉、名声、面子等含义，认为这几个概念都表达借款方诚实履约而获得的良好社会效应。

契约的私人执行机制可以使用关联博弈的声誉执行机制进行解释：一个参与人不仅参与交易域的经济博弈，同时还参与社会交换域的重复性的社区博弈。在社会交换域的社区重复博弈中，作为一个有社会声誉的社区成员，将会获得一定规模的社会资本和声誉价值。声誉价值体现在经济收益和非经济收益两个方面，后者包括尊重、赞赏、归属感等社会收益[①]。由于民间借贷契约的实施机制和信用保护机制事实上是在一个关联博弈中进行的：即非正式信贷契约过程的交易域中的博弈与其基于血缘、地缘关系范围的社区交换域中的重复博弈[②]。因此，进一步借用关联博弈模型分析农村中小企业由于声誉的社会惩罚力，使得企业与贷款方诚实合作，从而获得民间借贷。其借贷博弈树如图 4-1 所示。

① 贾生华，吴波. 基于声誉的私人契约执行机制[J]. 南开经济研究，2004(06)：16～20，51

② 黄君慈，罗杰. 声誉、关联博弈与民间信用私人实施机制[J]. 江淮论坛，2006(03)：55～58

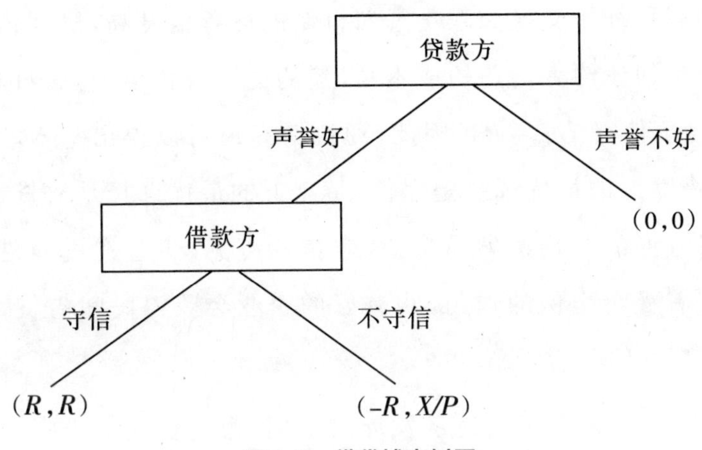

图4-1 借贷博弈树图

该博弈树含有声誉价值即贴现因子P。贷款方根据初始声誉情况选择借款方,如果借款方声誉不好,就选择不借,此时,双方的收益都为零;如果借款方声誉好就选择借,博弈进入第二阶段。借款方得到资金后有两种策略,一是守信,双方收益各为R,二是借款方不守信,贷款方的收益为$-R$,借款方违约后的真实收益为X/P,取决于现时收益R与信誉贴现因子(表现为其在社区交换域中的声誉价值)P的比值。由于民间信用主体基于血缘关系、有限地缘关系的特殊信任主义,其信用范畴的信贷博弈有效的嵌入到其赖以生存的社区交换域的重复博弈,并且其交易域和社区交换域基本重叠,信息完全性与信号传递效率高,使得关联博弈的关联度强,交易域和社区交换域双重惩罚机制的可置信度高，民间信用契约中的违约者的违约成本高，违约的声誉价值即贴现因子P很大，使得$X/P<R$。因此，通过博弈树可以得出基本的结论：借款方的最优选择是守信，贷款方的最优选择是放贷，博弈双方的纳什均衡解为贷款、守信。可见，声誉在民间借贷中有着社会担保的作用，声誉好的企业会获得民间借贷，并产生良好的社会示范效应。

一般认为在市场经济发展的早期，市场机制尚未完全确立，血缘关系、亲缘关系、地缘关系、面子、人情等发挥着调节和配置资源的重要作用，传统社会资本是控制道德风险等机会主义行为的关键变量，而当市场机制逐步完善，现代社会资本的作用将尤其突出，如图4-2所示：

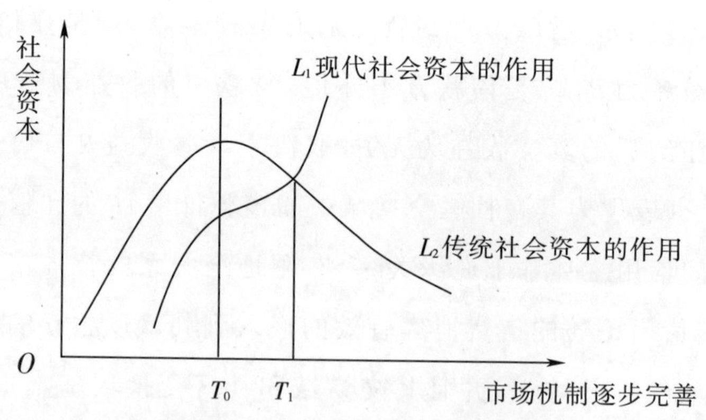

图4-2　社会资本与市场经济发展

在市场经济发展到T_0阶段，传统社会资本的效力达到最高。当市场机制基本确立后，正式的法律体系逐步完善，制度化的信任也已经建立，现代社会资本的作用开始凸显，传统社会资本的作用越来越弱，其负面效应逐渐成为经济发展的障碍，此时的传统社会资本将部分地被现代社会资本所代替。

在市场经济发展到T_1阶段后，现代社会资本的效力远大于传统社会资本的效力。当然，调整后的社会资本没有采用代替或补充市场和政府的规则和调控的形式，而是采取了隐含知识(tacit knowledge)的形式，整个社会变化和演化的过程应该是，从经济活动内嵌于社会网络之内，转向社会关系植根于经济体系当中[①]。

因此，由于转型期农村中小企业业主的社会资本以传统社会资本为主，一方面不仅为企业获得民间借贷发挥了非常重要的作用，另一方面也使得企业对民间借贷形成嵌入性依赖，难以获得正规金融机构的贷款。显然，对于农村中小企业而言，破解正规信贷融资的障碍关键在于如何突破传统社会资本的局限。

---

① 陈军，曹远征. 农村金融深化与发展评析[M]. 北京：中国人民大学出版社，2008

4.3 农村中小企业正规信贷获得的社会资本机理

从农村中小企业获得民间借贷的作用机理来看，从信息的传递、信任的建立到交易的执行和处罚机制，无不与企业主的社会关系网络特性有关，农村中小企业民间借贷的获得是以网络闭合、外部不信任、声誉效应为基础的。然而由于企业主的特殊关系网络传递信息具有地域界限和空间边界，农村中小企业民间借贷只能在一个较小范围内有效率，导致了民间借贷在规模和范围上的劣势。农村中小企业只有突破企业主的特殊关系网络性质，才能实现信贷交易范围的扩大，从而获得正规金融机构的贷款。也就是说，农村中小企业只有突破传统社会资本的局限，通过现代社会资本来“触发”正规信贷的交易机制。从已有有关农村中小企业正规信贷难的研究来看，农村中小企业难以获得正规金融机构贷款的主要障碍是信息不对称、缺乏有效的抵押担保品、违约率高，这些障碍需要企业主的现代社会资本如银企关系[①]、制度

① 银企关系是指企业主与银行人员之间的沟通频繁程度。

化信任、整合社会资本获得突破。因此，本部分通过剖析农村中小企业获得正规信贷的社会资本机理，构建社会资本影响正规信贷的理论依据。

4.3.1 银企关系

农村中小企业多数是家族企业，企业主对企业所有权的偏好使得企业有更多的信息不愿意公开。对于信贷与金融交易而言，农村信贷市场的信息不对称问题远比城市普遍和严重。放贷者往往很难知道农村借款人的实际经营能力与还款能力，是否按照合同约定目的申请贷款，获得贷款后用于从事什么。这种信息的严重不对称必然影响到正规金融机构在农村信贷市场上的行为选择，使其背离信贷市场的最优均衡解，信贷市场均衡时的交易规模都很有限①。现实情况是，农村中小企业融资的基础是人格化的信息，且依靠企业主的社会关系网络传递，因此，这种信息只有借贷双方都生活在同一个地域，并存在除信贷联系之外的许多其他联系，如生产、贸易、亲情、友情等，才可以熟悉和掌握。显然，农村的民间放贷者拥有社区信息的独特优势，而对于从外部进入的农村正规金融机构而言，大量有益于信贷决策的社区

① 张杰. 中国农村金融制度调整的绩效：金融需求视角[M]. 北京：中国人民大学出版社，2007

信息被排斥在正规信贷的决策和管理过程之外，其对农村中小企业贷款面临的最大问题是企业信息的人格化。企业主及企业信息只有被正规金融机构所熟悉和掌握，农村中小企业才有可能突破正规信贷融资的障碍。银企关系被认为是缓解信息不对称的有效途径。Coleman运用1998年美国小企业金融管理局的数据验证了借贷关系能够降低贷款人的风险，但对于发展早期的企业来说，借贷关系并没有提高企业的信贷可得性①。显然，对于发展早期的农村中小企业，与正规金融机构建立关系的时间较短，自然难以获得正规金融机构的贷款，其资金来源以自有资金和民间借贷渠道为主。但是，如果企业能够与正规金融机构保持紧密的关系，通过频繁的往来，加强对双方的了解，即使双方关系建立的时间不长，也能缓解借贷双方之间信息不对称程度。当企业逐步成长后，不仅与外界建立的联系增加，且与正规金融机构建立关系的时间也越长，借贷双方之间信息传递效率提高，从而有利于企业获得正规金融机构的贷款。

这说明企业与正规金融机构建立良好的互动关系能够降低信息不对称。通过发展紧密的银企关系，正规金融机构能

① Susan Coleman.The “Liability of Newness” and Small Firm Access to Debt Capital: Is There a Link?[EB/OL].http://www.aoef.org/ColemanPaper.doc，2004-4/2008-9-25

够搜集关于企业的相关信息，从而建立“信任关系”。因此，关系型借贷涉及的是难以量化和传递的“软信息”，这种信息具有强烈的人格化特征，是一种银行产生的关于特定企业及其业主的专有知识，必须建立在长期、稳定、紧密的银企关系之上。与市场交易型借贷相比，关系型借贷属于含有社会网络的准市场交易，且这种社会网络不是基于血缘关系的特殊社会关系网络，而是建立在普遍意义上的现代社会关系网络，网络规模扩大，网络的半径延长，网络的“开放性”增强，网络成员受到法律法规等正式制度的约束。

一般而言，人们利用关系网络的原则总是从强关系到弱关系依次递进。企业主的现代社会关系网络规模扩大，网络异质性上升，企业主与网络成员的交往不仅局限于亲缘或准亲缘关系，与银行人员的频繁沟通加深了银行对企业的了解和信任，这种信任不仅是建立在人际关系基础上的信任，更是建立在正式制度约束基础上的信任，在很大程度上能够缓解了银企之间的信息不对称状况，降低了借贷的交易成本。

4.3.2 制度化信任

农村中小企业向正规金融机构贷款的违约率高，已是不争的事实。但是，形成鲜明对比的是，农村中小企业的民间融资的违约率低。实际上，农村的企业主信任结构是以“己”

为中心，具有“差序格局”的特殊主义信任，企业主的信任更多地存在于以个人与家族为边界的范围内，难以成为普遍主义的信任。在本来不认识的人之间建立相互之间的信任关系是交易范围扩大和经济发展的关键①。因此，企业主的信任结构与民间借贷契约的信任层级即“熟人信任”相对应②，而很难与正规信贷契约的信任层级即“陌生人信任”相对应。由于正规信贷契约是信任密集型契约，且是通过国家法律机制强制执行，借贷双方是否签订信贷合同或者发生信贷，不仅取决于贷款人相信借款人的程度，还依赖信贷合同的执行力即法律基础。因此，农村中小企业突破正规信贷融资困境必须具有正式制度基础上的制度化信任。

信任在社会经济发展过程中的作用引起了越来越多的关注。信任一般被分成两类，不同的学者有不同的表述。如Weber提出的特殊信任与普遍信任；Luhmann提出的人际信任与制度信任；Knack and Keefer提出的特殊信任与一般信任；Uslaner提出的特定性信任和一般化信任，在此借用了Weber

① 张维迎指出信任是一个制度问题，而制度是建立和维持人们之间信任的关键。参考张维迎. 法律制度的信誉基础[J]. 经济研究，2002(01)：3～13，92～93

② Luhmann在《信任与权力》一书中指出，人际信任体系建立在“熟悉性”人情上，制度信任建立在法律等惩戒性或预防性机制上，二者都是在特定条件下，人们对风险的心理预期和估价，都有其特定的功能。信任最基本的功能就是简化社会交往复杂性。因此，“熟人信任”简化了民间借贷程序，使民间借贷呈现出无抵押担保和借贷中正式合同比例低的特点。

的特殊信任与普遍信任，但与Weber的特殊信任内涵有所不同，是指建立在血亲关系和亲密朋友关系的基础上，是非正式规范约束下的自觉遵守，是一种人际关系信任，普遍信任是指建立在正式制度和组织基础上，受正式制度的强制性约束，是一种更高层级的制度信任。为了避免与实证研究的信任概念相混淆，这里的普遍信任用制度化信任代替。制度化信任具有促进经济繁荣(Fukuyama)、推动经济增长(Knack and Keefer)、发展金融市场(Guiso et al.)等功能[①]，鉴于制度化信任的积极作用，在此分析制度化信任能够提高农村中小企业正规信贷可得性。

中国民间信任从特殊信任向制度化信任递进，与信任形式演进相匹配的民间信用同样表现出相应的递进规律：私人借贷→民间借贷组织→具有金融互助性质的民间信用→民办金融机构[②]。而民办金融机构已经十分接近现代制度金融(即正规金融)，如信用社。显然，正规信贷契约是一种信任密集型契约，与"陌生人信任"即制度化信任相对应。金融机构对农村中小企业"慎贷"甚至"惜贷"，甘愿承担资金不贷出

① 李涛，李红．双方关系、关系网络、法院与政府：中国非国有企业间信任的研究[J]．经济研究，2004(11)85～95

② 楼远形象地刻画了中国民间信任的演化路径。参考楼远．非制度信任与非制度金融：对民间金融的一个分析[J]．财经论丛，2003(06)：49～54

去也要负担的储户利息成本和相应的银行管理成本，是出于风险因素考虑，对农村中小企业的还贷能力缺乏信任。农村中小企业能获得正规金融机构贷款在很大程度上与企业主的信任水平有关。对于信任水平低的企业主，争取正规金融机构贷款的难度往往很高，他们常常面临申请遭拒绝。作为一种替代，家族内部的借贷和朋友、邻里之间的民间借贷在农村十分普遍。但是，如果企业主的信任水平较高即对外人的信任度越高，越接近制度化信任，企业获得正规金融机构的贷款可能性提高。显然，制度化信任能有效地缓解借贷双方信息不对称，提高还贷激励，降低借贷双方交易成本。

4.3.3 整合的社会资本

抵押品可以充当银行分离贷款项目风险类型的甄别机制[①]，即银行可以通过企业对抵押品数量变动的反应敏感程度来分离高风险和低风险的贷款项目。借款企业借助抵押、担保可以缓解在非对称信息条件下投资者所担心的借款企业的逆向选择和道德风险行为，因此，抵押、担保的存在能够将企业融资过程中的非对称信息转化为对称信息。然而，农

① Bester在《Screening Versus Rationing in Credit Markets with Imperfect Information》和《The Role of Collateral in Credit Markets with Imperfect Information》两篇论文中都论证了抵押品具有甄别风险的作用。

村中小企业一方面由于实力薄弱、资信度较低，很难争取有担保资格的单位出面为其担保或相互联保；另一方面，它们资产很少，即使拥有少量的资产，也难以满足银行对于抵押物流动性和变现能力的要求。这种情况下，抵押、担保机制既不能被农村中小企业作为向正规金融机构传递信息的工具，又无法被正规金融机构作为信息甄别的工具。因此，缺乏有效的抵押担保品是农村中小企业贷款难的直接原因。

但实际上，正规金融机构与农村中小企业缔结的以实物抵押的经济契约，却可以通过整合社会资本得到更好的执行。由于农村中小企业业主的社会关系网络是以家族血缘为中心的呈现“差序格局”的人际关系网，信任具有边界性、传统的规范约束依然发挥着重要的作用，企业主的社会资本仍以传统社会资本为主。而上文已经分析企业主的特殊社会关系网络相对“封闭”，网络成员之间彼此相互了解，信息相对透明，具有信息传递功能，能够降低网络成员之间借贷的信息成本。企业主信任的“差序格局”降低了企业主与熟人借贷的交易成本，提高了企业主获贷的机会。而企业主行为受到面子、人情、礼俗等传统道德的约束，这些传统的社会规范对企业主的借贷行为有着相当强的约束作用，能够起到社会担保的功能。由此可见，整合相似的企业主社会关系网络，使网络规模扩大，网络成员增加。整合后的网络从小网变成大网，比起小网，大网的关系多，信息和人情桥梁也增多，占有社会资本优势[①]。整个大网相对小网来说，网络密度增加，“开放”性增强，但大网本身仍然相对“封闭”，因此，大网内部网络成员彼此了解、相互信任、通过长期互惠和面子机制约束各自的行为，整个大网传递比较充分的信息，在信息不对称的信贷市场，能够产生正规金融机构可有效利用的价值。因此，整合的企业主社会资本充分利用了企业主社会关系网络的信息传递机制、信任机制、社会约束机制，具有现代意义的社会资本性质。

已有的研究表明，联保贷款能够改进农村信贷市场效率，修正信贷市场失灵，改善农村弱势群体的获贷境况。由于信息不对称，正规金融机构在农村信贷市场上甄别好坏企业的难度较大，成本较高，但联保贷款能够利用内嵌于小组的社会资本，解决农村信贷市场不完美信息状况。联保贷款的借款成员都来自同一个社区，由熟悉的成员组成，彼此清楚对方的品德、经济状况、态度等，这种自我筛选(self-selected)借款成员机制充分地利用了当地的信息和小组成员之间的信任。联保贷款的连带责任(joint liability)为选择有信

① 边燕杰. 城市居民社会资本的来源及作用：网络观点与调查发现[J]. 中国社会科学，2004(03)：136～146，208

誉的借款成员提供了激励，能够发挥互相监督（peer pressure）以及在必要时对借款成员进行社会惩罚等作用，降低了道德风险。实际上，在联保贷款制度中，挑选借款人、监督借款人的行为以及在必要时采取措施强迫借款人还款等重要活动，都从贷款机构“自动”转移到借款人那里。显然，这会降低放贷机构用于筛选、监督和执行合同的成本。因此，联保贷款实际上是整合借款人的社会资本。通过整合的社会资本来代替或补充传统社会资本以“触发”正规借贷交易机制，农村中小企业有可能改善信贷状况，从而提高正规信贷可得性。当然，整合社会资本的形式可以多样化，可以考虑建立以企业主社会资本为依托的融资体系，只要能够降低银企间信息不对称程度、银企借贷成本和贷款风险，整合的社会资本可以在一定程度上破解农村中小企业融资困境。

4.4 小结

总之，在农村民间借贷市场上，企业主的特殊社会关系网络能够传递信息并节省贷款人的信息搜寻成本，基于血缘、亲缘、地缘等关系的特殊信任通过降低借贷交易成本而大大提高了民间借贷融资效率，传统的人情、面子、声誉等规范发挥了民间借贷的“社会担保品”功能，有效地缓解了农村中小企业实物抵押担保不足的困境。因此，传统社会资本对农村中小企业民间借贷可得性的作用主要表现在三个方面：一是大大降低借贷的信息搜寻成本，可以有效地解决信息不对称问题；二是特殊信任减少了民间借贷的交易成本，提高了民间借贷融资效率；三是传统规范发挥了“社会惩罚”作用，保证了民间借贷合约的有效执行。但由于企业主的社会资本呈现出以传统社会资本为主的特征，企业主的社会关系网络“封闭性”强、网络延伸的半径小、信任褊狭、规范作用的有界性等，农村中小企业的民间借贷融资难以超越“熟人”范畴，形成对民间借贷的嵌入性依赖，更为关键的是，农村中小企业难以与正规金融机构建立信贷关系，获得正规金融机构的贷款。

因此，如何发展与正规金融机构的借贷关系是农村中小企业解决信贷融资困境的关键，上述理论分析表明，农村中小企业与正规金融的融合在很大程度上取决于企业主能否突破传统社会资本的束缚，通过企业主的现代社会资本"触发"正规信贷交易机制，实现信息不对称下的农村正规信贷市场效率的改进。也就是说，银企关系、制度化信任、整合社会资本对农村中小企业获得正规信贷具有重要作用，具体表现在三个方面：一是企业主的现代社会关系网络使得网络半径延长、网顶变高，企业主的交往对象不仅数量增加，而且质量提高，尤其是企业主与银行人员建立的紧密关系，在很大程度上缓解了银企之间的信息不对称程度，减少了逆向选择和道德风险的发生；二是企业主的更高层级的制度化信任降低银企借贷成本和贷款风险，提高了企业正规信贷融资的效率；三是整合相似的企业主社会关系网络使小网变成大网，充分地利用企业主社会关系网络的信息传递机制、信任机制和社会约束机制，一定程度上能够破解农村中小企业正规信贷融资困境。

从有关社会资本对信贷可得性作用的现有研究看，已经初步证实关系、网络、规范通过弥补市场失灵，对信贷可得性具有重要的作用。但是现有研究多数是国外学者根据国外的实际调查资料所做，这些结果是否符合中国的实际情况还有待进一步验证。而且，现有研究多数侧重分析关系、网络社会资本，不能完全反映社会资本的各个侧面。与国外的社会资本研究相比，中国农村信贷市场的社会资本研究还仅仅处在起步阶段。希望借此研究一方面可以扩大影响信贷可得性的社会资本侧面，还可以验证网络、信任、关系、规范等方面对农村中小企业信贷可得性的作用；另一方面能够为创新农村中小企业信贷融资机制提供一条切实可行的途径。鉴于此，拟采用实地调查资料，运用因子分析法、Binary Logistic回归模型研究社会资本对农村中小企业信贷可得性的作用，在此基础上，进一步采用案例研究方法讨论社会资本分量、传统社会资本的负面效应以及整合社会资本对农村中小企业信贷可得性的作用。

第 5 章

社会资本作用于农村中小企业信贷可得性的实证分析

第5章旨在验证社会资本对农村中小企业信贷可得性的影响，说明社会资本对农村中小企业获得民间借贷和正规信贷的重要作用。因此，在结构上分成三个部分：首先，对样本企业企业主的社会资本指标进行因子分析，提取社会资本公共因子，分别计算社会资本分量指数和社会资本总指数；其次，运用描述性统计方法分析社会资本总指数对农村中小企业信贷可得性的影响；重点运用Binary Logistic回归模型分析社会资本分量指数对信贷可得性的影响；最后，对检验结果进行讨论并进一步总结。

5.1 企业主社会资本的因子分析

第2章已经对社会资本的测度进行了相关研究的梳理，社会资本的测量难度很大，尤其是对企业社会资本的测量，难度更大。根据农村中小企业的特点以及第3章中企业主作为企业社会资本研究的逻辑起点、研究思路和结论，着重分析农村中小企业社会资本中的核心部分——企业主社会资本，并运用主成分分析法提取社会资本公共因子。

5.1.1 测度方法的选择

一般来说，社会资本的测度主要有两种方法：一是“提名法”(name-generator)，二是“位置生成法”(position-generator)。“提名法”是由每个被调查对象自己说出其社会网络成员的姓名，然后再由调查人员具体询问被调查对象提及的每个网络成员的个人特征以及他们之间的相互关系等。“提名法”有多种，目前研究较多的有“讨论网”(discussion network，即与被研究者讨论重要问题的人)和“支持网”(support network，即为被研究者提供支持的人)等。但“提名法”测量的是核心网络，限定在3～5人，网的特征根据问题的指向而变化，比如一个人的“求职网”、“借贷网”、“讨论网”是由不同的关系人所构成的网络。中国人的关系网络大于“提名法”所限定的3～5人。“提名法”由于是让被调查对象自己说出社会网络的情况，所以回忆者容易遗漏掉重要信息。“位置生成法”是林南和他的同事首先提出来的，是一种测量社会网络比较新的方法，它的测量主要着眼点在于考察被调查者基于所处的网络位置所能获取的资源。但笔者认为仅从网络维度测量企业主社会资本是不够的，会导致以偏概全的情况发生，特别在分析借贷行为时，企业主的信任和规范显得尤为重要。鉴于此，笔者在测量社会资本时，借鉴了“位置生成法”测量个体网络社会资本的基础上，增加了对企业主信任和规范的测量。

5.1.2 社会资本指标的选取

根据对企业主社会资本的界定，本书拟选取：联系密切的亲友数量、父母亲的职业、联系密切的亲友最高行政级别、联系密切的亲友最富有财富状况、企业主与交往人群的联系密度、企业主对不同人群所持的信任程度、社会公益及亲友互助、纠纷的常用解决办法、偿还借款的态度、参加协会等24个指标对企业主社会资本进行测量，具体可见表5-1。其中，企业主的社会关系网络资本[①]采用网络规模、强关系资本、网络密度来衡量。网络规模通过衡量亲属和朋友的总数量，其大小意味着企业主融资对象多少；强关系资本用父母亲的职业、联系密切的亲友最高行政级别以及最富有财富状况来衡量，其厚薄决定着企业主的融资数量、融资范围和融资难易程度等；网络密度通过对联系密切的亲友、有业务往来的企业主、普通朋友、银行人员一年走动的频率进行测量；网络密度高低可以反映企业主与交往对象相互了解和信息对称程度。信任指标通过企业主对亲人、最亲近的朋友、普通朋友、不认识的人以及有业务往来的企业主的平均信任程度进行打分，具体量级用60分及以下、61～80分、81～90分、91～100分4个等级来表示，测量时分别用1～4进行赋值。企业主的信任度差异在很大程度上决定了企业主借贷的容易程度和交易成本高低。考虑到农村的社会属性，企业主的行为约束包括参加社会公益情况、亲友互助、纠纷的解决方法、对偿还贷款的态度以及参与协会等，具体赋值方法中除亲友互助、偿还贷款的态度、加入协会的赋值外，其他赋值处理同于社会关系网络的赋值（赋值处理见附录2）。当然，这些指标并不能反映企业主社会资本的全部，更不能反映企业社会资

① 测量时根据相应题号顺序赋以相应的值。如：父亲的职业有①待业人员、②农民、③一般工人、④企业中层管理者、⑤企业高层管理者、⑥单位负责人、⑦普通干部、⑧其他共8个选项，分别赋以1～8。

本的全部，在社会资本具体指标的选取上不仅尽可能地根据中国农村的实际情况，还考虑了指标的可获取性。鉴于指标间可能具有多重共线性以及以往学者对社会资本的实证研究经验，尝试采用因子分析法测量350家农村中小企业业主的社会资本，样本数据来源于2008年5～9月份在福建省5个设区市位于乡镇及以下的中小企业调查数据。

表5-1 企业主社会资本指标、均值及标准差

社会资本指标	均值	标准差	样本量
银企关系	2.21	1.189	350
密切亲属的数量	2.38	1.044	350
密切朋友的数量	2.63	1.032	350
父亲的职业	4.06	2.441	350
母亲的职业	3.63	2.526	350
密切朋友的最高行政级别	1.81	0.882	350
密切朋友的最富有财富状况	2.21	0.965	350
密切亲属的最高行政级别	2.39	0.693	350
密切亲属的最富有财富状况	3.08	0.770	350
与密切亲属的关系	2.45	0.626	350
与密切朋友的关系	2.60	0.682	350

(续　表)

与业务往来企业主的关系	2.59	0.559	350
与普通朋友的关系	2.07	0.798	350
给最亲近朋友信任的打分	3.41	0.653	350
给普通朋友信任的打分	2.47	0.559	350
给陌生人信任的打分	1.23	0.447	350
给业务往来企业主信任的打分	2.91	0.776	350
给亲人信任的打分	3.34	0.695	350
社会公益活动	2.25	0.641	350
是否得到亲友帮助	0.96	0.189	350
是否给亲友帮助	0.99	0.092	350
纠纷常用的解决方法	1.63	1.250	350
偿还贷款的态度	1.47	0.810	350
加入协会	1.20	1.130	350

5.1.3 研究工具选用

因子分析(Factor Analysis)是多元统计分析的一个重要分支。主要目的是浓缩数据,通过对诸多变量的相关性研究,可以用假想的少数几个变量来表示原来变量的主要信息。由于测量社会资本的难度很大，指标设计应考虑合理性、全面性、可行性、综合性等原则，在具体设计问卷时对某个指标尽可能多地设计一些问题，以避免信息丢失导致分析结果的偏差。鉴于指标之间具有相关性，如果直接运用回归分析可能导致结果误差，因此，首先对350家农村中小企业业主的社会资本进行因子分析，找出其中相互独立的几个社会资本公共因子。这样，一方面可以考察每个公共因子对信贷可得性的影响；另一方面，也可以计算出每个样本关于社会资本的综合得分，再利用总得分研究社会资本与信贷可得性之间的关系，考察社会资本作为整体对信贷可得性的影响。对于样本对象进行因子分析和回归分析，可选用统计软件SPSS进行处理。

5.1.4 数据分析与结果

因子分析的前提是变量之间有较强的相关性，否则，作因子分析就没有意义。因此，在因子分析之前，首先，要检验社会资本各指标之间的相关性。检验的方法主要有KMO样本测度和β检验。KMO在0.9以上，非常适合做因子分析；0.8～0.9，很适合做因子分析；0.7～0.8，适合做因子分析；0.6～0.7，不太适合做因子分析。巴特莱特球体检验统计值的显著性概率小于5%，表明可以做因子分析。从KMO和巴特利特球体检验可以看出（见表5-2），数据适合做因子分析。

表5-2 KMO和巴特利特球体检验

Kaiser-Meyer-Olkin Measure of Sampling Adequacy		.741
Bartlett's Test of Sphericity	Approx. Chi-Square	2754.461
	df	276
	Sig.	.000

其次，提取公共因子并确定因子个数及因子命名。采用主成分分析方法提取公共因子，因子分析中广泛以特征值大于1的方法决定主成分的取舍。在方差分解表中，特征值大于1的因子有前7项，这7个因子的方差贡献率都大于5%，最高的达到13.813%，累计方差贡献率已达到61.188%，能够解释所有原设自变量的61.188%方差。所以选取了前面7个因子进行分析。为了便于主成分对实际问题的解释和分析，需要对因子负载矩阵进行旋转才能将影响因素在每个因子上的负载情况表示出来，从而能够反映不同因子代表的含义。对因子载荷矩阵实行方差最大化正交旋转，旋转后结果见表5-3。

表5–3 旋转后7个因子的负载值表

社会资本指标	因子						
	1	2	3	4	5	6	7
银企关系	0.787	0.117	−0.057	−0.106	0.067	0.052	−0.002
密切亲属的数量	0.741	0.364	−0.104	−0.100	−0.030	0.005	0.005
密切朋友的数量	0.631	−0.039	0.288	−0.052	0.329	0.063	0.227
父亲的职业	0.599	0.100	0.363	0.104	−0.043	0.115	−0.107
母亲的职业	0.581	0.026	0.355	0.054	0.315	0.124	0.276
密切朋友的最高行政级别	0.527	0.492	0.034	0.118	0.235	0.056	0.200
密切朋友的最富有财富状况	0.430	−0.252	0.085	0.000	−0.225	−0.220	−0.166
密切亲属的最高行政级别	0.152	0.750	0.066	0.066	−0.175	0.100	0.148
密切亲属的最富有财富状况	−0.109	0.641	0.035	0.032	0.197	0.045	0.036

(续　表)

与密切亲属的关系	0.349	0.565	0.269	0.038	−0.110	0.094	0.206
与密切朋友的关系	0.093	0.563	0.261	0.104	−0.020	−0.024	−0.008
与业务往来企业主的关系	0.258	0.543	0.020	−0.012	0.483	0.011	−0.045
与普通朋友的关系	−0.001	0.203	0.712	−0.051	−0.014	0.008	−0.218
给最亲近朋友信任的打分	0.036	0.089	0.709	−0.103	0.065	−0.117	0.213
给普通朋友信任的打分	0.179	0.074	0.679	0.071	0.019	0.090	0.069
给陌生人信任的打分	0.004	0.092	0.011	0.942	0.010	−0.002	0.057
给业务往来企业主信任的打分	−0.063	0.101	−0.056	0.920	−0.066	0.058	−0.083
给亲人信任的打分	0.010	0.175	0.213	−0.104	0.772	−0.050	−0.007
社会公益活动	0.023	−0.234	−0.285	−0.032	0.536	−0.090	−0.194

(续 表)

是否得到亲友帮助	0.442	0.010	0.006	0.150	0.498	−0.038	0.214
是否给亲友帮助	0.085	−0.002	−0.022	0.052	−0.002	0.836	−0.005
纠纷常用的解决方法	0.021	0.127	0.047	−0.005	−0.093	0.829	−0.031
偿还贷款的态度	−0.051	0.067	−0.031	0.010	−0.058	0.002	0.780
加入协会	0.336	0.270	0.184	−0.074	0.048	−0.075	0.578

因子负载的绝对值越大，表明该因子和该变量的重叠性越高，在解释因子时越重要。一般认为，负载绝对值大于0.71时所选择的因子优，变量的方差能被该因子解释的部分至少为50%；负载绝对值大于0.63时所选择的因子很好，变量的方差能被该因子解释的部分至少为40%，负载绝对值大于0.55时所选择的因子好，变量的方差能被该因子解释的部分至少为30%；负载绝对值大于0.45时所选择的因子一般，变量的方差能被该因子解释的部分至少为20%。本书选用0.63作为解释因子的分割点，并对因子命名。从表5-3可以看出，因子1上有显著载荷的变量是银企关系、密切亲属的数量、密切朋友的数量，主要显示了企业主的社会关系网络规模大小特征，可以命名为网络规模。因子2上有显著载荷的变量是密

切亲属的最高行政级别、密切亲属的最富有财富状况，主要显示了企业主关系网络内密切亲属拥有权力大小、地位高低和财富多寡，可以命名为网顶。因子3上有显著载荷的变量是与普通朋友的关系、给最亲近朋友信任的打分、给普通朋友信任的打分，主要反映了企业主对朋友的信任，可以命名为熟人信任。因子4上有显著载荷的变量是给生人信任的打分、给有业务往来企业主信任的打分，主要反映企业主的普遍信任程度，可以命名为普遍信任。因子5上有显著载荷的变量是给亲人信任的打分，主要显示企业主对与自己具有血亲关系“自己人”的特殊信任，可以命名为特殊信任。因子6上有显著载荷的变量是是否给亲友帮助、纠纷常用的解决方法，主要反映企业主的伦理道德、习俗等行为规范，可以命名为规范。因子7上有显著载荷的变量是偿还贷款的态度，主要显示企业主对正规金融机构贷款偿还的认识，可以命名为贷款认知性。

最后，计算各样本的社会资本分量指数和总指数。在上述所有社会资本变量进入SPSS的因子分析程序后，结果显示：提取的7个公共因子分别记为F_1、F_2、F_3、F_4、F_5、F_6、F_7，这7个因子在每个样本上都有因子值，代表样本企业的因子得分，可直接作为社会资本分量指数①。社会资本总指数可以

① 用因子值计算社会资本总指数和分量指数可参见曾寅初等.社会资本对农产品购销商经营绩效的影响研究[J].中国农村观察,2006(02):33～48,79

这7个公共因子为基础，乘以各自的方差贡献率，再除以这7个公共因子的总方差贡献率，便可求得。社会资本总指数记为F（总指数和分量指数结果可见附表3），其公式为：

$$F=(13.813\times F_1+10.921\times F_2+8.952\times F_3+7.763\times F_4+7.459\times F_5+6.409\times F_6+5.870\times F_7)/61.188$$

由此可见，7个因子对社会资本总指数的贡献有差异：网络规模因子的贡献最大（13.813），其余依次为网顶（10.921）、熟人信任（8.952）、普遍信任（7.763）、特殊信任（7.459）、规范（6.409）和贷款认知性（5.870），这说明网络规模可能是最好的单项社会资本总指数指标，而贷款认知性可能是相对最差的单项社会资本总指数指标。尽管7个因子对社会资本总指数的贡献差异很大，但这7个因子都是用来衡量企业主社会资本的很好的指标。

5.2 企业主社会资本与信贷可得性的实证分析

为检验企业主社会资本对农村中小企业信贷可得性的作用，有必要引进Binary Logistic模型进行回归分析，来考察企业主社会资本分量指数对信贷可得性的影响。在进行Binary Logistic回归分析前，考虑到社会资本总指数是单因素变量，需要将社会资本总指数与信贷可得性进行描述性统计分析，以分析企业主社会资本作为整体对农村中小企业信贷可得性的作用。

5.2.1 变量选择

由于实证分析部分需要考察社会资本总指数和分量指数对信贷可得性的作用，变量的选择也需分成两个步骤。首先，把社会资本总指数作为自变量，信贷可得性为因变量，通过描述性统计分析方法分析社会资本总指数与正规信贷可得性和民间借贷可得性的定量关系。其次，考察社会资本分量指数对信贷可得性的影响，需要将社会资本分量指数作为自变量，信贷可得性为因变量。需要特别说明的是，由于农村中小企业业主对民间借贷所占比重多少比较保密，在问卷中无法提取到较为准确的数据。根据王宣喻、储小平的调查，83.02%私营企业主参与民间借贷。林平等通过对广东民营企业的调查也发现，资产规模在500万～3000万元的中小企业，银行贷款可得性最低，民间融资比例最高，其民间借贷占负债的比例都超过贷款占负债的比例。由此可见，农村中小私营企业普遍存在民间融资现象。基于这一认识，在问卷调查中设计了“企业2006—2008年生产经营中的资金主要来源渠道”调查项，通过对问卷数据的整理，发现该调查项数据较为真实可靠。由此，本书统计上的民间借贷可得性是指2006—2008年生产经营中的资金是否主要来源于亲友借贷、私人借贷或民间金融组织借贷等①。由于该调查项为“可复选题”，只要选择亲友借贷、私人借贷②、民间金融组织借贷、企业间借贷、商业借贷等其中任何一项便可视为获得民间借贷。用“1”表示，反之，则为没有获得民间借贷，用“0”表示。

① 在统计上把企业间借贷、商业信贷以及政府资助等其他融资渠道都归为其他类，并计入民间借贷融资范畴，原因是农村私营企业接受政府资助的情况很少见，企业间借贷、商业借贷也具有熟人性质。

② 本书定义的私人借贷是指企业主通过专门从事个人之间资金融通的经纪人或出资者获得的贷款，通常要支付远高于国家官方规定的利息，带有高利贷的性质。

考虑到影响信贷可得性的因素有很多，根据实际调研的情况与因子分析的结果，从企业主社会资本角度出发，选取网络规模、网顶、熟人信任、普遍信任、特殊信任、规范和贷款认知性共7个因子的因子得分即社会资本分量指数作为自变量，是否获得信贷包括正规信贷和民间借贷分别作为因变量，考察企业主社会资本对农村中小企业信贷可得性的影响程度。Y作为因变量，($Y=0$表示没有获得信贷，$Y=1$表示获得信贷)，为0/1二值型变量。其中，自变量F_1为网络规模的因子得分，一般而言，良好的银企关系、密切亲属和朋友数量越多，企业越容易获得正规金融机构的贷款，从而就会减少对民间借贷的依赖；反之，则企业更多依赖民间借贷。因此，网络规模因子值对正规信贷可得性可能具有正向影响，而对民间借贷可得性则可能具有负向影响；自变量F_2为网顶的因子得分，说明企业主的密切亲属行政级别越高、越富有即先赋性关系资本越雄厚，企业主就越容易获得密切亲属的资金支持，网顶因子值对企业的正规信贷和民间借贷可得性可能都具有正向影响；自变量F_3为熟人信任的因子得分，该变量主要说明对朋友包括最亲近朋友和普通朋友的信任度越高，企业获得信贷越容易，因此，熟人信任因子值对企业的正规信贷和民间借贷可得性可能具有正向影响；自变量F_4为普遍信任的因子得分，说明企业主对生人和有业务往来企业主的信任度越高，普遍信任因子值越高，因此，该变量对企业正规信贷可得性应该具有正向影响，而对民间借贷可得性可能具有负向影响；自变量 F_5 为特殊信任的因子得分，亲人间的信任能够降低借贷的交易成本，提高借贷合作的效率，因此，特殊信任的因子值对企业的民间借贷可得性可能具有正向影响，而对正规信贷可得性的影响方向尚未明确；自变量 F_6 为规范的因子得分，企业主是否给亲友帮助及与其他人发生纠纷常用的解决办法在一定程度上说明了企业主受到规范约束的程度，由于规范具有社会惩罚功能，能够充当民间借贷的社会担保品，因此，该因子值对企业的民间借贷可得性可能具有正向影响，而对正规信贷可得性可能具有负向影响；自变量 F_7 为贷款认知性的因子得分，企业主对正规金融机构贷款偿还的态度在一定程度上说明企业主对正式制度的认识及企业主受到正式制度的约束程度，因此，该因子值对正规信贷可得性可能具有正向影响，而对民间借贷可得性的影响方向尚不明确。上述所选的7个社会资本分量指数作为自变量，各个变量的符号及其对信贷可得性的可能影响方向如表5-4所示（为便于分析，本表将正规与民间借贷可得性合并成一个表格）：

表5-4 模型中拟选择的变量及可能影响方向

变量类型	变量名	变量符号	变量含义	影响方向
因变量	信贷可得性	Y	2006—2008年企业是否获得正规信贷；2006—2008年生产经营中的资金是否主要来源民间借贷，1=是；0=否	
自变量（社会资本分量指数）	网络规模	F_1	包括银企关系、密切亲友数量的因子得分	正规（+） 民间（－）
	网顶	F_2	包括密切亲属行政级别和富有状况的因子得分	正规（+） 民间（+）
	熟人信任	F_3	包括与普通朋友关系、对最亲近朋友和普通朋友信任的因子得分	正规（+） 民间（+）
	普遍信任	F_4	包括对生人和有业务往来企业主信任的因子得分	正规（+） 民间（－）
	特殊信任	F_5	包括对亲人信任的因子得分	正规（不确定） 民间（+）
	规范	F_6	包括是否给亲友帮助及发生纠纷常用的解决办法的因子得分	正规（－） 民间（+）
	贷款认知性	F_7	包括对贷款偿还态度的因子得分	正规（+） 民间（不确定）

5.2.2 社会资本总指数的影响

社会资本作为一种交往互惠性的关系资源或桥梁组带性的媒介资源，具有较强的资金调动与调配能力。因而，企业主社会资本作为企业获取资金的关系资源平台，往往会发挥其在资金融通方面的潜能力，实际影响企业的信贷可得性。对于企业的信贷可得性，本部分主要通过“企业2006—2008年生产经营中的资金主要来源渠道”、“企业2006—2008年有否获得银行或信用社的贷款”2个调查项来测度农村中小企业的信贷可得性，且为进一步分析社会资本整体对信贷可得性的影响，本部分还通过“企业2006—2008年生产经营中的资金是否短缺？”、“企业获得银行、信用社贷款的途径”等调查项分别分析企业的潜在信贷需求和企业获得正规信贷的途径，以进一步说明农村中小企业的正规信贷可得性和民间借贷可得性。

根据第3章有关社会资本总指数的分组情况（见表3-8），社会资本总指数被分成低、较低、中低、中等、中高、较高、高共7个组，不同社会资本组企业的潜在信贷需求，如表5-5所示：

表5-5 不同社会资本组企业的潜在信贷需求

社会资本总指数	企业数（家）	资金短缺的企业数（家）	资金短缺的企业所占比重（%）
低	26	13	50
较低	62	57	91.94
中低	88	63	71.59
中等	79	71	89.87
中高	50	42	84
较高	41	26	63.41
高	4	3	75
总体/总体平均	350	275	75.12

在低社会资本组中，反映资金短缺的企业有13家；在较低社会资本组中，反映资金短缺的企业有57家；在中低社会资本组中，反映资金短缺的企业有63家；在中等社会资本组中，反映资金短缺的企业有71家；在中高社会资本组中，反映资金短缺的企业有42家；在较高社会资本组中，反映资金短缺的企业有26家；在高社会资本组中，反映资金短缺的企业有3家。从表5-5可以看出，反映资金短缺的企业所占比重

依次为较低、中等、中高、高、中低、较高、低社会资本组，其中，资金短缺的企业所占比重最大的是较低社会资本组，其比例达到91.94%，资金短缺的企业所占比重最低的是低社会资本组，这说明随着企业主社会资本指数的增加，企业的潜在信贷需求并未发生相应的增加趋势。可能的解释是，企业主社会资本与企业的潜在信贷需求并非简单的线性关系，对其进一步分析需要结合企业主的社会资本结构、企业的所有权状况、资产负债结构等因素加以深入剖析。

进一步通过对不同社会资本组的企业资金主要来源分析企业是否实际发生信贷行为，以说明企业的信贷可得性，见表5-6。

表5-6 不同社会资本组企业的信贷资金主要来源

社会资本总指数	企业数（家）	主要资金来源于民间借贷的企业数及占比		主要资金来源于正规信贷的企业数及占比	
		企业数（家）	企业占比（%）	企业数（家）	企业占比（%）
低	26	14	53.85	4	15.38
较低	62	38	61.29	22	35.48
中低	88	56	63.64	34	38.64
中等	79	44	55.70	32	40.51

(续 表)

中高	50	29	58	30	50
较高	41	25	60.98	27	65.83
高	4	4	100	4	100
总体/总体平均	350	210	64.78	153	49.41

在低社会资本组中,资金主要来源于民间借贷和正规信贷的企业分别有14家和4家;较低社会资本组中,资金主要来源于民间借贷和正规信贷的企业分别有38家和22家;中低社会资本组中,资金主要来源于民间借贷和正规信贷的企业分别有56家和34家。显然,相对于中等社会资本组,社会资本总指数越低企业资金主要来源越依赖于民间借贷,这说明传统的社会资本有利于企业获得民间借贷。在偏高社会资本组中,发生民间借贷的企业比重有所下降,但是,在高社会资本组中发生民间借贷的企业比重最高,达到100%。而对正规信贷而言,随着社会资本指数的增加,企业发生正规信贷的比重明显上升,在高社会资本组中,发生正规信贷的企业比重为100%,这说明了现代社会资本有利于企业获得正规信贷。高社会资本组中的企业获得民间借贷和正规信贷所占比重都最大,这反映了企业主社会资本越雄厚,企业无论获得民间借贷还是正规信贷都较容易。

从企业是否获得正规信贷及获得信贷途径的统计可以进一步发现企业主社会资本对正规信贷可得性的作用。如表5-7所示，企业是否获得正规信贷的比重随着社会资本指数的上升而上升，这说明企业主社会资本趋向于现代，企业的正规信贷可得性越高。在获得正规信贷的途径中，人情关系[①]在贷款中发挥的作用依次从低社会资本组到高社会资本组分别占22.22%、25.93%、27.50%、34.88%、48.57%、41.03%、75%，基本上反映了关系贷款随着企业主社会资本指数的增加而上升。然而，在正规信贷关系中，纯粹的人情关系对于获得正规金融机构的贷款并不是最重要的，担保才是企业获得贷款必不可少的一条途径。

表5-7 不同社会资本组企业的正规信贷可得性

社会资本	企业数（家）	是否获得正规信贷		获得正规信贷的途径		
		企业数（家）	企业占比（%）	关系贷款	金融机构看好	担保
低	26	9	34.62	2	3	4
较低	62	27	43.55	7	7	21
中低	88	40	45.45	11	16	19
中等	79	43	54.43	15	16	23

① 由于“当地政府领导干部出面”或“与银行、信用社人员有交情”都说明了人情关系在企业获得贷款中的作用，因此，统计时把这两项都看作关系贷款。

(续 表)

中高	50	35	70	17	13	18
较高	41	39	95.12	16	9	20
高	4	4	100	3	1	3
总体/总体平均	350	197	63.31	71	65	108

总体而言，社会资本作为整体对于企业信贷可得性的影响较为明显，社会资本指数越低社会资本越传统，企业的民间借贷可得性越高；社会资本指数越高社会资本越现代，企业的正规信贷可得性越高。而社会资本指数高低与企业的潜在信贷需求没有简单的线性关系，纯粹的人情关系在正规借贷中并不重要。至于在高社会资本组中，企业的民间借贷和正规信贷可得性都最高，可能的原因是企业主社会资本雄厚，企业的融资范围较广，融资对象增加。

5.2.3 社会资本分量指数的影响

为进一步分析企业主社会资本分量对农村中小企业信贷可得性的影响，有必要将因子分析的分量指数代入到Logistic模型。在Logistic模型中，假设P为在自变量F_1、F_2…作用下某事件的发生概率，则该事件不发生的概率为$1-P$，$P/(1-P)$为发生概率与不发生概率之比，记作“优势”

(Odds),若对Odds取自然对数得:$lgit(p)=\ln(odds)=\ln(p/1-p)$…,称为$P$的Logit转换,则Logistic模型为:

$$lgit(p)=\ln(p/1-p)=\beta_0+\beta_1F_1+\beta_2F_2+\cdots+\beta_mF_m$$

式中:β_0为常数项,β_1,β_2,…,β_m称为回归系数。

通过Binary Logistic模型可考察社会资本分量各自对信贷可得性的影响。

5.2.3.1 影响民间借贷可得性的Binary Logistic回归分析

将上述社会资本分量指数作为自变量,将自变量与因变量利用SPSS进行Binary Logistic回归分析,采用Backward-Conditional(反向逐步筛选策略)进行变量选择,自变量进入回归方程的显著性水平为0.05、剔除方程的显著性水平为0.05,最终运行结果见表5-8和表5-9:

表5-8 民间借贷可得性的Binary Logistic分析结果

变量	B	S.E.	Wald	df	Sig.	Exp(B)
F_3	0.627	0.130	23.394	1	0.000	1.871
F_4	0.491	0.123	15.848	1	0.000	1.633
F_6	0.509	0.208	5.988	1	0.014	1.663
Constant	0.442	0.120	13.458	1	0.000	1.555

表5-9 剔除变量后模型的稳定性检验

变量	Model Log Likelihood	Change in −2 Log Likelihood	df	Sig. of the Change
F_3	−222.953	26.892	1	0.000
F_4	−218.139	17.262	1	0.000
F_6	−214.830	10.644	1	0.001

在最终模型中，F_1、F_2、F_5、F_7变量不符合要求被剔除，保留的变量在模型中都是显著的，且由保留的变量所组成的模型在整体上是显著的（$\alpha=0.05$）。由此建立的民间借贷可得性的Binary Logistic回归模型为：

$$\lg i\,tp=0.442+0.627F_3+0.491F_4+0.509F_6$$

以上模型反映，熟人信任、规范两个自变量在5%的水平上显著，其系数符号为正，这与实际情况一致，而普遍信任在5%的水平上显著，系数为正值。这与预期的影响方向不一致，可能的原因是普遍信任因子包含对生人的信任和有业务往来企业主的信任。尤其是对有业务往来企业主的信任越高，企业间借贷越普遍，使得民间借贷可得性提高。

在其他自变量保持不变的情况下，熟人信任、普遍信任及规范的因子值每增加一个单位，民间借贷可得性将发生相应的同向变化。从表5-10可以看出,熟人信任因子值增加一个单位,将使获得民间借贷的P的变化率为正的14.93%,即在其他自变量不变的情况下,企业主与普通朋友走动越频繁、对普通朋友和最亲近朋友信任度越高,企业主个人信息和企业的经营信息越能被朋友所了解,企业主对朋友的信任度越高交易成本越低,借贷效率提高,企业越容易获得民间借贷。普遍信任因子值增加一个单位,将使获得民间借贷的P的变化率为正的11.69%,说明了企业主对与有业务往来企业主的信任度高,企业间的赊销赊购或企业间的借贷越普遍。规范因子值增加一个单位,将使获得民间借贷的P的变化率为正的12.12%,该因子表示企业主是否给亲友帮助、解决纠纷的常用方法这个变量,说明企业主行为如果受到传统规范的约束,则对企业获得民间借贷有明显的积极效应。

表5-10 自变量对民间借贷可得性的偏作用

变量	$\beta_i p(1-p)$
$\Delta F_3=1$	14.93%
$\Delta F_4=1$	11.69%
$\Delta F_6=1$	12.12%

在标准化系数中(见表5-11),可以发现对于是否获得民间借贷而言,三个因子的作用差不多,规范因子所起的作用最大,说明传统的伦理道德、面子、声誉等社会资本具有"社会惩罚"和"社会担保"的功能,对企业获得民间借贷具有非常重要的作用。因此,传统的社会规则对多数缺乏有效抵押担保的农村中小企业获得民间借贷意义重大。

表5-11 标准化系数

β_i	F_3	F_4	F_6
标准化系数	0.0449	0.0333	0.0584

上述模型运行的分析结果显示,因子F_1的影响不显著,说明企业主的网络规模对企业获得民间借贷并不那么重要,企业主与银行人员的走动频率及企业主密切亲友圈的大小对企业的民间借贷可得性没有太大影响。可能的原因是,企业的民间借贷融资常常发生在特定的区域,融资对象被"锁定"在特定的范围内,或是因为民间借贷与正规信贷授信主体之间尚未形成竞争的局面,企业主与银行人员的关系对于企业获得民间借贷影响不显著。因子F_2的影响不显著,说明与企业主有密切关系的亲属的地位和财富状况对企业获得民间借贷并不重要,这可能与民间借贷中"人情"因素的重要性有关。因子F_5的影响不显著,说明亲戚间借贷可能更注重亲情

关系，亲人间信任度已相当高，所以信任对亲戚间借贷并不是最重要的。因子F_7表示了企业主对正规金融机构贷款偿还的态度这个变量，这个因子不显著恰好说明民间借贷组织倾向于向受到传统的规范约束强的借款人提供贷款，而正规金融组织倾向于向受到正式制度约束强的借款人提供贷款。

5.2.3.2 影响正规信贷可得性的Binary Logistic回归分析

对以上自变量与因变量运用SPSS进行Binary Logistic回归分析，采用Backward-Conditional（反向逐步筛选策略）进行变量选择，自变量进入回归方程的显著性水平为0.05、剔除方程的显著性水平为0.05，最终运行结果如表5-12、5-13所示：

表5-12 正规信贷可得性的Binary Logistic分析结果

变量	B	S.E.	Wald	df	Sig.	Exp(B)
F_2	0.339	0.140	5.846	1	0.016	1.403
F_3	1.913	0.216	78.172	1	0.000	6.772
F_4	−0.295	0.141	4.363	1	0.037	0.744
F_6	−0.628	0.289	4.728	1	0.030	0.534
F_7	0.934	0.162	33.270	1	0.000	2.544
Constant	0.617	0.156	15.570	1	0.000	1.854

表5-13 剔除变量后模型的稳定性检验

变量	Model Log Likelihood	Change in -2 Log Likelihood	df	Sig. of the Change
F_2	−151.630	6.027	1	0.014
F_3	−221.920	146.607	1	0.000
F_4	−150.859	4.484	1	0.034
F_6	−152.129	7.025	1	0.008
F_7	−170.100	42.966	1	0.000

在最终模型中，F_1和F_5不符合要求被剔除，保留的变量在模型中都较为显著，同时由保留的变量所组成的模型在整体上是显著的（$\alpha=0.05$）。由此建立的正规信贷可得性的Binary Logistic回归模型为：

$$\log itp=0.617+0.339F_2+1.913F_3-0.295F_4-0.628F_6+0.934F_7$$

从模型中可以看出，网顶、熟人信任、贷款认知性三个自变量在5%的水平上显著，其系数符号为正，这与实际情况是相符的。普遍信任自变量在5%的水平上显著，其系数值为负值，这与实际情况不太一致，可能的原因是中国农村社会中企业主还未建立起对陌生人的普遍信任水平，或者是对企业主的信任水平越高，企业间借贷越普遍，由于企业间借贷在统计上归为民间借贷，自然对正规信贷可得性的影响是负向的。正规信贷可得性与规范变量呈反向变动，说明企业主受到传统的伦理道德、文化习俗等的影响程度越深，越不利于企业获得正规信贷。

表5-14 自变量对正规信贷可得性的偏作用

变量	$\beta_i p(1-p)$
$\Delta F_2=1$	7.72%
$\Delta F_3=1$	43.55%
$\Delta F_4=1$	−6.72%
$\Delta F_6=1$	−14.30%
$\Delta F_7=1$	21.26%

在其他自变量保持不变的情况下，网顶、熟人信任、普遍信任、规范、贷款认知性这5个因子的因子值每增加一个单位，信贷可得性将发生相应变化。如表5-14所示，在其他自变量不变时，网顶因子值每增加一个单位，将使获得正规信贷的P的变化率为正的7.72%，该因子代表了企业主密切亲属的最高行政级别和密切亲属的最富有财富状况这个变量，说明了企业主密切亲属的地位越高、行政权力越大、财富越富有，对企业获得正规信贷作用越大。熟人信任因子值每增加一个单位，将使获得正规信贷的P的变化率为正的43.55%，说

明在其他自变量不变的情况下，企业主与普通朋友的关系紧密度对企业获得正规信贷有很大帮助；尤其是企业主与最亲近朋友和普通朋友的信任度对企业获得正规信贷作用重大。普遍信任因子值每增加一个单位，将使获得正规信贷的 P 的变化率为负的6.72%，即在其他自变量不变的情况下，企业主对生人信任度和有业务往来企业主的信任度越高，对企业获得正规信贷反而有负面影响，这说明中国社会还没有建立起普遍的制度型信任，所以在没有相应制度约束的条件下，对陌生人信任度越高不利于企业获得正规信贷；企业主之间的信任度高则企业间发生借贷现象更为普遍，从而会减少企业对正规信贷的需求，企业的正规信贷可得性就降低。规范因子值每增加一个单位，将使获得正规信贷的 P 的变化率为负的14.30%，该因子说明了正规金融组织倾向于向受正式制度约束强的企业提供贷款，因而企业主行为受到传统规范约束性越强，越不利于企业获得正规信贷。贷款认知性因子值每增加一个单位，将使获得正规信贷的 P 的变化率为正的21.26%，即在其他自变量不变的情况下，企业主对于正规金融组织的贷款偿还认知性越强，正规信贷可得性越高。

从标准化系数表5-15中可以进一步发现，对于是否获得正规信贷而言，熟人信任因子影响系数为0.228，是所有因子中影响程度最大的因子，既说明了正规信贷合约是信任密集型契约，需要与层级较高的信任水平相匹配，也说明了信任对于正规信贷可得性是最为重要的。

表5-15 标准化系数

β_i	F_2	F_3	F_4	F_6	F_7
标准化系数	0.026	0.228	−0.023	−0.100	0.083

社会资本分量影响正规信贷可得性的Binary Logistic模型分析结果显示，因子F_1的影响不显著，说明正规金融组织趋向“理性”，为降低信息不对称程度和信贷风险，通常要求企业提供有效的抵押担保。因此，纯粹的关系对正规信贷可得性并不重要；同时也说明密切亲友数量不是最重要的，亲属网的质量如(F_2)才是重要的。因子F_5的影响不显著，恰好说明正规金融组织的信任层级最高，特殊信任对企业获得正规信贷并没有明显影响。

5.3 结论与讨论

实证研究结果表明，企业主社会资本对农村中小企业信贷可得性的影响部分地得到了检验，社会资本对企业获得信贷具有重要的作用，结论与讨论可以归纳为以下几点：

第一，企业主社会资本作为整体对农村中小企业信贷可得性的作用较明显。社会资本越传统，主要资金来源于民间借贷融资的企业比重越高。社会资本越偏现代，获得正规信贷的企业比重越高。但上述统计分析还表明，企业主社会资本越现代，主要资金来源于民间借贷的企业比重仍然较高，可能的原因是农村中小企业普遍地受到正规信贷约束；当企业主社会资本最高时，获得民间借贷和正规信贷的企业比重也最高，可能的原因是企业主社会资本越雄厚，企业的融资范围扩大。

第二，从社会资本分量指数影响民间借贷可得性的Logistic回归结果看，熟人信任、普遍信任、规范三个变量的影响是显著的，且是正向关系。具体而言，信任是情感亲密程度的函数，因此，这种获致性的朋友信任关系是建立在企业主与朋友的联系沟通密切程度基础上，频繁的交流与协调能够使彼此双方相互理解、增强信任。其中，对最亲近朋友的信任属于特殊信任，是一种强关系信任，这种信任尤其能够降低借贷双方的交易成本，使朋友间借贷可能性提高。因此，熟人信任因子总体上反映朋友关系、信任对于企业获得民间借贷的显著正向影响。普遍信任反映了企业主对生人的信任和对有业务往来企业主的信任这个变量，该变量对民间借贷可得性的影响是正向的，可能的原因是企业主间由于业务关系产生的信任提高了企业间借贷的比例，使得企业民间借贷比例提高，因此，该变量对企业民间借贷可得性具有显著的正向影响。规范反映了企业主受到传统的社会规则如人情、面子、声誉等的约束，该变量说明在多数农村中小企业无法提供正规金融机构要求的有效抵押担保条件下，规范充当了民间借贷的“社会担保品”，对民间借贷可得性具有显著影响。

第三，影响民间借贷可得性的其他变量如网络规模、网顶、特殊信任、贷款认知性等是不显著的。理论上，密切亲友圈越小，网络差异程度就会越小、网络同质性就越强，企业主对外联结的方式就更少，企业获得资金的渠道就更窄。因此，密切亲友数量越小也即密切亲友网络规模越小，企业的对外融资范围容易被“锁定”在特定的范围和对象，从而使得民间借贷可得性提高。在社会资本分量指数中，导致网络规模变量对企业民间借贷可得性不显著的原因可能是：网络规模因子包含银企关系，而银企关系对企业获得民间借贷会产生抵消作用；或者是民间借贷常常发生在特定的范围且具有“嵌入”性，密切亲友数量多少对企业获得民间借贷并不重要。网顶说明企业主社会关系网络的质量高低，网顶越高即企业主的先赋性关系资本越雄厚，企业获得民间借贷融资支持越有可能。然而实证分析结果表明网顶社会资本指数对企业获得民间借贷的影响不显著，可能是民间借贷中“人情”的因素较为重要，而企业主的密切亲属行政级别高低、财富状况对企业是否获得民间借贷不太重要。导致特殊信任社会资本分量指数对企业民间借贷可得性不显著的原因可能是：亲人间信任度已经相当高，亲戚间的借贷更加注重亲情关系，信任并不是亲戚间借贷考虑的一个关键变量。贷款认知性恰好反映了正规金融机构倾向于向正规制度约束强的企业提供贷款，而民间借贷的贷款人倾向于向受传统约束强的企业提供贷款，因此该社会资本分量指数对民间借贷可得性的影响不显著。

第四，从社会资本分量指数影响正规信贷可得性的Logistic回归结果看，网顶、熟人信任、贷款认知性三个变量的影响是显著的，且是正向关系；普遍信任、规范两个变量的影响是显著的，且是负向关系。理论上，密切亲友网网顶越高，一方面说明企业主越有可能利用亲友的权力、财富资源获得正规金融机构的贷款，另一方面也说明正规金融机构发放这类贷款的保障程度更高。由于正规信贷契约是信任密集型契约，需要与高层级的信任水平相对应。熟人信任恰好主要反映了企业主较高的信任层级，该社会资本分量指数对正规信贷可得性具有正向显著的影响说明企业主的信任层级越高企业越容易获得正规金融机构贷款。贷款认知性说明了企业主对正规金融机构贷款偿还的态度，从侧面反映了企业主受到正式制度约束的程度，该社会资本分量指数对正规信贷可得性的正向显著影响说明正规金融机构倾向于向受到国家强制力约束强的企业提供贷款。理论上普遍信任社会资本分量指数对正规信贷可得性的影响应该是正向的，但实证分析结果却是负向关系，可能是由于中国尚未形成普遍的制度型信任，在没有相应的强制性制度约束下，对陌生人信任水平越高反而会降低正规金融机构发放贷款的可能性，或者是企业主间由于业务往来关系促进了彼此信任，使得企业间借贷较为普遍，减少了企业对正规信贷的需求。由于本书定义的规范是传统的社会规则，包括伦理道德、人情、面子、名声等，而正规信贷是受国家强制的正式制度约束，倾向于向受正式制度约束强的企业提供贷款，所以企业主受到传统规范约束越强，正规信贷可得性越低，规范社会资本分量指数对正规信贷可得性的负向影响从侧面反映了受到正式制度约束强的企业获得正规信贷融资支持的机会增加。

第五，影响正规信贷可得性的其他变量如网络规模、特殊信任等是不显著的。理论上，企业主与银行人员频繁的联系沟通在很大程度上可以缓解银企信息不对称问题，降低了银行或农村信用社搜集企业的相关信息需要付出的成本，同时可以有效控制贷款风险。然而，紧密而良好的银企关系并没有增强企业的信贷获取能力，可能是正规金融组织逐渐趋向"经济理性"，为降低信贷风险要求农村中小企业必须提供相应的抵押担保，因此，纯粹的人情关系对于企业获得正规信贷并不重要。密切亲友数量对于企业获取正规信贷资源不是最重要的，这也从侧面反映了正规金融组织受到正式制度约束，倾向于向受国家强制约束力强的企业提供贷款。导致特殊信任社会资本分量指数对于企业正规信贷可得性的影响不显著，恰好说明了正规金融机构是信任层级最高的组织，企业主对亲人的特殊信任水平只能降低民间借贷的成本而不能降低正规信贷的成本。

第六，从社会资本分量指数影响信贷可得性的Logistic回归总体结果看，无论是企业获取民间借贷资源还是正规信贷资源，信任都是一个关键变量。这说明信任是信贷的基础，不仅正规金融组织重视信任，因为信任能够降低企业违约的风险，提高企业还贷的积极性，而且民间金融组织和个人更加看重信任。由于民间借贷常常发生在相互熟悉的社区，借贷双方相互间彼此了解、信息透明度高，放贷者主要根据借款人的了解程度、信用状况作出发放信贷的决策，借贷手续相对简单，信任对于民间借贷可得性异常重要。

第七，影响信贷可得性的因素是多方面的，除了社会资本因素以外还可能受到经济因素、政策因素等的影响，仅社会资本自身又有网络、关系、信任、规范等多方面的因素。但由于因子分析时所选择的负载绝对值以0.63作为解释因子的分割点，所以部分因子未能进入Logistic回归模型中，如父母亲的职业代表先赋性社会资本、密切朋友的最高行政级别和最富有的财富状况代表获致性社会资本、密切亲友的关系代表网络密度等，这些因子理论上对信贷可得性都会产生影响，根据分析的实际需要，部分因子对信贷可得性的影响未能得到实证检验，然而并不代表这些因子对信贷可得性没有影响，只是说明相对于其他因子，这些因子对信贷可得性的影响并不明显。

第6章 社会资本作用于信贷可得性的案例分析

农村中小企业难以获得正规金融机构的贷款，却普遍存在着依赖民间借贷的现象，那么，农村中小企业获得正规信贷与民间借贷的逻辑是什么？第6章将通过多案例研究方法进一步验证企业主社会资本对农村中小企业信贷可得性的作用。

6.1 案例资料来源

本部分经验资料的搜集以深度访谈和现场观察取得为主。这样做的好处就是可以直观地了解企业的各种事实，除了访谈还可以对企业进行更加深入的了解。案例研究方法的缺陷，就是样本缺乏代表性，缺乏普遍解释力。

2008年5～9月，笔者在莆田、福清、邵武三地市通过“私人关系”对28家位于乡镇的企业进行现场观察，重点访谈了其中的14家企业的企业主，并将访谈结果整理成案例[①]。这14家企业涵盖了农业、建筑业和服务业，企业的性质为私营企业。企业年销售额多的为6000万元，小的为50万元，企业存续时间长的达13年，短的只有3年，样本企业基本涵盖不同行业、规模和企业年龄段。但是由于企业调查的难度较大，尽管笔者“动用”了各种关系，对于企业的选择仍然难以按照选题要求进行，或多或少影响了研究深度和广度。如：在企业选择上，没有能对各类型企业进行调查和访谈，影响了样本企业的代表性。为弥补这种不足，在选择个案进行调查时，选择有代表性的不同个案进行类型比较，抽出具有说明总体意义的样本企业，且是笔者易于接近和深入调查的企业，最后笔者把目标锁定在14家企业。选择这14家企业作为案例研究对象的原因：一方面，企业的代表性较高；另一方面，具备研究的条件。在这14家企业的企业主中，有的是笔者的亲戚，有的是笔者的同乡，或是笔者的朋友，笔者能够利用自身关系多次访谈企业主，以便全方位、多角度地了解企业和企业主的社会关系网络。

---

① 这些企业案例形成案例一——十一的材料来源。案例十二和案例十三的资料由宁德人行提供。

6.2 传统社会资本与民间借贷的案例分析

传统社会资本表现出网络的半径较短、网络"封闭性"较强、强关系作用明显、特殊信任以及规范约束力强的特点。实证研究发现，企业主的传统社会资本不仅为农村中小企业获得民间借贷提供支持，且具有一定的负面效应。

6.2.1 强关系网络与特殊信任

1973年格兰诺维特在美国《社会学》提出"弱关系强度"的假设后，引发了学术界的一番激烈争论。在格氏看来，强关系是群体内部的纽带，由此获得的信息重复性高，而弱关系是群体之间的纽带，它提供的信息重复性低，充当着信息桥的角色。格氏的弱关系假设就是指弱关系发挥着提供非重复性信息的桥梁作用。不同于格兰诺维特定义的弱关系与强关系，边燕杰有关强弱关系的界定简单明了，他将"相识"定为弱关系，而将"朋友和亲属"定为强关系。为了与上述研究相衔接，在此强关系网络指朋友网和亲属网，包括普通朋友、亲密朋友和各种亲属关系网。弱关系网络指相识网，包括非亲非友的直接关系和各种间接关系网。边燕杰证明了强关系而不是弱关系在中国社会职业流动中发挥桥梁作用[①]。理论研究和实证研究结果表明，企业主的强关系网络不仅具有信息传递功能，降低了借贷双方信息不对称程度，强关系下的信任还简化了借贷手续，降低借贷成本。强关系在农村中小企业民间借贷融资中发挥了桥梁作用[②]。

案例一：亲戚关系的桥梁作用。C是一家木材加工企业的总经理。C年龄50周岁，小学文化，起初是给别人打工，2001年自己创办了一家注册资本为500万元的木材加工企业，2007年企业的资产总额为2300万元、销售净收入达到300万元、员工总数为120人。2001年C从亲戚那里筹集了280万元，加上自有资金220万元，创办了企业。C说，“我的父亲是医生，在村里名望非常高。亲戚与我们家之间走动非常频繁，且我的多数亲戚比较富有，我只要开口向他们借钱，他们二话不说就送过来。不仅没有利息，连个字条都不要打。当

① 边燕杰在 *Bringing Strong Ties Back In: Indirect Connection, Bridges, and Job Searches in China* 和《经济体制、社会网络与职业流动》中论证了强关系在中国社会职业流动中的重要作用。

② 笔者发现强关系不仅对民间借贷可得性作用明显，而且对正规信贷可得性也有显著的作用。笔者认为紧密的银企关系已经构成强关系。格氏认为弱关系在提供非冗余信息方面有作用，但笔者发现弱关系对于获得信贷并无明显的作用。这或许是因为资金直接涉及财富问题，人们对非亲非友的“相识”提供资金的时候更为谨慎。

然，我也不会亏待他们，在他们需要我帮助的时候，我会极力帮助他们，如给他们的孩子安排工作。一般，只要我手头资金周转得过来，我就很快把钱还给他们。他们也都知道我的人品，借钱给我都很放心”。目前，企业只与1家农村信用社发生借贷关系，信用社贷款作为临时资金周转的需要，企业资金的主要来源还是亲戚借款。

案例二：朋友关系的桥梁作用。2001年前Z做市场销售，2001年自己建厂，注册了一家食品有限公司，生产笋类食品和腐竹。农产品加工企业季节性很强，旺季时需要大量资金购买原材料，如果原材料囤积不够就会限制生产规模。2006年Z非常看好第二年的市场行情，准备扩大生产规模。2007年春季笋上市，Z当时需要一笔270万元的急用资金用于购买笋料，但由于之前向信用社贷款时厂房已经抵押给信用社，贷款尚未偿还，向信用社申请贷款已经不大可能，而且信用社贷款手续繁琐，效率较低。当Z正在为资金紧张着急时，他突然想到了做销售时认识的“铁哥们”。当时的几位“铁哥们”现在都“发”了，都自己做老板。Z说，“我们几个在患难时认识的，关系很铁，相互间非常信任。幸亏他们救了我”。

以上案例可以看出，强关系网络使借贷双方之间非常了解。案例一中，C和亲戚间频繁的往来使得他们之间的信息透明度高,“一个电话”就可以把钱送上门,简化了借贷手续、降低了信息成本。案例二中,Z与朋友间密切的关系使得彼此间知根知底、信息透明。此外,强关系网络除了具有信息传递功能外,还具有提供信任的作用。案例一中,C的亲戚相信C是个讲信用的人,非常信任C,也清楚C是个“知恩必报”的人,借款给C必然会得到相应的报酬。与案例一相比,案例二中关系密切的朋友间信任度很高,这种特殊信任使得Z在困难时得到了帮助。因此,强关系网络不仅具有信息传递功能,降低了借贷的信息成本。亲戚、关系密切朋友间的特殊信任简化了借贷手续和借贷成本,提高了农村中小企业民间借贷的可得性。

6.2.2 规范的制约

中国社会是一个讲人情面子的社会。无情无义的人在舆论和道德谴责中一辈子感到良心不安,丢一辈子的脸[①]。由于农村社会是一个熟人社会,信息传递速度快。在人们的交往中,传统的伦理道德、习俗等发挥着重要的作用。“人情”不仅使得企业主借贷更多发生在熟人之间,且借贷被认为是

① 翟学伟. 人情、面子与权力的再生产——情理社会中的社会交换方式[J]. 社会学研究,2004(05):48~57

“欠人情”，必须偿还。如果借贷不还，借款人会被其他人说“坏话”、“丢了面子”，留下一个不好的名声而“抬不起头来”，甚至被逼远走他乡。因此，传统规范约束作用降低了民间借贷的违约率，并形成良性循环，使得农村中小企业民间借贷可得性提高。

案例三：“面子”的约束作用。C是一家竹业加工企业的总经理，年龄51周岁，中专文化程度。2004年，C以自有资金和通过民间金融组织借到的资金，与其妻在S市成立了企业，其妻担任副总经理兼出纳。该企业主要生产半成品，在上海、北京继续加工运往美国等国外市场。2006年，企业刚刚进入正常轨道，但无料企业的货款被“下家”拖欠。C眼看创业时的民间借贷偿还期限即将到期，非常着急，多次往上海、北京追款，但还是没有结果。无奈之下，C以月利率3分向私人放贷者借款偿还创业时的民间借贷。当询问C为何要“拆西墙补东墙”，C一语道破其中的原因：“我如果赖账，别人会指指点点，在熟人中头都不敢抬起来，整个家族的面子也都会丢光了。况且，如果不讲信誉，以后想继续借款就很难了”。

此例可以看出，发生在熟人社会的民间借贷，“面子”发挥了重要的作用，起到社会惩罚的约束作用。中国社会是一个重“面子”的社会，熟人之间的借贷更加重视“面子”问题，法律的约束作用退居其次。案例中，C的企业是家族型的企业，C不仅考虑自己的名声，还要顾及整个家族的面子。因此，传统的家族观念、人情面子等对企业主的约束力强，使得企业能够通过民间渠道获得资金。

6.2.3 网络闭合

科尔曼在社会资本从何而来的讨论中，他认为网络的闭合产生信任和规范，是产生社会资本的基础[①]。网络的闭合通过提高信息透明度、特殊信任度和规范约束力，降低了借贷成本、提高借贷双方的融资效率。但网络的闭合使得农村中小企业的信息对外传递受阻，企业融资半径小、融资范围狭窄，制约了企业的进一步发展。

案例四：网络闭合的负面效应。ZZ公司于1994年成立，位于HP镇，是一家专门生产汽车、农用车、铁路、电力、管道阀门等铁配件的公司，生产的配件需运往上海XD公司进一步加工后销往美国市场。2007年产值约为1200万元，员工人数82人。L是该公司的总经理，年龄56周岁，小学文化程度，15岁

① 尉建文. 关系强度与企业家行为：嵌入性的视角——基于北京市私营企业家的经验研究[EB/OL]. http://www.sachina.edu.cn/Htmldata/article/2005/11/520.html, 2005-11/2008-11-2

的时候就开始学“打铁”，现是ZZ公司的总经理兼技术人员。L既负责管理又负责技术，L的二弟负责财务，三弟负责办公室事务，L的妻弟负责销售。该公司的主要部门几乎都是L总的亲戚，甚至工人也都是本镇的村民。L交代了公司位于交通不便的HP镇不进城区的几个主要原因：一是污染严重。“打铁”污染严重，城区污染问题管得严；二是已经在HP镇买了地，继续征地要政府审批，手续繁琐；三是担心工人流失。“打铁”是苦活，因城区工人流动性强，工人会流失。近7年来该公司的产值一直在1000万元左右徘徊，规模没有扩大。L自己清楚公司这几年的经营状况，也希望把公司做大，但一方面担心技术外露，不请“外人”当技术人员，另一方面担心公司的信息泄露，不对外融资。L介绍说：“我自己企业成立这么久，总共借款3次，其中，向亲戚借2次，向信用社借款1次是在2000年，当时以个人资产抵押给信用社，借了50万元。原来有打算把粗加工和精加工一起做，直接把产品销往美国市场，但主要受资金和人才的约束。没有对外借款，自有资金肯定不够；而没有技术人才，我自己的技术是40年前掌握的，已经跟不上时代的发展了。对我们这类企业，引进外部资金和人才，都非常困难，不仅家族成员反对，而且外人看到我们这种陈旧的厂房和设备以及家族成员占据了企业的主要岗位，都吓跑了”。

案例四反映了家族型企业在发展过程中遇到的阻碍。强关系网络虽然提高了企业对内的凝聚力，高度整合了社会资本，使得企业进入成熟期。但企业主高度整合的网络和特殊信任阻碍了企业的进一步发展。案例中，企业主网络的闭合不仅难以对外传递信息，“外人”只能看到企业的基本情况：陈旧的厂房和设备以及企业主的裙带关系，而且，L的特殊信任结构使得L难以相信“外人”，担心信息泄露。因此，企业主网络的闭合使得企业对外融资的次数极少，融资范围狭窄，融资对象局限于亲戚，形成企业对民间借贷的嵌入性依赖；另一方面，企业主网络的高度闭合、特殊信任也影响了外来人的进入。

6.3 现代社会资本与正规信贷的案例分析

现代社会资本表现出网络半径较长、网络“开放性”较强、普遍信任以及规范约束力弱、法律约束力强的特点。本书的研究发现,在企业获得正规金融机构贷款时企业主现代社会资本发挥了重要作用。企业主与银行建立良好、紧密的关系有利于企业获得正规信贷,但需要制度提供必要的信任保证和法律约束。

6.3.1 强关系与弱关系

企业主社会关系网络的交往对象增多,网络的异质性增强,网络规模扩大,企业能够通过关系网络建立与正规金融机构的关系。Petersen and Rajan 等认为银企关系有利于加强银企双方的了解,改善银企信息不对称程度,从而提高企业的信贷可得性。因此,无论是企业处在创业期和发展早期,还是企业进入成长期和成熟期,紧密的银企关系有利于企业获得正规信贷,但弱关系并没有发挥正规借贷成功的“桥梁”作用。

案例五:企业发展早期的银企关系。2004 年 H 与几位朋友合股成立了XFC建材有限公司，注册资本500万元，总投资2000多万元，企业的信用等级（2005年信用社评定）为AAA级，该企业2005—2007年连续三年被Z市授予“守合同、重信用”企业。H现年38岁，大专文化程度，现为该企业的董事长。H的社交能力很强、人缘好，交友很广，从政府官员到本村村民，都有H董的朋友。H不仅与信用社保持经常联系，还与银行经常联系。2005—2006年企业多次获得信用社的贷款，2007年因为信用社的授信额度有限，其资金满足不了企业的需求，转向国有商业银行贷款。

案例六：企业成长期的银企关系。C来自浙江，2001年与浙江的几个朋友到福建投资，成立了SDO竹木有限公司。C当初到福建投资是招商引资进来的，与S市政府官员的关系很好，经常参加一些政府经济会议。C重视网络的建构，已经加入民间企业家联宜会、浙江省企业家协会等3个协会，每年都会亲自带队参加福建省6.18项目成果交易会。2002年C通过关系找到某大学X教授，合作研发利用竹下脚料精加工制作建筑板材的技术。目前，准备进一步加大合作的范围，研发新的项目。C与当地信用社确立的关系有7年，时常保持与他们联系。C的企业2003年被信用社评定为AAA级企业，共获得信用社贷款5次。

案例七：弱关系未能发挥“信息桥”作用。Z的企业陷入资金困境，眼看企业就要因资金问题停产，Z非常着急，多次向亲友借款，仍然满足不了企业的资金需求。无奈，Z向民间组织借款，但还是杯水车薪。正在焦急之际，Z突然想到自己有个高中同学L在法院工作，L比较有关系，或许能帮上忙。Z马上打电话给L说明了情况，L说自己有个同事X与某银行行长关系很好。Z当天晚上就进城请L和X吃饭，并承诺只要银行贷款审批下来，定给X重谢。但是，几天过后，L打电话告诉Z说X帮不上忙，叫他另想办法。

案例五得出与Coleman不同的结论：即使处于创业期和发展早期的企业，与金融机构保持紧密的关系也能获得信贷。但问题的关键是，XFC企业的信用等级高，且是“守合同，重信用”的企业，实际上意味着企业的核心领导人物H董的信任度高，可靠。在此情况下，H董社会关系网络半径较长，与金融机构保持经常联系，即使与金融机构确立的时间不长也能得到正规信贷。案例六进一步说明对于成长期的企业，长时间、紧密的银企关系有利于企业获得信贷。但C的企业仍然是信用等级较高的企业。C不仅与政府官员、金融机构关系密切，且加入多个协会、带队参加成果交易会、与大学合作，因此，C的社会资本凸显出现代社会资本的特点。案例五和案例六共同反映了银企关系有利于企业获得贷款，但是否守信用才是金融机构决定发放贷款与否的关键。案例七可以看出,弱关系没有使企业走出资金困境,获得正规信贷。同学的同事是弱关系,弱关系并没有使Z与X达成合作,促成借贷成功。案例七也反映人们利用关系网络的原则:从强关系到弱关系扩张,呈现“差序格局”的特征①。Z在解决资金困难时,先亲友借款后民间组织借款,在强关系网络无效时,才求助于弱关系网络:同学的同事。

6.3.2 制度化信任与制度

在分析农村中小企业获得民间信贷的作用机理时,借助一个重要的概念——信任边界,也即信任范围(radius of trust)。正如陈军、曹远征所指出的所有以社会资本为纽带的群体、协会和社区都存在着一定的信任范围。在这个范围内,交易和所形成的合作规范、民间制度是有效的,一旦超出这个范围,就会出现信任褊狭(narrow radius of trust)的情形,导致社会资本失灵。因此,农村中小企业的民间借贷被“锁定”在熟人社会范畴,融资的基础是特殊信任即人际关系信任。然而,在正规借贷中,有利于交易和合作形成的信任却是范围更广的一次性信任,即“陌生人信任”——制度化

① 尉建文(2005)运用经验证明了北京市私营企业家利用关系网络的原则也呈现“差序格局”的特征。

信任。由于农村的企业主信任结构具有“差序格局”的特点，企业主对内信任度高，对外信任度低，信任具有边界性，企业主的制度化信任必须建立在正式制度和组织基础上，受正式制度的强制性约束。由此，通过案例研究将进一步发现企业主的信任水平越高，越接近制度化信任水平，越容易获得正规信贷，但必须受到正式制度的强制性约束。

案例八：高信任水平与制度约束。1994年SO建筑有限公司成立，注册资本2000万元，2002年组建SO集团，O是SO集团的董事长。为设计合理的公司治理结构，O聘请C出任集团的总经理。集团内部分工明确，运作协调，管理层的各种权利都受到相互制衡。集团每年的利润都在上升，2006年集团到J省开发房地产。当年，因临时周转资金需要，集团向J省某银行申请贷款，但贷款被某银行拒绝，这对O无不是一个打击。据与SO集团有密切往来的L行长交代，2007年O的父亲过八十大寿，O董花巨资请了著名主持人和2位港台歌星，宴请了P市的处级以上官员和银行界、企业界等朋友。O的人品好，可靠，认识的人多朋友也多。SO集团与P市的很多金融机构发生过借贷关系，但没有任何拖欠贷款现象，信用记录良好，其贷款没有被任何一家银行拒绝过。2003—2007年O连续4年被评为“优秀企业家”，其企业被评为“守信用企业”。O没有料到自己在P市是一位“呼风唤雨”的人物，但到了外省其集团就成为银行拒绝的对象。

案例九:制度化信任的作用。LF农贸有限公司是一家蔬菜龙头企业,成立于2004年,C是企业的总经理,2006年被S市信用社评为“诚信青年”,每年可以获得信用社30万元的信用贷款,手续简单、无需抵押担保,且贷款额度可以循环使用,即每年贷款期限到了把贷款偿还后可以继续向信用社申请。但是,如果在贷款的使用过程中出现任何拖欠贷款或挪用贷款等现象,信用社有权取消“诚信青年”称号。C这两年短期的资金周转就是得益于信用社的“诚信青年”制度。

从上述两个案例可以看出,企业主的高信任水平有利于农村中小企业获得贷款,但必须要有相应的制度约束。案例八中O聘请职业经理人C出任总经理,说明O对外人的信任度高。O人品好、可靠、朋友多,说明其信誉好,且O在本地是一名“优秀企业家”,其企业是守信用企业,这种制度无疑约束着O的行为。但当O到外省,其信誉好的效应并未因此延伸,“优秀企业家”制度未能植入异地正规金融机构与企业的关系之中。因此,在J省,没有相应的制度约束,O的企业并没有获得贷款。案例九中C的信任度高被评为“诚信青年”,同时,“诚信青年”制度约束着C的行为,使得其必须保持良好的信用记录,并因此能够连续获得信用社的信用贷款。

6.3.3 道德约束与违约行为

随着企业主社会交往范围的扩大，企业主的社会关系网络半径延长，网络“开放性”增强，传统的伦理道德、面子、声誉等的约束力下降。嵌入在关系中的银企借贷行为，不管是强关系还是弱关系，如果只靠道德约束，容易产生违约现象。

案例十：道德约束下的强关系与违约。L与某支行行长L的关系密切，两人是高中同班同学。2004年YS鞋服有限公司成立时，曾通过L的关系获得120万元的创业贷款。2005年L如期偿还贷款。当天，L以答谢的名义请L行长吃饭，在饭桌上又得到L行长批准的一笔250万元贷款。但自从L得到贷款后像是“神秘失踪”，连电话都打不通，尽管L行长多次去公司找L，总是被告知“L不在”。

案例十一：道德约束下的弱关系与违约。2002年C与姐姐、妹妹成立了JS乳业有限公司，注册资本300万元，三姐妹各自出资比例为5：3：2，C总担任总经理。2004年C通过同学的哥哥找到了某信用社T主任，T主任“二话没说”就直接答应并批准了她的贷款，贷款总额达到160万元。如今，该公司已经面临倒闭，这160万元的贷款已经成为信用社的呆账。

案例十和案例十一可以看出，密切的同学关系是强关系，同学的哥哥是弱关系，通过强关系和弱关系获得的贷款，没有正式的制度约束，容易出现违约行为。案例十中，L行长在饭桌上许诺了L的贷款，T主任"二话没说"就答应了C的贷款，但最终这种依靠关系发放的贷款没能正常收回，说明在正规借贷关系中，道德约束力较弱，必须要有相应的正式制度约束，否则，就会出现违约现象。

6.4 整合社会资本的作用

传统的社会资本具有积极效应：通过网络传递信息，降低信息不对称程度；特殊信任降低了交易成本；声誉具有抵押担保功能，并能起到社会惩罚的效应，因此，如能利用传统社会资本的优势，以企业的“社会资产”(Social Assets)担保替代金融机构的经济抵押担保形式，农村中小企业能够改善正规信贷困境。在农村信贷市场，一些以会员、协会或小组等为基础的金融制度安排便是整合社会资本的典型例子，案例十二和案例十三分别是有关联保贷款和行业性会员制担保的经验分析。

6.4.1 社会资本与联保贷款

案例十二：茶叶加工企业联保。2006年11月，福鼎市农村信用社在辖区内开展农业小企业联保试点。福鼎市农业企业联保贷款首批8家试点企业均为福鼎市点头镇的茶叶加工企业，这8家企业在当地规模相对较大，信誉较好，企业成长性相对较高。每4家企业为一联保小组，其中第一组每家企业授信额度30万元，2006年这4家企业平均销售收入457万元，同比增长6.3%；2006年平均创造利润55万元，增长

25%;2006年末平均固定资产规模为94万元,增长32.3%。第二组每家企业获得授信20万元,2006年这4家企业平均销售收入334万元,增长12.5%;2006年平均利润33万元,同比增长10%;平均固定资产规模2006年末为40万元,同比下降9.1%(受灾影响,厂房倒塌,设备受损)。8家试点企业此前在农村信用社的贷款方式主要是以个人房产为抵押办理的个人生产经营性贷款,贷款金额在5~10万元之间,远远不能满足企业的生产资金需求,不足部分多通过民间借贷实现。8家企业每年茶叶生产高峰期,可以直接吸纳农村富余劳动力1000多人。

农村小企业联保贷款,就是通过几家企业在自愿、自由、互信、平等的基础上,组成联保小组(至少3家以上企业),签订联保协议,由贷款机构向联保小组内成员企业发放的贷款。在广大农村小企业普遍缺乏可抵押的"经济资产"(如固定资产等,2006年末,8家试点企业平均固定资产规模仅为63万元,而且多为简易搭盖的厂房和变现能力较差的专用设备)和缺乏相应的担保机构(2007年之前福鼎市未成立一家农村企业担保机构)的前提下,要通过抵押或机构担保方式获取银行贷款基本上是不可能的事情。农企联保贷款保证担保的范围包括全部借款本金、利息、违约金、损害赔偿金和实现债权所需的各项费用,借款人不得以自己已偿清贷款为由申请免责。出现贷款风险时,贷款机构有权对小组成员内的任一或多家企业追偿贷款本金及利息；承担连带责任的企业可以向风险企业追偿因承担连带责任而产生的损失。此外，贷款机构还需对借款人的资信以及小组成员企业之间是否有关联关系进行审查，以保证企业的独立性。同时，基于农业企业的脆弱性，为防止重大自然灾害等对农业企业联保贷款带来行业性和系统性风险，联保贷款的成员企业需对企业财产：如厂房、机器设备、原材料等办理财产保险；联保企业的法人代表需办理人生意外险。

农企联保的贷款利率采用市场定价机制，根据借款人在贷款机构的存款、资金周转及生产经营等情况，酬情给予利率优惠。逾期贷款利息按有关规定执行。结息日以约定日为准，超约定日部分，以贷款机构罚息规定计算。根据福鼎市农村信用社的利率优惠机制，借款人在贷款机构贷款前的6个月日均存款余额超过贷款金额10%的，实行保证利率（月利率9.6‰）下浮0.99‰；达到20%的，下浮1.98‰（0.99‰×2）；直到实行基准利率。同时，该贷款机构对不同的担保方式实行不同的利率定价，保证担保实行9.6‰的月利率，抵押担保则实行8.37‰的月利率。按照此规定，农企联保贷款采用保证担保方式，名义利率应执行9.6‰，但出于试点以及风险性较小的考虑，农企联保贷款执行8.37‰的抵押贷款利率。

基于茶叶生产、加工具有季节性强，茶青收购季节资金需求量大，峰值期较短的特点(多数农业企业均具备了此共性)，农企联保贷款采取了最高额度贷款的形式，即确定贷款最高额度，贷款金额实行每组内各户一致的原则，按与企业所有者权益一定比例来确定组内各成员可贷金额，以组内企业中可贷最低金额作为全组每户的贷款金额，试点期间8家企业分为2组按所有者权益确定的贷款最高金额分别为20和30万元。贷款授权期3年，在额度和授权期内随贷随还，一次贷款，多次周转使用。

农村小企业贷款已经取得初步成效。首先，8家企业迅速恢复生产。2007年，8家企业未因巨灾受损而生产停滞，生产恢复的同时财务指标基本面向好。8家企业平均实现销售收入428万元，同比增长8.4%；平均实现利润44万元，在2007年春茶茶青价格上涨20%，夏茶茶青价格上涨50%～60%，燃料价格和人力成本均上涨20%以上的前提下，实现利润与2006年基本持平。其次，企业资产规模扩大，销售渠道拓宽。2007年末，8家企业平均固定资产规模77万元，同比增长14.9%；其中2家企业厂房改造，由原来简易搭盖改造成砖混结构，正式走上规范化发展的道路。2006年8家企业中仅有一家企业拥有2家茶庄(异地)，2007年茶庄数量迅速增多，5家企业拥有7家本、异地茶庄，茶叶销售渠道拓宽，行情进一步看好。再次，企业经营理念逐步转变，个别企业走上公司化发展道路。通过资金扶持和政策引导，部分企业开始转变小富即安的经营理念，逐步摆脱家庭作坊的生产模式。2007年，其中1家企业获得QS食品安全认证，并正式按照公司发展模式正规经营，当年该企业实现产值513万元，同比增长45.3%；实现利润53万元，增长51.4%。此外，还有1家正在办理QS食品安全认证，现代企业经营理念正逐步在试点企业蔓延。

案例十二可以看出，联保贷款充分地利用了内嵌于小组内部的信息，变“经济担保”为“社会担保”，使农村小企业贷款难的问题得以解决。案例中，联保贷款的成员来自福鼎市点头镇的茶叶加工企业，由实力相当、信誉好、风险相称的企业组成，在自愿、自由、互信、平等的基础上，组成联保小组，这种建立在同区域、同业联保使得联保企业互相了解，降低了小组成员之间的信息不对称。福鼎市农信社还对8家茶叶加工企业的信用进行评价，主要采取两种方式：一是根据借款人在银行信贷登记咨询系统的历史记录，了解借款人的资信状况；二是实地调查了解企业生产经营及资金流动状况等现时资料，通过纵向关系降低贷款机构与联保小组成员的信息不对称。此外，联保小组成员还要经过自我选择，由于小组成员必须承担连带责任，为了防止其他联保方给自己带来损害，在确定联保小组成员时必然排除于己不利的企业加入。显然，本应由贷款机构承担的信息成本转嫁给了联保企业，贷款机构减轻了交易成本，企业自然容易获得贷款。

联保贷款的“社会担保”(social collateral)机制非常重要，其连带责任为选择有信誉的小组成员提供了激励。案例中，农业联保企业贷款的担保基础是企业的“社会资产”(social assets)，实际上是以茶企业的企业主公信力、诚信度和彼此之间相互了解为主要内容的人际关系，以及茶企业小组成员之间相互约束、相互监督、承担连带保证责任的组织形式，这种隐含在小组中的“社会资产”担保作为“经济担保”替代。虽然联保贷款看起来是贷给企业，但企业主在这里发挥了重要的作用。在同一个区域同一行业，企业主相互之间知根知底，企业主在选择联保成员时，要求实力相当、信誉好的企业，这样，能够防止搭“便车”企业进入。另外，8家企业形成2个联保小组，小组成员之间的横向监督可以预防贷款企业有策略性赖账或破产赖账的机会主义动机，能够有效解决贷款企业的道德风险问题。由于联保贷款的风险小，农信社给8家茶叶企业执行8.37‰的抵押贷款优惠利率，提高了贷款授权期限和额度，简化贷款手续，执行随贷随还，一次贷款，多次周转使用的原则。

正如上面所述，社会担保机制来源于内嵌于小组成员的社会资本，实际上是企业主的社会资本。企业主的名声以及所属的社会关系网络取代了传统的实物和金融担保，成为“社会担保”。如果企业主故意违约，将受到社会惩罚(social sanction)，包括“没收”企业主投资的物质资本、失去在当地的诚信和名望、羞辱和威胁违约者的家族成员，从而使违约者遭到社会排除(social exclusion)[①]，这种企业主之间的“共享规范”和“互惠模式”保证了联保贷款合约的执行。联保贷款实际上整合了企业主的社会资本，充分利用企业主之间的网络、信任、规范约束、相互了解等传统社会资本的正面效应，提高了农村中小企业的信贷可得性。

6.4.2 社会资本与会员制担保

案例十三：农业小企业行业性会员制担保。2007年4月29日福安市农副产品加工行业协会牵头，全国首家专门以农业小企业为服务对象的行业性会员制担保公司——福建省恒泰担保有限公司在福安成立。担保公司采取农业小企业业主自愿入股、按现代企业法人治理结构组建会员间互助性封闭式担保公司的模式，公司不以盈利为目的，其宗旨是为股东企业提供担保，解决农业小企业贷款难问题。目前已有44家企业入股恒泰担保公司，注册资金达10850万元。股东企

① 陈军，曹远征. 农村金融深化与发展评析[M]. 北京：中国人民大学出版社，2008

业从协会会员中选择，均为实力较强、信誉较好、发展潜力较大的骨干农业企业，涉及茶叶、蜜饯、竹木加工等行业。担保公司对股东企业进行严格考核，着重考核股东企业的市场风险、财务风险和道德风险。同时，由于股东企业均为业内人士，一旦某企业违反担保公司操作流程，就会因为损害了其余股东的利益而受到同业制裁，其设备、厂房、原材料、产成品等均可迅速变现抵债，从而从最大限度上消除了担保公司和成员企业之间的信息不对称。股东企业申请贷款必须接受农发行的独立调查、审查和审批，担保公司应事先对被担保企业进行充分审查，提交具有法律效力的担保文书，并承担连带担保责任。担保公司在农发行福安市支行开立基本结算账户和风险保证金专用账户，风险保证金未经同意不得支用，同时农发行对风险保证金享有优先受偿权，一旦企业不能按期还贷，农发行可从风险保证金专户直接收贷。主办银行农发行福安市支行采取差异化放贷比例：对于注册资本在500万元以上，销售收入在1000万元以上，资产负债率在60%以下的股东企业，按照1∶5的放贷比例发放贷款；对于注册资本在300万元以上，销售收入在800万元之间的，资产负债率在70%以下的，按照1∶4的放贷比例发放贷款；其余部分按照1∶3的放贷比例发放贷款。此外，每笔贷款还要求由其他两家以上股东企业法定代表人及其配偶提供连带责任保证。这样,无疑降低了农发行与借款企业的信息不对称程度和信贷风险,增加了农业企业的获贷机会。

从案例十三可以发现,恒泰担保公司是当地农副产品加工行业协会牵头,农业小企业业主根据自己的意愿,自愿入股组成担保公司来解决信贷问题的一种非正式制度安排,能够为那些通常无法从正规信贷市场上获贷的会员增加重新获得融资的机会。这种协会机制与社会资本紧密相关,按照科尔曼、普特南等学者的观点,这种协会形成了一种水平型的社会结构,社会资本便内嵌在这种由会员形成的"协会"中,协会中存在的共享规范、互惠模式等社会资本成分发挥着关键作用。协会牵头的担保公司在挑选会员时进行了严格的筛选,一般都强调所谓的"同质性"即会员股东位于邻近的社区;属于同一个行业;实力较强、信誉较好、发展潜力较大;股东企业的市场风险、财务风险和道德风险小;企业主诚实和可靠的名声等,这些信息通常来源于同一行业的股东企业及企业主之间的相互了解、彼此知根知底。担保公司的良好运行还得益于严密的社会处罚机制,一旦股东企业违约,就会受到同业制裁,其设备、厂房、原材料、产成品等均可迅速变现抵债,担保公司对被担保企业承担连带担保责任,金融机构对每笔贷款还要求由其他两家以上股东企业法定代表人及其配偶提供连带责任保证。显然,协会利用"同伴压力”、“社会压力”等社会资本对违约者进行处罚，这种水平型的社会结构整合了会员之间的社会资本，最大限度地消除了担保公司和成员企业之间的信息不对称，从而降低了银企之间的信息不对称程度。

不仅如此，在协会的引导下，担保公司还帮助会员企业创造社会网络和信贷纪律规范。担保公司对相关企业进行财务辅导，加强培训，促进农业小企业规范财务制度，依托市农副产品加工行业协会提供信息咨询、组织企业外出参展等服务，拓展了会员企业的信息网络和社会关系网络，弥补了企业正规信贷资金的不足。规范是社会资本中另一重要的因素。一旦诸如及时还款、金融交易透明以及其他良好的规范形成之后，这些规范就可能潜移默化为借款企业的偏好。通过示范效应和模仿效应，好的规范将会产生正的外部效应，这通常表现在两个方面：其一，为后来的金融组织提供了蓝本，而后来者却无须投入“拓荒成本”(pioneer cost)；其二，为潜在的客户提供了示范，在水平的社会结构中，通过模仿同伴，很快就可能成为可银行化的顾客。因此，农业小企业在协会的引导下培养信贷纪律规范，为获得正规金融机构的信贷创造了机会。

6.5 结论与讨论

通过以上案例分析可以发现，企业主的传统社会资本对于农村中小企业获得民间借贷很有效。企业主与亲戚、密切朋友之间的强关系不仅为企业提供资金，而且强关系网络中的高信任度简化了借贷手续、降低了交易成本。此外，传统的家族观念、面子、礼尚往来等规范保证了民间借贷合约的执行。但由于传统社会资本的“封闭性”较强，在企业获得信贷方面具有不少的负面效应：一是企业主的对内高信任与对外低信任，使得企业的融资范围被局限于“熟人”社会范畴。二是企业主社会关系网络的闭合导致信息对外传递受阻，使企业的融资对象被“锁定”在特定地域，网络的闭合还会排斥外来人，这是农村中小企业发展的瓶颈。三是网络中的传统规范制约了企业主的借贷行为，使得企业很难与建立在法律制度强制约束基础上的正规金融发展借贷关系。

企业主的现代社会资本对农村中小企业获得正规信贷的作用明显。企业主与银行之间紧密的关系即强关系增加了农村中小企业的获贷机会，强关系不仅有利于企业获得民间借贷，而且使企业容易获得正规金融机构的贷款。但紧密、良好的银企关系并不是企业获得正规信贷的充分条件，企业获得正规金融机构的授信最重要的仍然是信用问题,如果只是与银行保持经常联系而不讲信用,不遵守贷款规则,企业仍然得不到贷款,案例五、案例六和案例八恰好能够说明这个问题。案例研究同时还发现,弱关系并没有发挥“信息桥”的功能,弱关系对农村中小企业获得正规信贷没有明显的作用。另外,企业主利用关系网络的原则总是从强关系到弱关系,呈现“差序格局”特点。这也进一步说明了多数农村中小企业在信贷融资次序的选择上遵循亲友借贷→私人借贷→民间组织借贷→正规金融机构借贷原则。在正规借贷中,交易和合作形成的基础是制度化信任,尽管企业主的高信任水平有利于获得正规金融机构的贷款,但必须建立在正式制度约束的基础上,否则,即使是道德约束下的强关系也会出现违约现象。

传统社会资本虽然具有负面效应,但若能充分利用其积极效应,整合的社会资本同样具有现代社会资本的功能。联保贷款充分利用内嵌于联保小组内的企业主关系网络、信任和规范,连带责任机制保证企业主在选择小组成员时更加谨慎,且负有监督其他小组成员履约的责任,“社会担保”机制替代了传统的经济、金融担保,因而,降低了银行筛选、监督、执行合约的成本和信贷风险,提高了农村中小企业贷款可得性。行业性会员制担保机制形成了一种水平型的社会结构,社会资本便内嵌于这种由会员形成的“协会”

中，会员之间的信息透明度高、共享规范、互惠等保证了担保机制的良好运行。

当然，不管何种性质的关系网络嵌入于企业的借贷行为，信任和利益都是维系借贷关系的纽带。正规和民间借贷都要以信任为基础，前者建立在更为普遍意义上的制度基础之上的信任，后者建立在人际关系基础之上的特殊信任，否则，关系发挥不了应有的作用。利益驱动下的强弱关系不仅影响信贷可得性，还导致借款人借款成本不同。根据关系强弱程度不同，利益的表现形式有所差异。强关系更注重"人情"的回报，较少涉及物质利益，因而亲友借款往往是无息的，但需要以其他非物质形式且是非即时的兑现。如案例一中，C向亲友借款是无息的，但常会以给亲友的孩子找工作等形式偿还"人情"。嵌入在弱关系中的企业借贷行为，需要物质形式的即时回报。案例七中，Z不仅要请客吃饭，还答应贷款审批下来定给重谢。

需要说明的是，典型案例分析的部分结论如密切亲友关系对于企业获得民间借贷具有重要作用、传统社会资本的负面效应、整合社会资本的作用等虽然具有可靠性和代表性，但由于不能得到数量实证支撑，部分结论的说服力略显不足。

第7章

研究结论与政策建议

在上述理论和实证研究的基础上，本书得出一些初步的结论，依此提出有助于农村中小企业获得信贷的社会资本机制政策建议及将来继续深入研究的方向。

7.1 研究结论

在理论研究部分，通过剖析企业主社会资本对农村中小企业获得信贷的内在作用机制，分析了企业主的传统社会资本对农村中小企业获得民间借贷具有重要的作用，揭示了企业普遍依赖民间借贷融资的深层原因；探讨了现代社会资本对农村中小企业突破正规信贷融资障碍的作用；分析了整合企业主社会资本具有现代社会资本的属性，能够改善企业的正规信贷融资困境，从而为实证研究提供理论依据，因此，实证研究部分主要通过运用计量经济模型和多案例研究方法进行分析，得到以下主要结论：

7.1.1 企业主的社会资本特征

通过运用问卷调查数据进行描述性统计，结果表明：一是农村中小企业业主的社会关系网络随着企业主交往对象的增加而扩大，网络的同质性下降、异质性增强，但网络仍然是以家族血缘为中心的具有“差序格局”的人际关系网络，呈现相对“封闭”性；二是企业主的信任具有“差序格局”性质，企业主的信任结构以“己”为中心、“层层外推”，形成对“自己人”高信任而对“外人”低信任的特殊人际关系信任；三是企业主受到传统规范与正式制度的双重约束，但传统家族观念、伦理道德、面子、人情、声誉等对企业主行为的影响更为深刻。进一步运用因子分析的结果计算社会资本总指数，可以发现，企业主社会资本总指数范围在－81.06与66.09之间，位于中等及以下社会资本组的企业占72.85%，因此，处于转型期的中国农村中小企业业主的社会资本仍以传统社会资本为主，该结论为进一步分析农村中小企业信贷融资机制提供理论分析框架。

7.1.2 社会资本总指数对农村中小企业信贷可得性的影响

运用社会资本总指数分析企业主社会资本作为整体对农

村中小企业信贷可得性的作用，结果显示，社会资本越传统，主要资金来源于民间借贷融资的企业比重越高。社会资本越现代，获得正规信贷的企业比重越高。但当企业主社会资本越偏向于现代，主要资金来源于民间借贷的企业比重仍然较高；当社会资本总指数达到最高时，获得民间借贷和正规信贷的企业比重也最高，该结论的原因在第5章已有交代。总之，社会资本作为整体对农村中小企业信贷可得性的影响较为显著。

7.1.3 传统社会资本对农村中小企业民间借贷可得性的作用

企业主的特殊社会关系网络不仅使得借贷所需的信息更加透明，而且也大大降低了贷款人的信息收集和监督费用。企业主的特殊人际信任降低了企业民间借贷的成本，提高了企业的民间借贷可得性。传统规范有着重要的作用，不仅对企业主的行为有很强的制约作用且具有"社会担保"功能，这对保证民间借贷合约的执行意义重大。由此可见，企业主传统社会资本对农村中小企业获得民间借贷具有重要的作用，该理论观点从描述性统计中得到初步的证实，进一步地主要通过运用因子分析法和Binary Logistic回归模型及案例进行检验，具体包含以下内容：

第一，网络对民间借贷可得性的影响。理论上，网络规模对民间借贷可得性具有负向影响。企业主的网顶对企业的民间借贷可得性具有正向影响。数据分析的结果表明，在社会资本分量指数中，网络对企业获得民间借贷并不重要，而第6章的案例一和案例二却为此提供了经验支持。

第二，信任对民间借贷可得性的作用。企业主对与自己有血亲关系的亲人、朋友的信任度越高，企业越容易获得亲友的资金支持。企业主间由于业务往来的需要产生的彼此信任降低了企业借贷的成本，增加了企业间融资的机会。对此，通过计量经济模型进行检验，结果显示熟人信任和普遍信任社会资本分量指数对民间借贷可得性具有正向显著影响，其中，普遍信任社会资本分量指数对民间借贷可得性的正向影响与预期的影响方向不一致，其原因已在前文有所交代。第6章的案例一和案例二为特殊信任对民间借贷可得性的重要作用提供了经验证据。因此，信任社会资本对民间借贷可得性的影响部分地得到了检验。

第三，规范的作用。诸如人情、面子、名声等传统的社会规范具有"担保"功能，企业获得民间借贷的机会增加。不仅如此，规范还具有社会惩罚功能，对企业主的行为具有很强的约束作用，当然，超越了熟人范畴，传统的规范将不具有强约束力。数据分析初步证实了规范社会资本分量指数对企业民间借贷可得性的影响，案例三的解析也为此提供了论证支持，从而为验证转型期企业主传统社会资本对企业民间借贷可得性的作用机理提供了实证依据。

第四，传统社会资本的负面效应。网络的闭合产生网络内部成员间的彼此信任和传统规范约束力，降低了网络成员间的借贷成本，提高了借贷双方的融资效率，但网络的闭合又使企业融资范围被人为地“锁定”在特定的对象，具有地域界限和空间边界，特殊信任和规范的作用性和有效性难以超越“熟人”范畴，企业融资范围呈现“闭合”状态，难以突破对民间借贷的融资依赖。在案例研究中，ZZ公司是一个典型的家族型企业，家族成员几乎占有了企业的各个主要岗位，因而企业主的社会关系网络是基于以血缘为基础的特殊关系网络，网络的闭合对于创业初期ZZ公司的成长至关重要，但网络闭合又会阻碍ZZ公司的进一步发展，使得企业融资渠道狭窄，融资对象局限于亲属网内，这是家族企业发展的瓶颈制约。

7.1.4 现代社会资本对农村中小企业正规信贷可得性的作用

实际上，无论是农村的民间借贷市场，还是正规信贷市场，针对破解农村中小企业融资难的努力从来没有停止过，理论和实证研究都表明，传统社会资本对于企业获得民间借贷融资支持具有重要的作用，现代社会资本对于缓解企业的正规信贷约束意义重大。根据上述理论研究得出的结论，归纳如下：正规信贷契约是一种正式契约，具有市场化的交换功能，实行“等价交换”原则，法律制度对其约束力强。人情关系、特殊信任、面子等传统社会资本难以化解企业的正规信贷融资障碍，而普遍意义上的社会关系网络、制度型信任等具有现代意义的社会资本却可以有效地破解农村中小企业正规信贷融资困境。有关现代社会资本对农村中小企业信贷可得性的作用已经通过描述性统计初步得到验证，进一步的研究包含以下内容：

第一，在社会资本分量指数中，网络规模对正规信贷可得性的影响。理论分析表明，网络规模有助于增加企业获贷的机会，特别是紧密的银企关系有助于降低银企之间信息不对称程度，增加金融机构对企业的了解，增强企业获取正规信贷的能力。但计量经济模型结果表明，网络规模大小对于企业是否获得贷款并不重要，其原因在上文已有交代。个案分析的结果虽然能说明银企关系有利于企业获得贷款，但也突出了银企关系并不是企业获贷的关键变量，因此，该部分的理论推断并没有得到实证的有力支持，紧密的银企关系没有明显增强企业的信贷获取能力。

第二，网顶社会资本分量指数对企业获得正规信贷的影响。普遍意义上的社会关系网络不仅表现为网络规模扩大，更重要的是网络质量提高了，因此，企业主的网顶对企业正规信贷可得性可能具有正向影响。实证研究证明了企业主密切亲属网的网顶越高即密切亲属的地位越高、财富状况越好，这种先赋性关系资本越雄厚越能增加企业的获贷能力。

第三，信任社会资本分量指数对企业获得正规信贷的作用。正规信贷契约是信任密集型契约，与制度型信任相匹配，因此，熟人信任和普遍信贷对企业正规信贷可得性可能具有正向影响。但是，数据分析的结果显示熟人信任和普遍信任社会资本指数分别对企业正规信贷可得性具有正向和负向影响，其原因在第5章已有说明，案例八和案例九也证实了企业主对熟人的信任水平越高，企业的信贷可得性越高，但需要有正式的制度约束。因此，信任社会资本对农村中小企业获得正规信贷具有重要的作用得到了实证的支撑。

第四，在社会资本分量指数中，正式制度对企业获得正规信贷的影响。理论分析表明，正式制度对企业主的行为约束性越强，正规信贷可得性越高，反之，传统的社会规则对企业主的行为约束性越强，民间借贷可得性越高。该观点得到计量经济模型的检验，在正规信贷可得性的Binary Logistic回归模型中，规范因子值每增加一个单位，将使获得正规信贷的P的变化率为负的14.30%，贷款认知性因子值每增加一个单位，将使获得正规信贷的P的变化率为正的21.26%。从实证部分的案例十和案例十一可知，在正式信贷合约中，传统的道德约束作用力微乎其微，而正式制度的约束机制发挥了主要的作用。

第五，整合社会资本的作用。理论分析表明，整合的企业主关系网络及网络成员之间的相互信任可以降低银企之间的信息不对称程度和银行贷款的审查成本，增加企业获取信贷的能力。其次，通过面子、声誉、社会排斥等强有力的社会惩罚，替代了正规金融机构要求的经济抵押，承担了银行风险回避中的保险作用。显然，实证部分的联保贷款和行业性会员制担保案例清楚地说明了整合社会资本对于化解企业抵押担保不足和信息不对称以及降低银行信贷风险等方面具有重要作用，最终能够实现信贷市场的福利改进。

理论和实证研究表明，社会关系网络、信任、规范等社会资本对农村中小企业获得民间借贷和正规信贷具有重要作用，破解农村中小企业信贷融资困境的关键在于创新信贷融资机制，构建社会关系网络、信任、规范约束等社会资本机制。

7.2 创新农村中小企业信贷融资机制的政策建议

基于上述研究结论，从民间金融的规范发展、正规金融制度建设、企业主自身社会资本的建构和政府在社会资本建构中的作为等方面提出若干有助于构建农村中小企业信贷融资的社会资本机制的政策建议，为促进农村中小企业的发展提供有价值的参考。

7.2.1 社会资本失灵与民间金融的规范发展

在民间金融和正规金融并存的信贷市场上，民间金融的广泛存在并在中小企业融资中发挥着重要的作用，改进了缺乏信息的正规金融部门的信贷配置效率，使得整个信贷市场可以达到最优的市场均衡。民间金融作为中小企业融资的一条主要渠道，有其存在的必要性。它具有其他融资渠道难以替代的优越性：民间金融风险收益搭配合理，利率、期限灵活，手续简便，适应企业临时性资金需求，借贷的信息成本和监督成本较低。因此，对于民间金融不能一味的“棒杀”，而应该针对不同地区的具体情况区别对待，适当规范和引导民间金融的发展，以破解农村中小企业融资困境，进而促进农村中小企业的发展。

从传统社会资本的作用机理看，农村中小企业民间借贷的发生无不是与熟人性质紧密相关，一旦民间借贷范围过大，超出传统社会资本的作用边界，就会出现信任褊狭(narrow radius of trust)、规范失效的情形，导致社会资本失灵，发生民间借贷的执行效力问题。因此，对于民间金融的规范发展有以下几个方面的建议：

7.2.1.1 民间金融活动范围的有界性

民间金融本质上是建立在血缘、地缘、人缘关系基础上，是基于圈子里网络成员之间存在十分强烈的信任感，而在网络之外，网络成员之间却难以信任，因而难以发生借贷关系。从网络表层看，由于缺少健全的市场和法律等普遍主义要素相沟通，信用系统之间无法联结成一个大的信任系统，由此决定了民间金融只能在一个狭小的区域独立存在，无法具有向外扩张的规模经济优势，其活动的范围只能围绕这种特殊的社会关系网络，在一个较小范围内有效率。民间金融的信息优势与其活动的范围之间有着此消彼长的关系，一般在“熟人社会”的有限社区范围之内民间金融具有信息优势，而一旦超出“熟人社会”，民间金融的信息优势可能转变成信息劣势。因此，农村中小企业的民间借贷只能针对特定的对象如亲戚、朋友或邻里、乡里等熟人展开，即使向包括自由借贷、合会、钱背、私人钱庄等在内的组织发生借贷，其融资规模也不宜过大，活动的区域只能限制在特定的范围，不宜超出熟人范畴。

7.2.1.2 不断提高正式制度的效力

鉴于民间金融既有有利于农村中小企业融资的一面，又有潜在蔓延性以及不规范的一面，应尽快建立健全各种与民间金融相关的法律法规以提高正式制度的约束力。理论和实证研究已经证明了传统的规范对于企业获得民间借贷的作用明显，但传统的人情、面子、声誉等毕竟不具有法律约束力，也可能扰乱正常的信贷秩序。因此，还要加强正式制度对民间借贷的约束效力，不断提高法律法规制度的有效性。首先，尽快制定《民间借贷管理实施办法》或《民间借贷法规》，对民间融资主体双方的权利义务、交易方式、契约要件、期限利率、税务征收、违约责任和权益保障等方面加以明确，规范和引导民间融资健康发展。其次，从法律上明确界定合法融资和非法融资，允许保证金、职工内部集资等融资的合法性；严厉打击高利贷等非法的民间融资活动，引导、鼓励无息甚至低息的互助性民间借贷与集资。再次，对任何金融活动原则上均应考虑征税，可以考虑制订专门法规对民间金融征税，通过税收和金融活动备案来了解民间金融活动的信息。最后，应加强对民间融资组织和行为的监测和监管，具体有：

一是要加强对民间融资组织及民间融资情况的监测，尽快建立民间融资信息采集机制，定期收集有关数据，分析民间融资对经济和社会可能产生的影响，并据此实施调节。

二是要积极依托中央银行现有的信贷登记系统和个人征信系统，探索开展民间融资组织融资方的信用登记，为民间融资搭建交易和信用平台，加强对失信者的限制与处罚，维护正常的民间融资秩序。

三是要对民间融资组织监管主体以法律法规的形式加以明确，消除监管盲区，保护正当的民间融资行为，打击非法集资，促进民间融资组织成为一支健康发展的融资力量。这样做，既可以把民间融资纳入监管部门的视野，准确地把握民间金融交易的规模和发展动向，以便为经济和金融宏观决策提供可靠依据，同时也可以有效地防止借贷纠纷，有利于建立正常的民间融资秩序。

7.2.1.3 探索"社区金融"模式

社区(Community)概念的首倡者是德国社会学家F.滕尼斯，他认为，社区是指以地域、意识、行为和利益为特征的生活共同体。社区内共享传统文化，具有共同或类似的信仰、习俗和道德观念。在国外，社区金融组织大都是指资产规模较小、主要为特定区域内中小企业和居民家庭服务的地方性小型金融组织。社区是在加强人际关系和相互信任基础上引导社区成员自愿合作的制度形式，它能在协商基础上通过合作来促成金融交易。因此，发展社区信任关系可以防止信息不完全和非对称。围绕信息不对称问题的解决，不少学者呼吁大力发展中小金融机构，改善农村金融结构，以破解农村中小企业融资困难的状况，但这个方案是否具有可行性和可持续性，关键在于借贷双方的信息不对称问题如何解决。而社区金融组织却能够充分利用地缘、血缘、人缘等关系形成的特殊信任，利用社区范围内的频繁联系、信息共享以及重复交易所形成的合作规范克服信息不对称，社区成员长期积累的人际关系信任降低了交易成本、提高了借贷交易效率，从而保证了金融交易契约的执行。

因此，为破解农村中小企业融资困境，可以充分利用农村社区信任，引导农村中小企业的民间融资走行业融资的“社区金融”之路。有条件的可建立商会、行业协会、理财服务所，信用服务所等中介机构，采取从会员企业募集专项资金作为基金，向会员提供理财中介服务。当然，社区金融组织必须保证对非会员是封闭的，不能跨越社区经营业务，否则，就无法利用社区信任和自身的信息优势，为会员企业服务。

7.2.2 社会资本转型与正规金融制度建设

在上述分析社会资本对农村中小企业信贷获得的作用机理时，一方面看到传统社会资本促进民间借贷交易和合作的积极作用，另一方面也看到传统社会资本的负面效应，如网络“闭合”、信任褊狭、规范作用的有界性等不利因素。伴随着经济不断发展和市场机制的逐渐完善，传统的以血缘、亲缘关系为基础的社会资本将被现代的以市场规则为基础的社会资本所取代。正如斯蒂格利茨在研究正规与非正规制度之间的关系时曾指出，随着一个社会经济的发展，社会资本也应发生相应的变化，让人际关系网络部分地被基于市场经济的正式制度所代替。

中国的经济社会正处于转型之中，传统社会资本将逐渐成为农村中小企业发展的桎梏，社会资本也正经历从传统社会资本向现代社会资本演变的过程，基于民间金融的资金规模难以满足农村中小企业进一步发展的需求以及现代社会资本对农村中小企业正规信贷获得的作用机理，在现阶段，为破解农村中小企业信贷融资困境，重点从以下几个方面加强正规金融制度建设：

7.2.2.1 加强信用制度建设

在正规信贷交易中，有利于交易和合作形成的信任是范围更广的一次性信任，或者说是陌生人之间信任也即制度化信任。因为，正规信贷交易执行市场化、等价交换原则，正规信贷契约是一种信任密集型契约，需要与层级较高的信任水平相匹配，低水平的信任即纯粹的人际关系信任（也称为特殊信任）作用有限。然而，企业主的社会资本结构中传统的社会资本发挥着主要作用，在一定程度上阻碍了一次性信任的形成和普遍性交易。在这种情况下，为促进农村中小企业与正规金融机构达成普遍的借贷契约关系，必须加强信用制度建设，通过培育企业主的信任、互惠、合作等公共精神，促进人际关系信任到制度化信任的转变，以提高整个社会的信任水平。具体有：

一是建立企业主个人征信体系，实现中小企业业主信用信息查询、交流和共享的社会化。

二是建立企业信用信息记录，通过相关部门提供的企业有关信息，实行企业信用记录备案记录制度，促进中小企业的信用建设。

三是建立中小企业的信用评级制度，通过建立资信评估中介机构，实行中小企业信用评级，帮助中小企业提高信用透明度，弥合中小企业的信用缺口，降低银行贷款的成本。

四是健全中小企业征信体系，实现中小企业间信息共享、交流的社会化。

7.2.2.2 创造信贷纪律规范

传统的人情、面子、声誉等规范对农村中小企业获得正规信贷有负向的显著影响，但企业主对正规金融机构贷款偿还的认知态度却对企业获得正规信贷具有显著的正向影响，这显然说明正规信贷纪律规范对于改善企业的正规信贷融资困境意义重大。因此，正规金融组织应设法改变企业主认为正规金融机构贷款能拖则拖、正规信贷是国家的慈善行为或捐赠的态度，培养企业主的信贷纪律和金融规范。

一是可以通过加强信贷文化知识的宣传，普及信贷知识。如以“送金融知识下乡”的方式将金融相关知识宣传到村、镇的企业。

二是金融机构可以充分利用现代网络的高度发达，主动与地方政府构建信息平台，及时公布失信企业的名单，定期对企业主进行信贷知识培训，提高企业主的诚信水平。

三是严肃信贷偿还纪律。对于任何企业以任何理由违反贷款规则形成的不良贷款不轻易减免或冲销坏账，不仅如此，还要追究企业主个人责任，使得企业主没有任何理由赖账，从而形成普遍的信贷纪律规范。

7.2.2.3 转变经济抵押为社会抵押的信贷方式

从上述整合社会资本的理论和案例分析可见，社会资本产生于社会团体，能为团体成员带来经济收益。团体成员间的互动维持增大了社会资本，社会资本的实力表现为组织团体对个体成员的控制力。团体成员对其他成员的评价反映了其将来所能获得利益的大小，评价主要依据成员是否遵守组织规范及成员的声誉、口碑、人缘等。可见，社会资本的核心就是创造强有力的信用关系，能够充当抵押品功能，其作用机制就是充分利用传统社会资本的网络机制、信任机制以及社会压力，以减少企业违约的可能性和道德风险，增强企业的获贷能力。这对于缺乏足够有效抵押品的农村中小企业而言尤其重要，因此，转变传统的以实物抵押为主的信贷方式，变经济抵押为社会抵押，充分利用企业主社会关系网络的作用，借助社会资本降低监督和交易成本，促进农村中小企业正规信贷融资效率的提高。这种创新的信贷方式，可以考虑建立以企业主社会资本为依托的融资体系，充分利用企业主社会关系网络，探索多样化的小额信贷模式，如罗源县农村信用社创新性推出的罗源县石兰乡石材企业“老板”联保贷款模式，充分地利用企业主社会资本，有效地解决了小企业抵押难、信息不对称、信贷风险高等问题，提高了企业的信贷可得性。

7.2.2.4 创新信用担保制度

目前农村信贷市场的信用担保制度设计与农村经济实际条件之间的差异很大，现行制度安排无法促使农村金融交易有效进行及拓展。为缓解这种困境，可以考虑建立基于农村社会特性的互助合作担保模式，这种模式能够排除农村借款主体向农村金融机构融资担保能力不足的障碍，可以有效缓解目前的信用担保困境，实现促进农村中小企业与正规金融机构交易的目的。

互助担保机构是在一个小的社区范围内，成员之间存在基于经济或是地缘、血缘的特殊联系，每一成员都投入一定的资金，形成担保基金，这一基金作为成员从银行获取贷款的担保基金。互助担保机构不以盈利为目的，担保机构的运作和集体决策所依据的规则是在一定经济、地域联系基础上具有自我实施机制的社区规范，以集体合作、相互回报和共同分享为特征。在互助担保机构中，基于共同的道德规范和经济联系，成员之间存在特殊的“团结”理念，促进了正规信贷契约的有效履行。显然,互助合作担保模式切合农村经济社会的实际,与农村社会企业主的差序格局关系网络相吻合,更好地提升了农村中小企业信贷交易效率。因此,应大力推广这类充分利用社会资本降低信息不对称、交易成本和信贷风险的信用担保机构,进一步完善中小企业信用担保体系。具体可以采取多渠道筹措资金和多种组织形式,积极促进中小企业担保公司的建立,鼓励社会团体、行业协会、企业群体共同出资设立以中小企业信用担保为主要内容的互助担保机构,增强担保机构担保能力,加强政策扶持和风险管理并举,建立资本金补充机制,保障各级担保机构的可持续发展,拓宽中小企业的受益面。

7.2.3 企业主自身社会资本的建构

对于农村中小企业而言,企业主不仅是企业社会关系网络的建构者,而且还是企业社会资本的利用者,因此,企业主社会资本在很大程度上代表了企业社会资本。企业主应该建构有助于企业在市场经济条件下经营发展的社会资本,重点培育和发展现代社会资本而非传统的血缘、亲缘为基础的社会资本,以改变企业信贷融资难的境况。鉴于中国农村社会的特殊性和研究结论,转型期企业主社会资本的建构应该遵循以下两个原则：一是发挥传统社会资本的积极效应；二是积累和提升社会资本，扩大现代社会资本的规模。

7.2.3.1 加强优秀传统文化熏陶

理论和实证研究的结果表明，规范对于企业获得民间借贷的作用异常重要。企业主的规范主要表现为习惯、习俗、伦理道德等非正式制度的传统文化。中国传统文化具有兼容百家、汇通诸子以儒学为主流的文化形态，是在与外来文化的不断撞击、冲突、交流和整合中得以生存和发展的，具有一定程度的开放性。农村的企业主具有深厚的伦理道德基础，传统的习俗、价值、道德等社会规则对于企业主具有强的约束力。但在转型时期，企业主的道德意识、忠诚意识、诚信意识等个人品行受到各种思潮、各种价值观念等的冲击，从而影响企业间互惠和信任的预期，增加企业借贷的难度。因此，企业主应该继续弘扬优秀的传统文化，加强优秀传统文化熏陶，培养良好的个人品行以树立良好的社会形象，增加企业获得融资的机会。具体而言，农村的企业主可以通过学习和工作经历加强优秀传统文化的熏陶，充分挖掘传统伦理文化的精髓，塑造个人品行。

一是企业主应该利用各种教育和培训机会有意识地学习中华民族优秀文化，提高文化素质，增加个人的社会责任感，成为品格高尚的、胆识才能俱备的、言行一致的优秀企业主。

二是通过工作交往加强优秀传统文化的熏陶。企业主与不同阶层、不同领域、不同背景的人相互接触，形成广泛联系，能够不断地改变和塑造着个人的品行特征，提高企业主个人综合素质。

三是企业主在经营管理过程中应该倡导良好的道德规范，将优秀传统文化渗透到企业的生产经营之中，构建有利于企业积累社会资本的企业文化。企业主是企业文化的创造者和传播者，应该将中华民族的优秀文化融入企业的生产经营过程，使企业具有良好的道德感和责任心。

7.2.3.2 提升企业主的信用和信誉水平

在农村中小企业的管理过程中，企业主拥有利用信息不对称欺骗供应商、顾客、银行等的机会，这往往对企业主的信用和信誉提出挑战。拥有较高信用和信誉水平的企业主不仅更容易赢得其他人的信赖，而且能够通过企业主个人的良好社会形象将员工、合作伙伴、顾客联系起来，使企业富有生机与活力，并获得更多的融资机会，尤其是获得正规金融机构的贷款机会。因此，为破解企业的信贷融资困境特别是正规信贷融资困难，企业主必须进一步提升企业主的信用和信誉水平，促进企业主特殊的人际关系信任向制度化信任转变，这是建构企业主现代社会资本的关键。首先，企业主应该确立市场经济是信誉经济的观念。在企业的生产、销售、管理、融资等过程中，始终恪守信用、维护信誉，树立良好的社会效应。其次，加强企业主个人的信誉建设，搭建企业主信誉平台。企业主应该积极、主动利用网络媒体构建信誉平台，关注员工利益、企业与社区的关系、银企的信用关系以及企业的社会责任，及时公开企业主个人的信誉建设情况，接受全社会的监督。最后，积极加入行业协会组织。行业协会组织属于社会中间组织，能够培养出相互承担责任、共同分享权力和以信用和信誉为基础的合作精神。企业主融入这些组织不仅能够与其他企业主交流，而且有助于提升自身的信用和信誉水平。

7.2.3.3 树立法制观念

企业主的贷款认知性有助于企业获得正规信贷，这意味着企业主受到正式的法律、法规制度约束性越强，企业越容易获得金融机构的贷款。因此，转型期企业主除了要加强优秀传统文化的熏陶外，还要树立正确的法制观念，自觉遵守信贷纪律规范。农村中小企业发展初期，由于资金、技术、管理、信息等资源均极度贫乏，企业主往往需要借助家族的血亲关系解决资金、信息的匮乏，但市场经济的发展需要与发达的市场信用和法律法规制度相适应，因此，企业要获得充分的发展空间，突破正规信贷融资困境，必须树立正确的法制意识，转变某些错误的观念（如认为金融机构的贷款能拖则拖或资金紧张时可以推迟偿还贷款等），在法制框架内履行信贷合同的规定，提高正式制度的约束力。

7.2.3.4 建构新型社会关系网络

随着企业活动范围的扩大和活动能力的增强，企业主需要借助丰富的业务交往、信贷交往、相互协作等构建开放性、普遍性、以信用和法制为基础的具有现代意义上的新型社会关系网络，增加现代社会资本规模，以增强企业获得正规信贷的能力。企业主的新型社会关系网络不同于建立在血缘、亲缘等关系基础上的传统社会关系网络，是一张建立在以学缘、业缘为基础的包括客户网、朋友网、信贷网等在内的大网，能够扩大企业主的现代社会资本规模，从而获得更多的正规信贷融资机会。因此，企业主应先在广泛的社会活动中传递信息和信任，积极宣传自我，超出农村社会的熟人圈子建立更多的人际关系信任，增强企业主社会关系网络的异质性，提高网络的质量。其次，需要建立稳定的关系网络。现代企业的外部环境瞬息万变，经济的发展、技术的更新、管理体制的优化都给企业的发展带来了很大的不确定性，这就需要企业主有很强的外部感知性，此时企业主稳定的网络关系就显得尤为重要。在新型的社会关系网络中拥有稳定的客户网络、畅通的融资渠道、有效的合作伙伴等具有专业化性质的协作网络，对于破解企业融资困境具有重要的作用。最后，企业主应在企业内部推行高信任度的关系网络。企业内关系网络的信任规范，能够提高企业内部合作效率，降低可能由不信任产生的监督成本，从而在企业内部建设一支以企业主为核心的高效企业团队，使企业主现代社会资本逐步扩展成为企业团队的社会资本，从而使企业获得更稳定的、广泛的信贷融资支持。

7.2.4 政府在社会资本建构方面的作为

中国作为发展中国家，其信贷市场的金融基础设施(Financial Infrastructure)极不完善，尤其是农村信贷市场更是根基不牢。因此，农村中小企业信贷融资的信息不对称更为严重，交易的不确定性更大，交易规模普遍较小。由于农村中小企业既缺少正规金融要求的足够的有效抵押物，更没有标准的财务报表和信息披露，因此，农村中小企业在正规信贷市场上受到的歧视更为严重。如何解决农村中小企业信贷可得性问题以促进农村信贷市场的福利改进？通常有两种办法：第一，政府的介入；第二，市场力量的自发解决。众所周知，农村信贷市场上，仅依靠市场手段配置金融资源存在明显的缺陷，近几年国有金融机构大规模撤出农村市场[①]、大量资金从农村外流[②]、农村中小企业融资难就是典型的例证。于是，政府介入农村信贷市场就变得理所当然。然而，政府介入农村信贷市场一方面表现在政府对正规金融机构改革的决心，另一方面又表现在政府对民间金融的态度：从管制到放松管制。在正规信贷市场上，政府的强行干预保证那些长期有效的项目获得融资，政府的行为偏好使得银行青睐国有和集体企业，农村私营中小企业自然成为银行发放贷款时歧视的对象，政府的过渡干预也可能向银行提供了负向激励，导致信任融资效率低下、寻租行为盛行和道德风险普遍存在。近几年农信社、商业银行等金融机构的低效运行为政府的过渡干预提供了生动的解释。在民间借贷市

① 从四大国有商业银行福建省分行的统计得知，2001年至2005年四大国有商业银行在福建省农村撤掉分支机构达803家，占全部精简机构数的76.55%。

② 根据人民银行福州中心支行的统计，福建省农村资金总流出2001年至2005年分别为647.1亿元、776.63亿元、857.53亿元、990.63亿元、1191.82亿元，农村资金流失过多，金融投资流向严重偏离农村领域。

场，政府管制的结果：一方面扭曲了市场供求关系，加剧了供给短缺；另一方面，偏离了均衡价格，导致了供给的高价，从而实际出现的现象是：管制越严，地下金融就越活跃，农村金融市场的秩序就越混乱。

当然，作为农村信贷市场上一个主要客户群体，其融资难问题并不是不需要政府的介入，也不是不需要市场的作用，融资难问题的解决自然离不开政府的铺路搭桥，也离不开市场的主导性作用。但是，问题的关键是，政府干预的范围、深度和方式是什么？上述分析可以清楚看到，社会资本无疑是提升农村中小企业信贷交易水平的极佳途径。那么政府在企业获得信贷融资的社会资本建构方面应该发挥什么样的作用？

一是政府应该借助法律机制和监管机制改善农村信贷市场的信息不对称程度，维护信息劣势方的利益。通过法律和监管机制惩罚企业可能违约的机会主义行为，降低信贷市场的逆向选择和道德风险。

二是充分发挥社会关系网络的功能，建立信息扩散的通畅渠道，以提高企业间的信任程度。如建立同行业、跨行业企业的信息交流平台和失信企业及企业主的公示平台，增加对失信企业及企业主的惩治作用，培育企业主建立长期的声誉机制。

三是创造企业主水平型社会网络。社会网络包括连接具有相同地位和权力个体的水平型社会结构，也包括连接具有不同等级地位个体的垂直型社会结构。水平型社会结构比垂直型社会结构中的信息更为重要，更能维持长久的社会信任和合作。

因此，政府应该重视对企业主水平社会网络的培育和创造，如定期组织企业主参加交流会，这样，企业主间一方面可以共享市场信息，另一方面还可以交流经验，从而拓展了企业主的社会和信息网络。总之，政府在社会资本建构和培育方面应发挥着引导和桥梁的作用。

7.3 研究的不足之处及未来研究展望

对于多数学者来说，采用跨学科的社会资本理论探索经济规律都是一个巨大的挑战。尤其是在研究复杂的学术问题时，其必然受到情境、认识、方法等诸多方面的限制。因此，本书的缺陷和将来值得继续深入研究的问题也是明显的。

7.3.1 研究的不足之处

从社会资本角度研究农村中小企业信贷融资是一个新的尝试，因此，本研究的不足之处在所难免，主要有：(一)调查问卷主要通过金融机构进行投放，没能做到在福建全省范围内随机抽样调查，可能使数据产生一些偏差；(二)受限于时间、人力、成本等因素，本书样本的采集仅选择了福建省内部分地区的农村中小企业。由于农村的企业主社会资本可能受到地域文化因素影响，样本采集如能覆盖中国其他农村区域，这或许会增加本书的研究价值。

7.3.2 未来研究展望

社会资本作为一个新的分析框架，无疑是研究农村中小企业信贷融资的最大创新之处，然而，作为一个新的分析角度，还有许多有待进一步开展的研究：（一）由于数据的可得性和研究的难度，难以获取纵向数据进行纵向研究，只能借助横向数据对企业信贷可得性进行实证研究。部分研究结论难以得到直接的数据检验，只能通过典型案例进行佐证，因此，如何采集数据进一步拓展研究结论的应用范围值得继续探索；（二）从企业主社会资本切入分析农村中小企业信贷融资问题，抓住了企业社会资本中的核心组成部分，而如何进一步系统全面地分析企业社会资本对农村中小企业信贷融资可得性的影响成了将来研究的方向；（三）从纵向角度分析社会资本更具有重要意义的是：不同政策、经济环境下的社会资本作用农村中小企业信贷可得性的机制有何不同？如宏观经济政策紧缩时期和政策宽松时期社会资本影响农村中小企业信贷可得性的机制、程度如何？

参考文献

[1](美)林南著,张磊译. 社会资本——关于社会结构与行动的理论[M]. 上海:上海人民出版社,2005

[2]C.格鲁特尔特,T.范.贝斯特纳尔编,黄载曦译. 社会资本在发展中的作用[M]. 成都:西南财经大学出版社,2004

[3]边燕杰,丘海雄. 企业的社会资本及其功效[J]. 中国社会科学,2000(2):87～99,207

[4]边燕杰,张文宏. 经济体制、社会网络与职业流动[J]. 中国社会科学,2001,(2):77～89,206

[5]边燕杰. 城市居民社会资本的来源及作用:网络观点与调查发现[J]. 中国社会科学,2004(03):136～146,208

[6]边燕杰. 网络脱生:创业过程的社会学分析[J],社会学研究,2006,(6):74～88

[7]卜长莉. 企业社会资本与吉林工业经济的振兴[J],长白学刊,2002,(1):61～64

[8]卜长莉著. 社会资本与社会和谐[M]. 北京:社会科学文献出版社,2005

[9]曹凤岐. 建立和健全中小企业信用担保体系[J]. 金融研究,2001(5):41～48

[10]曹锦清,张乐天. 传统乡村的社会文化特征人情与关系网[J]. 探索与争鸣,1992(02):51～59

[11]陈军,曹远征. 农村金融深化与发展评析[M]. 北京:中国人民大学出版社,2008

[12]陈凌. 信息特征、交易成本和家族式组织[J]. 经济研究,1998(07):27～33

[13]陈晓红,刘剑. 我国中小企业融资结构与融资方式演进研究[J]. 中国软科学,2003(12):61～67

[14]陈晓红,吴小瑾. 中小企业社会资本的构成及其与信用水平关系的实证研究[J]. 管理世界,2007(01):153～155

[15]程昆,潘朝顺,黄亚雄. 农村社会资本的特性、变化及其对农村非正规金融运行的影响[J]. 农业经济问题,2006(06):31～35,79

[16]程民选. 信誉:从社会资本视角分析[J]. 财经科学,2005(02):73～78

[17]储小平,李怀祖. 家族企业成长与社会资本的融合[J]. 经济理论与经济管理,2003(06):45～51

[18]储小平，王宣喻．私营家族企业融资渠道结构及其演变[J]．中国软科学，2004(01)：62～67

[19]戴建中．现阶段中国私营企业主研究[J]．社会学研究，2001(5)：67～78

[20]杜朝运．制度变迁背景下的农村非正规金融研究[J]．农业经济问题，2001(03)：23～27

[21]樊纲．金融发展与企业改革[M]．北京：经济科学出版社，2000

[22]樊纲．克服信贷萎缩和银行体系改革：1998年宏观经济形势分析与1999年展望[J]．经济研究，1999(1)：5～10，54

[23]费孝通．乡土中国[M]．南京：江苏文艺出版社，2007

[24]冯兴元．温州市苍南县农村中小企业融资调查报告[J]．管理世界，2004(09)：53～66

[25]弗朗西斯·福山著，彭志华译．信任——社会美德与创造经济繁荣[M]．海口：海南出版社，2001

[26]郭斌，刘曼路．民间金融与中小企业发展：对温州的实证分析[J]．经济研究，2002(10)：40～46，95

[27]郭沛．中国农村非正规金融规模估算[J]．中国农村观察，2004(02)：21～25

[28]何广文等. 农户信贷、农村中小企业融资与农村金融市场[M]. 北京：中国财政经济出版社，2005

[29]何广文. 中国农村金融转型与金融机构多元化[J]. 中国农村观察，2004(02)：12～20

[30]何广文，冯兴元. 农村金融体制缺陷及其路径选择[J]. 理论探讨，2004(08)：23～25

[31]何田. “地下经济”与管制效率：民间信用合法性问题实证研究[J]. 金融研究，2002(11)：100～106

[32]贺力平. 克服金融机构与中小企业之间的不对称信息障碍[J]. 改革，1999(2)：14～16，26

[33]贺雪峰. 论半熟人社会——理解村委会选举的一个视角[J]. 政治学研究，2000(03)：61～69

[34]贺寨平. 国外社会支持网研究综述[J]. 国外社会科学，2001(01)：76～82

[35]胡军，钟永平. 华人家族企业网络：性质、特征与文化基础[J]. 学术研究，2003(02)：37～41

[36]胡士华，李伟毅. 农村信贷融资中的担保约束及其解除[J]. 农业经济问题，2006(02)：68～71，80

[37]胡小平. 中小企业融资[M]. 北京：经济管理出版社，2000

[38]黄君慈，罗杰. 声誉、关联博弈与民间信用私人实施机制[J]. 江淮论坛，2006(03)：55～58

[39]黄光国等. 人情与面子:中国人的权力游戏[J]. 领导文萃. 1988:160～166

[40]惠朝旭. 企业家社会资本:基于经济社会学基础上的解释范式[J]. 理论与改革,2004(03):117～120

[41]吉小安,王晓毅. 中国农村社会分化与整合[J]. 管理世界,1993(05):176～178

[42]贾生华,吴波. 基于声誉的私人契约执行机制[J]. 南开经济研究,2004(06):16～20,51

[43]李路路. 社会资本与私营企业家——中国社会结构转型的特殊动力[J]. 社会学研究,1995(06):46～58

[44]李强. 增长与控制:从企业家视角透视中小家族企业融资[J]. 上海经济研究,2005(03):43～49

[45]李涛,李红. 双方关系、关系网络、法院与政府:中国非国有企业间信任的研究[J]. 经济研究,2004(11)85～95

[46]李伟民,梁玉成. 特殊信任与普遍信任:中国人信任的结构与特征[J]. 社会学研究,2002(03):11～22

[47]李志赟. 银行结构与中小企业融资[J]. 经济研究,2002(6):38～45,94

[48]梁向东. 差序格局与中小企业融资[J]. 武汉科技大学学报(社科版),2007(04):357～361

[49]梁冰．我国中小企业发展及融资状况调查报告[J]．金融研究，2005(5)：120～139

[50]林汉川，夏敏仁，何杰等．中小企业发展中所面临的问题——北京、辽宁、江苏、浙江、湖北、广东、云南问卷调查报告[J]．中国社会科学，2003(2)：84～95

[51]林竞君．网络、社会资本与集群生命周期研究——一个新经济社会学的视角[M]．上海：上海人民出版社，2005

[52]林南著，张磊译．社会资本——关于社会结构与行动的理论[M]．上海：上海人民出版社，2005

[53]林平，何伟刚，蔡键．民营企业融资结构的总体状况和差异分析：基于广东的实证[J]．金融研究，2005(11)：172～183

[54]林毅夫，李永军．中小金融机构发展与中小企业融资[J]，经济研究，2001(01)：10～18，53

[55]林毅夫，孙希芳．信息、非正规金融与中小企业融资[J]．经济研究，2005(07)：35～44

[56]林毅夫．发展中小银行服务中小企业[J]．瞭望，2000(16)：32～33

[57]刘民权，徐松，俞建拖．信贷市场中的非正规金融[J]．世界经济，2003(07)：61～73，80

[58]柳松，程昆．中国农村非正规金融：绩效、缺陷与治

理[J]. 农业经济问题,2005(08):35～38,79

[59]楼远. 非制度信任与非制度金融:对民间金融的一个分析[J]. 财经论丛,2003(06):49～54

[60]卢燕平. 社会资本的来源及测量[J]. 求索,2007,(5):5～8

[61]罗丹阳,宋建江. 私营企业成长与融资结构选择[J]. 金融研究,2004(10):120～127

[62]罗丹阳,殷兴山. 民营中小企业非正规融资研究[J]. 金融研究,2006(04):142～151

[63]罗杰. 基于关联博弈和声誉的私人契约执行机制[J]. 商场现代化,2005(06):64～65

[64]马九杰等. 县域中小企业信贷约束及源自信贷供给行为的影响[J]. 农业经济问题,2004(7):22～28

[65]钱小安. "信贷紧缩——不良贷款"陷阱的形成及其治理[J]. 金融研究,2000(5):29～38

[66]石秀印. 中国企业家成功的社会网络基础[J]. 管理世界,1998(06):187～196,208

[67]史晋川,叶敏. 制度扭曲环境中的金融安排:温州案例[J]. 经济理论与经济管理,2001(01):63～68

[68]田晓霞. 小企业融资理论及实证研究综述[J]. 经济研究,2004(05):107～106

[69]万俊毅，欧晓明．还贷能力信任与农村中小企业融资难题[J]．农业经济问题，2005(9)：31～36，80

[70]汪小勤，汪红梅．我国农村社会资本变迁的经济分析[J]．福建论坛，2007(12)：10～14

[71]王朝弟．中小企业融资问题与金融支持的几点思考[J]．金融研究，2003(1)：90～97

[72]王霄．我国中小企业融资行为研究——一项社会资本视角的演化分析[D]．暨南大学博士学位论文，2005

[73]王晓毅．农村工业化过程中的农村民间金融——温州市苍南县钱库镇调查[J]．中国农村观察，1999(01)：52～59

[74]王宣喻，储小平．信息披露机制对私营企业融资决策的影响[J]．经济研究，2002(10)：31～39，94

[75]尉建文．关系强度与企业家行为：嵌入性的视角——基于北京市私营企业家的经验研究[EB/OL]．http://www.sachina.edu.cn/Htmldata/article/2005/11/520.html，2005-11/2008-11-2

[76]杨鹏鹏，万迪昉，王廷丽．企业家社会资本及其与企业绩效的关系——研究综述与理论分析框架[J]．当代经济科学，2005(04)：85～91，112

[77]杨其静．财富、企业家才能与最优融资契约安排[J]．经济研究，2003(04)：41～50，92

[78]杨善华，侯红蕊．血缘、姻缘、亲情与利益——现阶段中国农村社会中“差序格局”的“理性化”趋势[J]．宁夏社会科学，1996(06)：51～58

[79]姚耀军，陈德付．中国农村非正规金融的兴起：理论及其实证研究[J]．中国农村经济，2005(08)：45～51

[80]叶敏．信息甄别机制与金融深化——温州金融案例研究[D]，浙江大学硕士学位论文，2002

[81]由迪，姜阿平．格兰诺维特的新经济社会学理论述评[J]．学术交流，2007(09)：125～128

[82]余呈先．家族企业的社会资本视角分析[J]．学术论坛，2006(02)：104～107

[83]宇红，刘琛．信任与企业家社会资本[J]．社会科学辑刊，2006(05)：49～53

[84]曾寅初等．社会资本对农产品购销商经营绩效的影响研究[J]．中国农村观察，2006(02)：33～48，79

[85]翟学伟．人情、面子与权力的再生产——情理社会中的社会交换方式[J]．社会学研究，2004(05)：48～57

[86]张建杰．农户社会资本及对其信贷行为的影响——基于河南省397户农户调查的实证分析[J]．农业经济问题，2008(09)：28～34，111

[87]张杰，经朝明，刘东．商业信贷、关系型借贷与小企业信贷约束：来自江苏的证据[J]．世界经济，2007(3)：75～85

[88]张杰，尚长风．资本结构、融资渠道与小企业融资困境：来自中国江苏的实证分析[J]．经济科学，2006(3)：35～46

[89]张杰．民营经济的金融困境与融资次序[J]．经济研究，2000(04)：3～10，78

[90]张杰．中国农村金融制度：结构、变迁与政策[M]．北京：中国人民大学出版社，2003

[91]张杰．中国农村金融制度调整的绩效：金融需求视角[M]．北京：中国人民大学出版社，2007

[92]张杰．中国体制外增长中的金融安排[J]．经济学家，1999(02)：38～43

[93]张捷，梁笛，我国中小企业贷款约束的影响因素分析[J]．暨南学报(人文科学与社会科学版)，2004(1)：40～44，139

[94]张捷．结构转换期的中小企业金融研究[M]．北京：经济科学出版社，2003

[95]张捷．中小企业的关系型借贷与银行组织结构[J]．经济研究，2002(6)：32～37，54

[96]张乐柱，王家传．中小企业融资问题再探讨[J]．山东农业大学学报(社会科学版)，2004(3)：55～62

[97]张其仔．社会网与基层社会生活——晋江市西滨镇跃进村案例研究[J]．社会学研究 1999(3)：25～34

[98]张胜林，李英民，王银光．交易成本与自发激励：对传统农业区民间借贷的调查[J]．金融研究，2002(2)：521～921，031～431

[99]张维迎．法律制度的信誉基础[J]．经济研究，2002(01)：3～13，92～93

[100]章元．论联保贷款对信贷市场低效率的可能改进[J]．经济研究，2005(01)：47～55

[101]赵泉民，李怡．关系网络与中国乡村社会的合作经济——基于社会资本视角[J]．农业经济问题，2007(08)：40～46

[102]赵顺龙，谭湛．论企业社会资本的建构[J]．江海学刊，2007(05)：64～69，238

[103]周红云．社会资本与中国农村治理改革[M]．北京：中央编译出版社，2007

[104]周小虎．企业家社会资本及其对企业绩效的作用[J]．安徽师范大学学报，2002(01)：1～6

[105]周宗安，张秀锋．中小企业融资困境的经济学描述与对策选择[J]．金融研究，2006(2)152～158

[106]Abbink Klaus ect.Group Size and Social Ties in Microfinance Institutions [EB/OL].econ.worldbank.org，2008-2-29/2008-9-15

[107]Agarwal,R.and J. Elston.Is there a Conflict of Interest in Universal Banking?: Evidence from Germany [J].Economics Letters,2001,Vol.72,No.2,225-232

[108]Alejandro Portes.Social Capital: Its Origins and Applications in Modern Sociology [J].Annual Rev. Social,1998,24:1～24

[109]Aliber, Michael.Informal Finance in the Informal Economy: Promoting Decent Work Among the Working Poor[EB/OL].http://www-ilo-mirror.cornell.edu/public/english/employment/infeco/download/wp14.pdf, 2002-14/2008-11-10

[110]Arndt, C., R. Schiller, and F. Tarp.Grain Transport and Rural Credit in Mozambique: Solving the Space-time Problem[J].Agricultural Economics, 2001, 25: pp.59～70

[111]Arturo Galindo and Margaret Miller.Can Credit Registries Reduce Credit Constraints? Empirical Evidence on the Role of Credit Registries in Firm Investment Decisions.[EB/OL]. http://www.aaep.org.ar/espa/anales/pdf_01/inv_galindo_miller.pdf, 2000-6/2008-5-24

[112]Bell, C..Interaction between Institutional and Informal Credit Agencies in Rural India[J].World Bank Economic Review, 1990, 4(3): pp.297～327

[113]Berger, A. N. and G. F. Udell. Small Business Credit Availability and Relationship Lending : the Importance of Bank Organizational Structure[J].Economic Journal, 2002, 112 (477) , pp. 32～54

[114]Berger, A. N. and G. F. Udell. Relationship Lending and Lines of Credit in Small Finance Firm[J]. Journal of Business, 1995, 68:351～381

[115]Bester, H..Screening Versus Rationing in Credit Markets with Imperfect Information [J].American Economic Review, 1985, 75, 850～855

[116]Bester, H..The Role of Collateral in Credit Markets with Imperfect Information[J].European Economic Review, 1987, 31, 887～899

[117]Bester Helmut.Screening vs. Rationing in Credit Markets with Imperfect Information [J].American Economic Review, 1985, Vol.75, No.4

[118]Yanjie, Bian. Bringing Strong Ties Back In: Indirect Connection, Bridges, and Job Searches in China [J].American Sociological Review, 1997, 62 , pp.266～285

[119]Bose, P.. Formal-informal Sector Interaction in Rural Credit Markets [J]. Journal of Development Economics, 1998, 56: pp. 265～280

[120]Chakrabarty, D., and A. Chaudhuri. Formal and Informal Sector Credit Institutions and Inter-linkage [J]. Journal of Economic Behavior and Organization, 2001, 46: pp. 313～325

[121]Chakravarty, Sugato and Scott, James S. Relationships and Rationing in Consumer loans[J]. Journal of Business, 1999, Oct, 72 (4): 523～544

[122]Coleman, JS.. Foundations of Social Theory [M]. Cambridge MA: Harvard University Press, 1990

[123]Coleman, JS. Social Capital in the Creation of Human Capital [J]. American Journal of Sociology, 1988, Vol. 94 No5, pp. 95～121

[124]Deepa Narayan and Lant Pritchett. Cents and Sociability: Household Income and Social Capitalin RuralTanzania[EB/OL]. http://www.worldbank.org/html/dec/Publications/Workpapers/WPS1700series/wps1796/wps1796.pdf, 1997-5/2008-4-21.

[125]Diamond, D.W.. Reputation Acquisition in Debt Markets [J].Journal of Political Economics, 1989, 97 (4): 828～862

[126]Elsas R.. Empirical determinants of relationship lending [J].Journal of Financial Intermediation, 2005, Vol.14, No.1, 32～57

[127]Ennew, Christine T. and Martin Binks.The Provision of Finance to Small Businesses: Does the Banking Relationship Constrain Performance [J].The Journal of Small Business Finance 1995, 4 (1), 57～73

[128]Fabio Sabatini. Social Capital and Labour Productivity in Italy [WP].Working Papers, 2006, No.30

[129]Zmpavido, Ghatak Maitreesh.Group Lending, Local Information and Peer Selection [J].Journal of Development Economics, 1999, Vol. 60, pp.27～50

[130]Guiso L, Sapienza P, and L. Zingales.The role of social capital in financial development [WP].NBER working paper, 2001, No.7563

[131]Hoff, K. and J. E. Stiglitz.Introduction: Imperfect Information and Rural Credit Markets: Puzzles and Policy Perspectives [J].World Bank Economic Review, 1990, 4 (3) : pp.235～250

[132]Isaksson, Anders. The Importance of Informal Finance in Kenyan Manufacturing [WP]. the United Nations Industrial Development Organization Working Paper, 2002, No 5

[133]Hoff, K. and J. Stiglitz. Imperfect information and rural credit markets: puzzles and policy perspectives[M]. The Economics of rural organization: theory, practice, and policy, oxford press, 1993

[134]Knack, Stephen, Keefer and Phillip. Does Social Capital have an Economic Payoff [J]. The Quarterly Journal of Economics, 1997, 112(4)

[135]Martinelli, C. Small Firms, Borrowing Constraints, and Reputation [J]. Journal of Economic behavior & Organizations, 1997, 33 (1): 91～105

[136]Masayo Shikimi (Tomiyama). Do Firms Benefit from Multiple Banking Relationships?: Evidence from Small and Medium-Sized Firms in Japan[WP]. Institute of Economic Research, Hitotsubashi University Working Paper, 2005, No. d04～70

[137]Milde, H., John G. and Riley. Signaling in Credit Markets [J]. The Quarterly Journal of Economics, 1988, 2

[138]Nahapiet， J.and Ghoshal.Social capital，intellectual capital，and the organizational advantage [J].The Academy of Management Review，1998，23 (2):242～266

[139]Ongena，S. and D.C. Smith.What determines the number of bank relationships? Cross-country evidence [J].Journal of Financial Intermediation，2000，Vol. 9，No.1，26～56

[140]Paul Bullen and Jenny Onyx.Measuring Social Capital in Five Communities in NSW[J]. The Journal of Applied Behavioral Science，2000，Vol. 36，No.1，23～42

[141]Petersen，M. A. and R. G. Rajan.The Effects of Credit Market Competition on Firm-creditor Relationships[J].Quarterly Journal of Economics，1995，110(2)，pp.407～443

[142]Petersen，M.A. and R.G. Rajan.The Benefits of Lending Relationships: Evidence from Small Business Data [J].The Journal of Finance，1994，XLIX，3～37

[143]Putnam，R..The prosperous community: social capital and public life[J].The American Prospect，1993，13:35～42

[144]Rebel A. Cole.The Importance of Relationships to the Availability of Credit[J].Journal of Banking and Finance,1998,22,pp. 959～977

[145]Robert B. Avery and Katherine A., Samolyk. Bank Consolidation and Small Business Lending: The Role of Community Banks[EB/OL].http://www.fdic.gov/bank/ analytical /working /wp2003_05/wp2003_05.pdf, 2003-5/2008-3-4

[146]Schreiner, Mark. Informal Finance and the Design of Microfinance,An Earlier Version of a Paper that Appearedin Development in Practice, 2000, Vol.11, No.5.[EB/OL].http://www. microfinance.com/English/Papers/Informal_Finance_Lessons.pdf,2000-11/2008-10-13

[147]Seibel, H.. How values create value: social capital in microfinance-the case of Philippines,rural finance [WP].International Fund for Agricultural Development Working Paper,2000,No. B8

[148]Seung Ho Park, Yadong Luo. Guanxi and organizational dynamics: organizational networking in Chinese firm [J]. Strategic Management Journal, 2001, (22):128～143

[149]Stiglitz, Joseph E.and Andrew, Wess.Credit Rationing in Markets with Imperfect Information [J]. American Economic Review,1981,Jun,71(3):392～410

[150]Susan Coleman.The "Liability of Newness" and Small Firm Access to Debt Capital: Is There a Link? [EB/OL].http://www.aoef.org/ColemanPaper.doc, 2004-4/2008-9-25

[151]Kellee S.Tsai. Beyond Banks: The Local Logic of Informal Finance and Private Sector Development in China [J].Paper Prepared for the Conference on Financial Sector Reform in China,2001

[152]Van Bastelaer, T. Does Social Capital Facilitate the Poor's Access to Credit? A Review of the Microeconomic Literature[WP].Washington D.C.Social Capital Initiative Working Paper,1999,No.8

[153]Van Bastelaer,T.. Imperfect information,social capital and the poor's access to credit [WP] Center for Institutional Reform and Informal Sector (IRIS), University of Maryland,Working paper,1999,No. 234

[154]Wendy Stone. Measuring social capital: Towards a theoretically informed measurement framework for

researching social capital in family and community life [J]. Research Paper, 2001, No. 24

[155]Woodruff, Christopher. Firm Finance from the Bottom Up: Microenterprises in Mexico [J]. Paper Prepared for the Conference on Financial Markets in Mexico, Organized by the Center for Research on Economic Development and Policy Reform at Stanford University, 2001, October 526

[156]Woolcock, M. Social capital and economic development: toward a theoretical synthesis and policy framework [J]. Theory and Society, 1998, 27(2):151～208

[157]Woolcock, M. Microenterprise and social capital: a framework fro theory, research and policy[J]. Journal of Socio-Economics, 2001, 32:151～208

附　录

附录1　社会资本与中小企业融资情况调查表

访谈对象：企业主的基本情况

年龄______；文化程度______；从事管理年限______年；2007—2008 年参加各类教育培训的次数______；子女数______；

住址：福建省_____市_____县（区）_____镇（乡）_____村。

一、企业基本情况

01 企业成立时间：__________年；所在地：__________；注册资本：__________万元

02 企业的信用等级：

①AAA⁺级　②AAA 级　③AA⁺级　④AA 级　⑤A⁺级　⑥A 级　⑦B 级　⑧C 级

03 企业是否通过 ISO9000？

①是　②否

04 企业是否通过 ISO14000？

①是　②否

05 您的企业行业属于下列哪一类

①农业　②工业和建筑业　③服务业

06 您的企业性质为：

①集体企业　②股份制企业　③合伙制企业　④个人独资企业

07 企业的资产所有权状况：

①企业主独自拥有　②企业主与其他家庭成员共同拥有　③企业主、家庭成员和亲戚共同拥有　④家人和朋友共同拥有　⑤与员工共同拥有

08 您对公司所有权状态的态度：

①由企业主独自享有　②可适当与家族成员共享，但保留控股权　③应尽可能地吸收亲朋好友的资本，但保留控股权　④可与中层或高层管理人员共同拥有，但保留控股权　⑤可与全体员工共同拥有，但保留控股权　⑥公司应尽可能地上市，但保留控股权　⑦只要能保持控股，无论吸收多少外部投资也无所谓　⑧只要公司能做大，股权分散也可接受

09 企业去年的资产总额：__________万元；规模（员工人数）为：__________；负债总额：__________万元；销售收入__________

二、融资情况

01 企业创业时资金最主要来源渠道：

①自有资金　②私人间借贷　③企业间借贷　④民间金融组织借贷　⑤银行贷款　⑥信用社贷款　⑦政府资助　⑧其他

02 企业 2006—2008 年生产经营中的资金是否短缺？

①资金充裕，不缺　②较宽松　③一般紧张　④比较紧张　⑤非常紧张

03 企业 2006—2008 年生产经营中的资金主要来源渠道（可复选）：

①自有资金　②私人间借贷　③企业间借贷　④民间金融组织借贷　⑤银行贷款　⑥信用社贷款　⑦政府资助　⑧商业信贷　⑨其他

04 企业 2006—2008 年借款总额共有多少：

①0 万元　②1～10 万元　③11～50 万元　④51～100 万元　⑤101～500 万元　⑥501～1000 万元　⑦1000 万元以上

其中：向银行或信用社借款所占比重为：__________%；民间借款所占比重为：__________%

05 企业最满意的借款渠道是：

①银行贷款 ②信用社贷款 ③民间金融组织借贷 ④私人间借贷 ⑤商业信贷 ⑥其他

理由是(可复选)：

①借款金额满足程度高 ②利率低 ③不用担保 ④不用抵押 ⑤网点方便 ⑥手续简单 ⑦其他

06 企业 2006—2008 年有否获得银行或信用社的贷款：

①有 ②没有

如果第 06 题回答“有”请继续回答下列问题，如果回答“没有”请跳到第 14 题

07 企业获得以下哪些机构的贷款(可复选)：

①银行 ②信用社

08 企业申请的单笔贷款金额是：

①1 万元以下 ②1～5 万元 ③6～10 万元 ④11～50 万元 ⑤51～100 万元 ⑥101～200 万元 ⑦201～500 万元 ⑧501～1000 万元 ⑨1000 万元以上

09 企业获得银行或信用社贷款的次数：__________次；平均每次获得银行贷款的比例：__________%；平均每次获得信用社贷款的比例：__________%

10 企业获得银行、信用社贷款的途径(可复选)：

①当地政府领导干部出面 ②银行、信用社看好 ③与银行、信用社人员有交情 ④自有资金和财产担保

11 您认为贷款得不到全额满足的主要原因是：

①无担保和抵押物 ②没有熟人 ③企业规模小、竞争力弱 ④企业信用等级低 ⑤其他

12 企业获得贷款的方式（可复选）：

①信用贷款 ②个人资产抵押贷款 ③企业资产抵押贷款 ④政府担保贷款 ⑤企业担保贷款 ⑥质押贷款 ⑦担保机构担保贷款

13 您与银行或信用社之间联系沟通的频繁程度？

①没有 ②偶尔 ③较经常 ④经常

14 企业没有获得银行或信用社贷款的主要原因：

①担保条件难以满足 ②信用等级评定过严 ③贷款额度太小不能满足需要自动放弃贷款 ④申请后因手续繁琐自动放弃贷款 ⑤已有贷款未还 ⑥没有熟人介绍 ⑦贷款成本太高 ⑧没有主动申请

15 企业在面临大额资金需求的时候，首先会采取的措施是：

①通过银行贷款 ②通过信用社贷款 ③通过亲威朋友借款 ④拖欠货款 ⑤通过民间金融组织借款 ⑥其他

16 企业在面临小额资金需求的时候，首先会采取的措施是：

①通过银行贷款 ②通过信用社贷款 ③通过亲威朋友借款 ④拖欠货款 ⑤通过民间金融组织借款 ⑥其他

三、社会资本情况

01 与您联系密切的亲属的总数量:

①5 人及以下　②6～10 人　③11～30 人　④30 人以上

02 与您联系密切的朋友的总数量:

①5 人及以下　②6～10 人　③11～30 人　④30 人以上

03 父亲的职位:

①待业人员　②农民　③一般工人　④企业中层管理者　⑤企业高层管理者　⑥单位负责人　⑦普通干部　⑧其他

04 母亲的职位:

①待业人员　②农民　③一般工人　④企业中层管理者　⑤企业高层管理者　⑥单位负责人　⑦普通干部　⑧其他

05 关系密切的朋友中行政级别最高为:

①科级及以下　②县(处)级　③地(厅)级　④省(部)及以上

06 关系密切的朋友中最富有的财富状况:

①一般　②比较富有　③富有　④很富有

07 关系密切的亲属中行政级别最高为:

①科级及以下　②县(处)级　③地(厅)级　④省(部)及以上

08 关系密切的亲属中最富有的财富状况：

①一般　②比较富有　③富有　④很富有

09 您与关系密切亲属一年走动的频率是：

①没有　②偶尔　③较经常　④经常

10 您与关系密切朋友一年走动的频率是：

①没有　②偶尔　③较经常　④经常

11 您与有业务往来的企业主一年走动的频率为：

①没有　②偶尔　③较经常　④经常

12 您与普通朋友一年走动的频率为：

①没有　②偶尔　③较经常　④经常

13 如果人与人之间的信任度最高为 100，您会给您最亲近的朋友打多少分？

①60 分及以下　②61～80 分　③81～90 分　④91～100 分

14 如果人与人之间的信任度最高为 100，您会给您普通的朋友打多少分？

①60 分及以下　②61～80 分　③81～90 分　④91～100 分

15 如果人与人之间的信任度最高为 100，您会给您不认识的人打多少分？

①60 分及以下　②61～80 分　③81～90 分　④91～100 分

16 如果人与人之间的信任度最高为 100，您会给您有业务往来的企业主打多少分？

①60 分及以下　②61～80 分　③81～90 分　④91～100 分

17 如果人与人之间的信任度最高为100，您会给您的亲人打多少分？

①60分及以下 ②61～80分 ③81～90分 ④91～100分

18 您是否经常参加社会公益活动：

①不参加 ②需要时参加 ③比较经常 ④经常

19 企业得到的商业信息是否与兄弟企业共享？

①是 ②否

20 当您遇到困难时是否希望得到亲属和朋友的帮助？

①是 ②否

21 当您的亲属、朋友遇到困难时，您是否给予帮助？

①是 ②否

22 当您与其他人发生纠纷时，常用的解决方法：

①自己与他(她)协调 ②兄弟联合起来讨个说法 ③找朋友出面协调 ④找德高望重的人协调 ⑤告到法院 ⑥其他

23 您对银行或信用社贷款规定的了解程度？

①非常熟悉 ②熟悉 ③较熟悉 ④了解 ⑤不了解

24 您对偿还贷款的态度(包括银行、农村信用社贷款，民间借贷和其他)？

①按时还款 ②资金紧张时延缓偿还时间 ③即使资金紧张也要通过各种渠道筹集资金按时还款 ④能拖则拖

25 企业是否加入以下协会：(可复选)

①中小企业协会 ②乡镇企业协会 ③私营企业协会 ④个体劳动者协会 ⑤民间企业家联宜会 ⑥没有加入

26 企业是否与大企业有下列协作关系:(可复选)

①生产协作关系 ②技术开发协作关系 ③物资协作关系 ④销售协作关系 ⑤其他协作关系 ⑥没有协作关系

27 如果企业没有加入行业协会,是否希望加入:

①非常希望 ②希望 ③一般 ④无所谓 ⑤不希望加入

28 如果企业加入行业协会,作用如何?

①大 ②一般 ③小 ④没有

29 企业与大专院校及科研机构的合作方式:(可复选)

①联合开发 ②技术转让 ③人员培训 ④咨询服务 ⑤其他 ⑥没有合作关系

30 企业去年参加展览会、交易会等商业活动的频率为:

①0 次 ②0～2 次 ③3～6 次 ④6 次以上

附录2 社会资本与信贷可得性赋值处理结果

企业编号	银企关系	密切亲属数量	密切朋友数量	父亲职业	母亲职业	密切朋友的最高行政级别	密切朋友的最富有财富状况	密切亲属的最高行政级别	密切亲属的最富有财富状况	与密切亲属关系	与密切朋友关系	与业务往来企业主关系	与普通朋友关系	给最亲近朋友信任的打分	给普通朋友信任的打分	给生人信任的打分	给业务往来企业主信任的打分	给亲人信任的打分	社会公益活动	是否得到亲友帮助	是否给亲友帮助	纠纷常用的解决方法	偿还贷款态度	加入协会	民间借贷可得性	正规信贷可得性
1	2	3	2	2	2	1	1	1	2	3	3	3	2	4	2	1	4	3	2	1	1	3	1	1	1	1
2	1	2	2	2	2	2	1	2	2	2	2	2	1	2	2	1	2	2	1	1	1	1	1	1	0	0
3	1	1	2	2	2	2	3	3	4	3	3	2	1	4	2	1	2	4	3	1	1	1	1	1	0	0

（续 表）

4	2	2	3	2	2	1	3	2	3	3	3	3	3	4	3	2	2	3	4	1	1	1	1	1	1
5	1	2	3	3	3	1	1	2	3	3	3	3	2	3	2	1	3	4	4	1	1	1	1	1	0
6	1	1	1	8	8	2	1	1	2	2	2	2	1	1	2	1	4	3	2	1	1	1	1	0	0
7	1	1	2	2	2	2	4	2	4	3	3	3	2	4	2	1	1	2	1	1	1	1	1	0	0
8	2	4	4	8	8	2	3	2	3	2	3	2	1	4	2	1	3	4	2	1	1	3	1	1	1
9	1	4	4	5	5	4	1	2	2	1	1	3	2	3	2	1	2	4	2	1	1	1	1	0	0
10	1	1	3	6	2	1	4	2	4	3	3	3	2	4	2	2	2	3	4	1	1	1	1	0	0
11	3	3	2	2	2	2	3	2	3	2	2	3	3	3	2	1	3	2	2	1	1	3	3	5	1	1
12	1	1	2	8	8	1	1	2	3	3	3	2	3	3	2	1	2	4	2	1	1	1	1	0	0	0
13	1	1	2	8	8	1	1	2	3	3	3	2	1	3	2	2	2	4	2	1	1	1	1	0	0	0
14	1	1	2	8	8	1	1	2	3	3	3	2	3	3	2	1	2	4	2	1	1	1	1	0	0	0
15	1	3	3	8	8	3	2	3	4	2	2	3	3	3	2	1	2	2	1	1	1	1	3	1	1	0

(续 表)

16	1	2	3	8	8	1	1	3	3	3	3	3	2	3	3	1	3	3	2	1	1	6	2	3	1	0
17	1	3	3	7	3	2	3	2	4	2	3	3	2	3	2	2	2	2	2	1	1	1	1	1	1	0
18	4	3	3	8	8	2	3	3	4	3	3	3	3	4	3	1	4	4	3	1	1	6	1	1	1	1
19	1	3	3	8	8	2	3	2	4	3	3	3	3	4	3	1	4	4	3	1	1	6	1	1	0	0
20	1	3	3	8	8	2	3	3	4	3	3	3	3	4	3	2	4	4	3	1	1	6	1	1	0	0
21	4	2	3	8	8	4	4	3	4	3	3	3	2	4	2	2	3	3	2	1	1	1	2	0	1	1
22	2	2	1	2	2	1	1	2	3	1	3	3	1	2	2	1	2	3	2	1	1	6	1	0	0	0
23	1	1	2	3	3	1	2	2	4	2	3	2	2	3	2	1	2	3	2	1	1	3	1	1	0	0
24	4	3	3	8	8	4	4	3	3	2	3	3	2	3	2	1	3	3	2	1	1	1	2	0	1	1
25	2	3	3	2	2	4	2	3	4	3	3	2	2	3	3	1	2	4	2	1	1	3	1	0	1	1
26	2	4	4	5	5	1	4	3	4	3	3	3	3	4	2	2	2	3	2	1	1	2	1	2	1	1
27	1	3	3	8	8	1	1	2	2	3	3	2	2	3	3	1	3	3	3	1	1	1	1	1	1	1

（续　表）

28	1	2	3	8	8	1	4	2	4	3	3	3	3	4	2	2	2	4	2	1	1	1	1	2	1	0
29	4	1	2	2	2	3	3	4	3	3	3	3	2	3	3	1	4	3	3	1	1	1	1	1	0	1
30	1	1	1	2	2	1	2	2	2	2	1	1	1	3	3	1	4	3	3	1	1	1	1	1	0	0
31	1	1	2	2	2	3	3	4	3	3	3	3	1	3	3	1	4	3	1	1	1	1	1	1	0	0
32	2	2	2	4	2	1	2	3	3	3	3	3	2	3	2	1	2	4	2	1	1	1	1	1	1	1
33	4	3	3	5	5	1	3	2	3	3	3	3	3	3	2	2	3	3	2	1	1	1	1	1	1	1
34	1	1	2	4	3	3	3	4	3	3	3	3	3	3	3	1	4	3	3	1	1	1	1	1	0	0
35	4	1	2	7	7	3	3	3	4	3	3	3	2	4	3	2	3	3	3	1	1	1	1	1	0	1
36	1	1	2	4	3	3	3	4	3	3	3	3	3	3	3	1	4	3	3	1	1	1	1	1	0	0
37	2	3	4	8	8	1	3	2	4	3	3	3	1	4	3	2	4	4	2	1	1	1	1	1	1	1
38	2	3	4	8	8	1	4	3	4	3	3	3	1	4	3	1	4	4	2	1	1	1	1	1	1	1
39	2	3	4	8	8	1	4	3	4	3	3	3	1	4	3	1	4	4	2	1	1	1	1	1	1	1

(续　表)

40	2	3	4	8	8	1	4	3	4	3	3	3	1	4	3	1	4	4	2	1	1	1	1	1	1	1
41	2	3	4	8	8	1	4	3	4	3	3	3	1	4	3	1	4	4	2	1	1	1	1	1	1	1
42	2	3	4	8	8	1	4	3	4	3	3	3	1	4	3	1	4	4	2	1	1	1	1	1	1	1
43	2	4	4	8	8	1	4	3	4	3	3	3	1	4	3	2	4	4	2	1	1	1	1	1	1	1
44	2	3	4	8	8	1	3	2	4	3	3	3	1	4	3	1	4	4	2	1	1	1	1	1	1	1
45	1	3	4	8	8	1	3	2	4	3	3	3	1	4	3	2	4	4	2	1	1	1	1	1	1	0
46	3	4	4	2	2	3	3	2	4	3	3	3	2	3	2	1	3	3	2	1	1	5	3	2	1	1
47	3	4	3	2	2	2	3	2	4	3	3	3	3	3	3	1	3	3	2	1	1	5	3	2	1	1
48	3	4	4	8	2	3	3	2	4	3	3	3	2	3	2	1	3	4	2	1	1	4	3	2	1	1
49	3	4	4	8	8	2	3	2	3	3	3	3	3	3	2	1	3	3	2	1	1	5	1	2	1	1
50	3	3	3	2	1	2	2	2	4	2	3	3	2	4	3	2	3	3	2	1	1	3	3	1	1	1
51	1	2	3	3	2	1	2	2	2	2	3	3	2	3	2	1	2	2	1	1	1	1	2	0	1	0

（续　表）

52	3	4	3	8	2	2	2	3	4	2	2	3	2	3	3	1	4	4	3	1	1	1	1	1	1	1
53	1	1	1	2	2	1	2	2	2	2	1	1	1	3	3	1	4	3	3	1	1	1	1	1	0	0
54	3	4	4	2	2	3	2	3	3	3	3	3	3	4	3	1	4	4	3	1	1	1	1	1	1	1
55	3	4	4	2	2	3	2	3	4	3	3	3	3	4	3	1	4	4	3	1	1	1	1	1	1	1
56	3	4	3	2	2	2	2	3	4	3	3	3	3	4	3	1	4	4	3	1	1	1	1	1	1	1
57	4	3	3	2	2	3	2	3	3	3	3	3	3	4	3	1	4	4	3	1	1	1	1	1	1	1
58	3	4	2	2	2	3	2	2	4	3	3	3	3	4	3	1	4	4	3	1	1	1	1	1	1	1
59	1	3	3	2	2	2	2	3	3	2	2	2	1	3	3	1	3	4	3	1	1	1	1	1	0	0
60	3	4	3	2	2	2	3	3	3	3	3	3	3	4	3	2	4	4	3	1	1	1	1	1	1	1
61	3	3	3	2	2	3	2	3	3	3	3	3	3	4	3	1	4	4	3	1	1	1	1	1	1	1
62	3	3	3	2	2	3	2	3	3	3	3	3	3	4	3	1	4	4	3	1	1	1	1	1	1	1
63	3	4	3	2	2	3	2	3	4	3	3	3	2	4	3	1	4	4	3	1	1	1	1	1	1	1

（续　表）

64	1	4	3	2	2	3	2	3	4	2	2	3	1	4	2	1	4	3	3	1	1	1	1	1	0	0
65	1	2	3	2	8	1	3	2	3	2	3	3	2	3	2	1	3	4	2	1	1	1	1	1	1	0
66	3	2	3	2	8	1	4	2	4	2	3	3	3	4	2	1	2	4	2	1	1	1	3	2	1	1
67	3	1	2	2	8	1	3	3	4	3	3	3	2	3	2	1	3	4	2	1	1	1	3	2	1	1
68	1	2	3	3	2	1	2	2	2	2	3	3	2	3	2	1	2	4	1	1	1	1	2	0	1	0
69	3	1	4	2	8	1	3	1	4	3	3	3	3	3	2	1	2	3	2	1	1	1	3	2	1	1
70	4	4	3	8	8	1	4	3	3	2	3	2	3	4	2	1	3	3	3	1	1	1	1	1	0	1
71	1	1	2	8	8	1	2	2	2	2	3	3	1	2	2	1	2	4	2	1	1	1	2	1	1	0
72	1	2	2	3	3	1	2	2	2	3	3	2	2	2	2	1	2	4	1	1	1	5	2	1	1	0
73	1	3	3	2	2	1	2	3	3	3	3	3	1	3	3	1	3	3	2	1	1	1	2	1	0	0
74	1	3	3	2	2	1	2	3	3	3	3	3	1	3	3	1	3	3	2	1	1	1	1	1	1	0
75	1	3	3	2	2	1	2	3	3	3	3	3	1	3	3	1	3	3	2	1	1	1	1	1	1	0

(续　表)

76	3	3	3	2	2	1	1	3	3	3	3	3	2	3	3	1	3	3	2	1	1	1	1	2	1	1
77	3	3	3	2	2	1	1	3	3	3	3	3	2	3	3	1	3	3	2	1	1	1	1	2	1	1
78	2	3	3	2	3	1	2	3	3	3	3	3	1	3	3	2	3	3	2	1	1	1	1	1	1	1
79	3	3	3	2	2	1	2	3	3	3	3	3	3	3	3	1	3	3	2	1	1	1	1	1	1	1
80	3	2	3	2	2	1	1	2	2	2	2	3	2	3	3	1	3	3	2	1	1	1	1	1	1	1
81	1	1	2	2	2	1	1	2	2	2	2	2	2	2	2	1	2	2	2	1	1	1	1	1	0	0
82	2	1	1	3	3	1	1	3	3	3	3	2	2	3	3	1	3	3	3	1	1	1	2	0	1	1
83	1	1	1	3	3	1	1	3	3	3	3	2	2	3	3	1	3	3	3	1	1	1	2	0	0	0
84	1	1	1	3	2	1	1	2	3	3	3	2	1	4	2	1	3	3	3	1	1	1	2	0	1	0
85	4	2	3	2	2	2	4	2	3	3	3	2	3	2	1	1	2	3	2	1	1	3	1	1	1	0
86	3	3	3	2	2	1	3	3	3	3	3	3	2	3	3	2	3	3	3	1	1	1	1	1	1	1
87	1	4	4	2	2	1	2	3	3	3	3	3	1	3	2	1	4	2	2	1	1	1	1	0	0	0

(续 表)

88	1	4	2	2	2	1	1	4	4	3	3	3	1	4	3	1	4	4	2	1	1	5	1	1	0	0
89	3	4	4	5	1	3	2	4	4	3	3	3	3	4	3	1	3	4	3	1	1	1	1	3	1	1
90	4	2	2	2	2	1	3	4	4	3	3	3	3	4	3	1	4	4	2	1	1	5	1	1	1	1
91	3	3	4	8	8	3	1	3	4	2	3	2	2	4	3	1	3	4	2	1	1	1	1	2	1	1
92	1	2	2	2	2	1	1	2	3	3	3	3	1	3	2	1	3	4	2	1	1	3	1	1	0	0
93	1	2	3	5	4	1	4	2	3	3	3	2	1	4	2	2	2	2	2	1	1	1	1	2	1	0
94	4	2	2	2	2	1	3	3	4	3	3	3	3	4	3	1	4	4	2	1	1	5	1	1	0	1
95	1	4	3	7	2	2	3	3	3	3	3	3	1	3	1	1	2	2	2	1	1	4	3	1	0	0
96	3	4	4	3	3	3	2	2	4	3	3	3	3	4	3	2	3	4	3	1	1	1	1	3	1	1
97	1	3	4	6	5	1	2	2	3	3	3	3	1	4	3	1	3	4	2	1	1	1	1	1	0	0
98	3	4	2	2	2	3	3	3	4	3	3	3	3	4	3	1	4	4	2	1	1	5	1	1	1	1
99	3	4	4	2	2	1	3	3	3	3	3	3	2	3	3	1	3	3	3	1	1	1	1	1	0	1

（续 表）

100	1	1	1	3	3	1	1	1	3	3	3	2	1	3	2	1	3	3	3	1	1	1	2	0	0	0
101	3	2	2	3	3	1	1	1	2	2	2	2	2	4	2	2	2	3	1	1	1	1	1	1	1	1
102	1	3	4	2	2	1	1	2	3	3	3	2	2	4	3	1	3	4	2	1	1	3	1	1	1	0
103	1	1	1	2	2	1	2	2	3	3	3	3	3	3	2	1	3	4	1	1	1	1	3	1	1	0
104	3	4	2	2	2	3	3	3	4	3	3	3	3	4	3	2	4	4	2	1	1	5	1	1	0	1
105	1	1	3	2	2	1	2	2	4	3	3	3	2	4	3	1	3	4	2	1	1	3	1	1	0	0
106	1	4	3	7	2	2	3	2	3	3	3	3	1	3	1	1	2	2	2	1	1	4	3	1	0	0
107	3	4	4	8	8	3	2	2	4	3	3	3	3	4	3	1	3	4	3	1	1	1	1	3	1	1
108	1	3	4	2	2	1	1	2	3	3	3	2	1	4	3	2	3	4	2	1	1	3	1	1	1	0
109	2	1	1	3	3	1	1	2	3	3	3	2	1	3	2	1	3	3	3	1	1	1	2	0	1	1
110	3	3	3	2	2	1	3	2	3	3	3	3	2	3	3	1	3	3	3	1	1	1	1	1	1	1
111	2	1	2	3	3	1	1	1	2	2	2	2	1	3	2	1	2	3	2	1	1	1	1	1	0	1

（续 表）

112	1	3	3	2	2	2	3	2	4	3	3	3	1	3	1	1	3	3	2	1	1	3	1	1	1	0
113	1	3	4	2	2	1	1	1	3	2	2	1	1	3	2	1	2	3	2	1	1	1	2	0	1	0
114	1	4	4	2	2	4	2	3	4	3	3	3	1	4	3	3	4	4	3	1	1	1	1	1	0	0
115	1	4	4	2	2	2	2	3	4	3	3	3	3	4	3	1	3	3	2	1	1	3	1	1	0	0
116	3	4	4	2	2	2	3	2	4	3	3	3	3	4	3	1	3	4	2	1	1	1	1	1	1	1
117	1	3	4	5	2	3	4	2	4	3	3	3	2	4	3	2	3	3	2	1	1	1	3	1	0	0
118	1	4	4	3	3	4	4	4	4	3	3	3	3	4	3	1	4	4	2	1	1	1	1	1	0	0
119	4	4	2	2	2	1	3	2	4	3	3	3	3	4	3	1	4	4	2	1	1	5	1	1	0	1
120	1	4	4	2	2	3	4	3	3	3	3	3	2	4	2	1	3	4	4	1	1	1	1	3	0	0
121	1	1	1	3	3	1	1	1	3	3	3	2	1	3	3	2	3	3	3	1	1	1	2	0	0	1
122	1	1	2	3	3	1	1	1	2	2	2	2	1	4	2	1	2	2	2	1	1	4	1	1	0	0
123	2	1	1	3	3	1	1	2	3	3	3	2	1	3	2	1	3	3	1	1	1	1	2	0	0	1

（续　表）

124	1	4	4	2	2	1	4	3	4	3	3	3	1	4	3	1	2	3	3	1	1	1	1	2	1	0
125	1	1	2	3	3	1	1	1	2	2	2	2	2	4	2	1	2	2	2	1	1	1	1	1	0	0
126	1	4	2	5	2	4	4	2	4	3	3	3	1	3	1	1	2	3	2	1	1	4	3	0	0	0
127	1	1	2	3	3	1	1	1	2	2	2	2	1	4	2	1	2	2	2	1	1	1	1	1	0	0
128	1	4	4	2	2	1	1	2	2	3	3	3	1	3	2	1	2	3	2	1	1	1	2	0	0	0
129	1	1	3	2	2	1	2	2	4	3	3	3	2	4	3	1	3	4	2	1	1	3	1	1	0	0
130	3	4	4	3	3	3	2	2	4	3	3	3	3	4	3	2	3	4	3	1	1	1	1	3	1	1
131	1	2	2	2	2	1	4	3	4	3	3	3	1	4	3	1	4	3	2	1	1	1	1	0	1	0
132	1	3	3	1	1	1	1	2	3	3	2	2	1	4	2	1	3	3	2	1	1	5	1	1	1	0
133	3	4	4	2	2	3	2	4	4	3	3	3	3	4	3	1	3	4	3	1	1	1	1	2	1	1
134	1	4	4	2	2	3	3	3	4	3	2	2	3	4	3	1	3	4	2	1	1	1	1	2	0	0
135	1	2	4	8	8	2	4	3	4	3	3	3	3	4	3	1	4	4	4	1	1	1	1	1	0	0

(续　表)

136	1	3	3	8	8	1	1	2	3	3	3	3	1	3	3	1	3	3	2	1	1	1	1	0	0	0
137	1	4	2	2	2	1	2	3	4	3	3	3	1	3	2	1	3	2	2	1	1	1	2	0	0	0
138	3	4	4	7	3	4	2	2	3	3	3	3	3	4	3	1	3	4	2	1	1	1	2	1	1	1
139	4	4	4	8	8	2	2	2	3	3	3	3	1	4	3	3	3	4	2	1	1	1	1	1	1	1
140	1	1	1	3	3	1	1	1	3	3	3	2	2	3	3	1	3	3	3	1	1	1	2	0	1	0
141	1	2	3	2	2	2	4	2	3	3	3	2	1	2	1	1	2	3	2	1	1	3	1	1	1	0
142	3	4	4	3	3	3	2	2	3	3	3	3	2	4	3	1	3	4	3	1	1	1	1	3	1	1
143	4	2	2	2	2	1	3	2	3	3	3	3	3	4	3	3	4	4	2	1	1	5	1	1	0	1
144	1	1	1	8	8	1	3	2	3	1	1	2	1	4	3	1	3	3	2	1	1	1	1	1	1	0
145	1	1	1	3	3	1	1	1	2	3	3	2	1	3	2	1	3	3	1	1	1	1	2	0	0	0
146	1	1	2	2	2	1	2	2	3	3	3	2	1	4	2	1	2	3	2	1	1	1	1	1	1	0
147	4	2	3	2	2	1	3	2	4	3	3	3	3	4	3	1	4	4	2	1	1	5	1	1	0	1

（续 表）

148	1	3	4	3	3	2	4	3	4	3	3	2	1	3	2	1	3	3	2	1	1	3	3	1	1	0
149	3	2	3	2	2	2	2	1	2	2	3	3	3	2	1	1	1	3	2	1	1	3	3	1	0	1
150	1	3	4	3	2	2	2	2	3	2	3	2	1	3	2	1	3	3	2	1	1	1	3	1	0	0
151	1	4	4	3	3	1	2	2	3	3	3	3	1	4	3	1	4	4	2	1	1	3	3	1	0	0
152	2	4	4	5	2	2	2	2	3	3	3	3	2	4	2	1	3	3	2	1	1	3	3	1	0	1
153	3	4	4	3	3	2	4	2	3	3	3	3	3	4	3	1	3	3	1	1	1	1	3	1	0	1
154	3	3	4	3	3	2	4	3	3	2	3	2	3	4	2	1	3	3	2	1	1	1	3	1	0	1
155	1	3	3	6	2	1	2	3	3	2	3	2	1	4	2	2	3	3	1	1	1	1	3	0	0	0
156	2	3	4	3	3	2	2	3	4	2	3	2	2	4	2	1	3	4	2	1	1	1	3	1	1	1
157	3	3	4	2	2	2	2	2	3	3	3	3	2	4	3	2	4	3	2	1	1	1	3	1	1	1
158	2	3	4	6	3	4	4	4	4	3	3	3	2	4	2	1	4	3	2	1	1	3	3	1	1	1
159	2	4	4	6	2	4	4	3	4	2	3	3	2	4	2	1	3	3	2	1	1	1	3	2	1	1

（续　表）

160	3	3	3	3	3	2	2	3	3	2	3	2	2	3	2	1	3	3	3	1	1	1	1	3	0	0
161	2	2	2	3	3	1	2	2	2	2	2	2	1	2	2	1	1	3	2	1	1	1	1	1	1	1
162	2	3	4	6	3	1	1	2	3	3	2	3	2	4	3	2	3	3	3	1	1	5	1	1	0	1
163	4	3	3	2	1	2	2	2	3	1	1	1	1	4	2	1	2	2	2	1	1	1	1	1	0	1
164	4	2	2	3	4	1	2	2	3	2	2	2	3	3	2	1	3	3	2	1	1	1	1	1	0	1
165	4	2	4	5	3	2	2	3	4	3	3	3	3	4	3	1	4	3	2	1	1	3	1	1	0	1
166	2	2	1	1	1	1	1	1	2	2	2	3	1	4	2	1	2	3	1	1	1	3	1	1	1	1
167	4	4	3	3	3	1	1	2	4	2	3	3	3	4	2	1	3	2	2	1	1	3	1	1	0	1
168	4	4	4	5	3	2	2	2	4	3	3	3	3	4	3	2	4	3	2	1	1	3	1	1	0	1
169	3	2	2	3	1	1	1	2	3	2	3	3	2	3	2	1	2	3	2	1	1	3	1	1	1	1
170	4	2	3	3	3	4	2	2	3	3	3	3	3	3	2	1	3	3	2	1	1	1	3	1	0	1
171	1	1	1	6	5	1	2	2	3	1	1	2	2	3	2	1	2	2	2	1	1	1	1	1	0	1

（续 表）

172	3	3	4	1	1	1	1	3	3	3	3	3	2	4	3	1	3	3	2	1	1	1	3	1	0	1
173	2	2	2	2	2	1	2	2	3	2	2	2	1	3	1	1	3	3	3	1	1	1	1	1	1	1
174	1	3	3	7	8	2	2	2	3	2	3	1	1	3	2	1	1	3	2	1	1	3	2	1	0	0
175	4	4	4	4	1	1	1	2	3	3	3	3	3	4	3	1	3	3	2	1	1	1	3	1	0	1
176	1	4	4	2	2	2	2	2	3	3	3	3	1	4	2	2	4	2	2	1	1	1	3	1	0	0
177	4	2	2	3	3	1	1	2	3	2	3	3	3	3	2	1	4	3	3	1	1	1	1	1	1	1
178	3	2	2	8	8	2	1	2	3	2	2	2	3	3	3	1	4	4	2	1	1	1	3	5	1	1
179	3	2	2	2	2	2	1	2	2	2	2	2	2	4	3	2	3	3	1	1	1	1	1	1	1	1
180	3	4	3	4	2	3	2	2	3	3	3	3	3	4	2	1	3	4	4	1	1	1	1	2	0	1
181	2	1	2	8	2	2	2	2	3	2	2	2	1	4	2	2	4	3	2	1	1	1	1	2	1	1
182	3	3	2	4	1	1	4	2	3	2	4	3	1	3	2	1	3	3	1	1	1	3	1	2	1	1
183	3	3	3	2	2	3	3	3	4	2	3	3	2	4	3	2	4	4	2	1	1	3	1	1	1	1

（续 表）

184	4	1	1	8	8	1	1	2	2	2	1	3	3	3	3	1	3	4	2	1	1	1	1	1	1	1
185	1	1	2	7	7	1	2	2	3	2	3	3	3	3	3	1	1	3	2	1	1	1	1	0	1	0
186	3	3	2	4	1	1	4	2	3	2	4	3	1	4	2	1	3	3	1	1	1	3	1	2	1	1
187	2	3	2	2	2	2	2	1	3	3	3	3	2	4	3	1	1	3	2	1	1	1	1	1	1	1
188	1	1	1	8	8	1	1	2	2	2	1	3	3	3	3	1	3	4	2	1	1	1	1	1	1	0
189	3	3	3	7	3	2	2	2	2	3	3	3	3	4	3	2	4	4	2	1	1	1	1	1	1	1
190	1	1	1	8	8	1	1	2	2	2	1	3	3	3	3	1	3	4	2	1	1	1	1	1	1	0
191	3	2	2	2	2	1	1	3	3	3	4	3	3	3	3	1	3	4	2	1	1	1	1	0	1	1
192	1	1	2	2	2	1	2	3	3	3	3	3	3	3	3	1	3	4	2	1	1	1	1	2	0	0
193	3	2	3	2	2	3	2	2	3	2	2	2	2	3	2	1	3	3	3	1	1	1	1	2	0	1
194	3	2	2	2	2	3	2	2	3	3	2	2	2	3	2	3	3	3	3	1	1	1	1	2	1	1
195	3	2	3	5	2	1	2	3	3	2	2	2	2	3	3	1	3	3	3	1	1	1	1	1	1	1

（续　表）

196	3	3	2	4	1	1	4	2	3	2	3	3	1	4	2	1	3	4	1	1	1	3	1	2	1	1
197	2	1	1	8	8	1	1	2	2	2	1	3	3	3	3	2	3	4	2	1	1	1	1	1	1	1
198	3	3	2	4	1	1	4	2	3	2	3	3	1	4	2	1	3	3	1	1	1	3	1	2	1	1
199	1	1	1	8	8	1	1	2	2	2	1	3	3	3	3	1	3	3	2	1	1	1	1	1	0	0
200	3	4	4	2	2	3	2	3	3	2	2	3	2	3	2	1	3	4	3	1	1	1	1	1	1	1
201	3	3	2	4	1	1	4	2	3	2	3	3	1	4	2	2	3	3	1	1	1	3	1	2	1	1
202	1	1	1	8	8	1	1	2	2	2	1	3	3	3	3	1	2	1	1	1	1	1	1	1	0	0
203	2	3	2	2	2	3	2	1	3	3	3	3	3	3	2	1	4	2	2	1	1	1	1	0	1	0
204	3	2	1	2	2	2	2	1	3	3	3	3	3	3	3	2	4	3	2	1	1	1	1	1	1	0
205	1	3	1	2	2	1	3	2	4	2	2	2	3	4	2	1	3	4	2	1	1	1	1	1	1	0
206	1	4	4	2	1	1	2	3	4	3	3	3	1	4	2	1	3	2	2	1	1	1	3	1	0	0
207	1	3	3	2	2	2	1	2	2	2	2	3	3	3	3	2	3	2	2	1	1	1	1	1	1	0

(续　表)

208	1	1	1	8	8	1	1	2	2	2	1	3	3	3	3	1	3	4	2	1	1	1	1	1	1	0
209	1	1	1	8	8	1	1	2	2	2	1	3	3	3	3	1	3	4	2	1	1	1	1	1	1	0
210	1	1	1	8	8	1	1	2	2	2	1	3	3	3	3	2	3	4	2	1	1	1	1	1	1	0
211	1	1	1	8	8	1	1	2	2	2	1	3	3	3	3	1	3	4	2	1	1	1	1	1	1	0
212	3	3	2	4	0	1	4	2	3	2	3	3	1	4	2	2	3	3	1	1	1	3	1	2	1	1
213	1	3	3	8	2	3	3	4	3	3	4	3	2	4	3	1	4	4	2	1	1	1	1	2	1	0
214	1	1	1	8	8	1	1	2	2	2	1	3	3	3	3	1	3	4	2	1	1	1	1	1	1	0
215	2	2	3	3	1	1	3	3	3	2	2	2	2	3	3	2	3	3	2	1	1	3	1	1	1	1
216	2	2	2	3	1	2	3	3	3	2	2	2	2	3	3	1	3	3	2	1	1	3	1	1	0	1
217	1	4	3	2	2	3	2	4	4	2	2	3	2	4	3	1	3	4	3	1	1	3	2	1	0	0
218	1	3	3	7	7	3	4	3	4	3	3	3	3	4	3	2	3	4	4	1	1	1	1	1	1	0
219	1	1	2	7	8	1	2	3	3	1	1	1	1	3	2	1	2	2	2	1	1	1	1	1	1	0

(续　表)

220	2	3	3	7	1	3	3	3	3	2	3	2	3	3	3	2	3	3	2	1	1	1	1	1	0	1
221	1	2	2	5	8	1	3	2	2	2	2	3	1	4	2	1	1	3	2	1	1	3	1	1	1	0
222	1	2	3	2	1	2	1	2	4	4	3	2	1	3	3	2	3	3	4	1	1	1	1	1	1	0
223	3	3	3	8	8	3	2	2	3	3	4	3	3	3	2	1	3	3	3	1	1	3	1	5	1	1
224	2	1	1	2	2	2	1	2	3	1	2	1	1	3	2	2	3	3	2	1	1	1	3	1	0	1
225	3	2	2	2	2	3	2	2	2	2	2	2	2	4	2	1	2	2	2	1	1	1	1	1	0	1
226	3	2	2	2	2	3	2	2	2	2	2	2	3	4	2	1	2	4	2	1	1	1	3	0	0	1
227	3	2	2	2	2	2	2	2	2	2	2	2	2	4	2	2	2	4	2	1	1	1	1	0	1	1
228	3	2	2	2	2	2	2	2	2	2	2	2	2	4	2	1	2	4	2	1	1	1	1	0	1	1
229	1	2	2	2	2	1	2	2	2	2	2	2	2	4	2	1	2	4	2	1	1	1	2	0	1	0
230	4	2	2	2	2	2	2	2	3	3	3	3	3	3	3	1	3	3	2	1	1	1	3	0	0	1
231	3	2	2	7	2	2	2	3	3	2	2	2	2	3	3	1	3	3	3	1	1	3	1	1	0	1

(续　表)

232	3	2	2	2	2	2	2	2	2	2	2	2	2	2	2	1	2	4	2	1	1	1	1	0	1	1
233	3	2	2	2	2	2	2	2	2	2	4	2	2	4	2	1	2	2	2	1	1	1	1	0	0	1
234	1	3	2	2	2	3	2	3	3	2	2	2	2	4	3	1	3	3	2	1	1	1	2	0	0	1
235	2	1	2	3	3	3	3	3	3	2	2	2	2	4	2	1	2	4	3	1	1	3	2	0	0	1
236	1	4	4	7	7	2	4	3	3	2	2	3	1	3	3	1	3	3	2	1	1	1	1	0	1	0
237	1	2	1	2	2	2	2	2	2	2	2	2	2	4	2	1	2	2	2	1	1	1	1	0	0	0
238	1	3	3	8	8	3	3	4	4	4	3	2	1	3	2	1	3	4	3	1	1	1	1	2	0	0
239	3	2	2	2	2	2	2	2	2	2	2	2	2	4	2	2	2	2	2	1	1	1	1	0	0	1
240	1	4	4	7	7	2	4	3	3	2	2	3	1	3	3	1	3	3	2	1	1	1	4	0	1	0
241	3	2	2	2	2	2	2	2	2	2	2	2	2	2	2	1	2	4	2	1	1	3	3	0	0	1
242	3	2	2	2	2	2	2	2	2	2	4	2	2	4	2	2	2	4	2	1	1	1	1	0	0	1
243	1	2	2	2	2	2	2	2	2	2	2	2	2	4	2	1	2	2	2	1	1	1	2	0	1	0

（续 表）

244	3	2	2	2	2	2	2	2	2	2	2	2	2	4	2	1	2	4	2	1	1	2	4	1	0	1
245	3	3	3	3	3	2	3	1	3	3	3	2	2	3	2	1	3	3	2	1	1	1	1	1	0	1
246	3	2	2	2	2	2	2	2	2	2	2	2	2	4	2	2	2	4	2	1	1	2	1	0	0	1
247	1	3	3	3	3	2	2	2	3	3	3	3	3	3	3	1	3	4	3	1	1	1	1	0	0	0
248	1	2	2	2	2	3	2	2	3	2	2	2	2	4	2	2	2	2	2	1	1	1	3	0	0	0
249	1	1	1	2	2	3	2	2	2	2	2	2	2	4	2	1	2	4	2	1	1	1	3	0	0	0
250	1	1	1	2	2	3	2	3	3	2	2	2	2	3	2	1	2	4	2	1	1	1	3	0	0	0
251	3	1	1	2	2	3	2	3	3	1	2	2	2	2	2	1	2	4	2	1	1	1	3	0	0	1
252	1	1	1	2	2	3	2	3	2	2	2	2	2	2	2	2	2	2	2	1	1	1	3	0	0	0
253	3	1	1	2	2	3	2	3	3	1	2	2	2	2	2	1	2	4	2	1	1	1	3	0	0	1
254	1	2	2	2	2	3	2	2	2	2	2	2	2	2	2	1	2	4	2	1	1	3	2	0	0	0
255	1	3	3	3	3	2	3	3	3	3	3	3	3	4	3	2	4	4	4	1	1	1	1	1	0	0

（续　表）

256	1	2	2	2	2	3	2	2	3	2	2	2	2	2	2	1	2	4	2	1	1	1	3	0	0	0
257	1	2	2	2	2	1	1	1	1	2	3	3	3	3	2	1	2	4	3	1	1	3	1	1	0	0
258	3	2	2	2	2	2	2	2	2	2	2	2	2	4	2	1	2	2	2	1	1	1	1	0	0	1
259	1	2	2	2	2	2	2	2	2	2	2	2	2	4	2	1	2	4	2	1	1	1	1	0	0	0
260	3	2	2	2	2	2	2	2	2	2	2	2	2	4	2	2	2	4	2	1	1	1	1	0	1	1
261	1	2	2	2	2	2	2	3	3	2	2	2	1	3	3	1	3	3	2	1	1	1	4	0	0	0
262	2	2	2	2	2	2	2	2	2	2	2	2	2	2	2	1	2	2	2	1	1	1	1	0	0	1
263	1	1	1	2	2	3	2	2	2	2	2	2	2	4	2	2	2	2	2	1	1	1	3	0	1	0
264	1	1	1	2	2	3	2	3	3	2	2	2	2	3	2	1	2	4	2	1	1	1	3	0	0	0
265	1	2	2	1	1	1	2	2	2	2	2	2	2	4	2	1	2	4	2	1	1	3	3	0	0	0
266	3	1	1	2	2	3	2	3	3	1	2	2	2	4	2	2	2	4	1	1	1	1	3	0	0	1
267	1	1	1	2	2	3	2	3	2	2	2	2	2	2	2	1	2	4	2	1	1	1	3	0	1	0

(续　表)

268	1	2	2	2	2	1	2	3	3	3	3	3	1	3	3	1	3	3	2	1	1	1	2	1	1	0
269	3	3	3	8	2	2	3	3	3	2	3	3	3	4	3	2	3	3	2	1	1	1	1	1	0	1
270	3	2	3	5	1	2	3	3	3	2	2	3	1	4	2	1	3	4	2	1	1	1	1	1	0	1
271	1	2	2	2	2	1	1	3	3	3	3	3	3	3	3	1	3	3	2	1	1	1	1	1	0	0
272	3	1	2	2	2	2	2	2	2	2	2	2	2	2	2	1	2	2	2	1	1	2	2	1	0	1
273	1	2	2	2	2	1	2	3	3	3	3	3	1	3	3	1	3	3	2	1	1	1	1	1	0	0
274	1	2	2	2	2	2	2	2	3	3	3	3	1	3	3	1	3	3	2	1	1	1	4	1	0	0
275	3	3	4	2	2	2	2	3	3	3	3	2	3	4	2	2	3	4	2	1	1	1	1	1	0	1
276	3	2	3	3	2	2	2	3	4	2	3	3	2	4	3	1	3	3	3	1	1	1	1	1	0	1
277	1	2	2	2	2	2	2	3	3	3	3	3	1	3	3	1	3	3	2	1	1	1	2	0	1	0
278	1	2	2	2	2	3	2	2	2	2	2	2	2	2	2	1	2	2	2	1	1	1	3	0	1	0
279	4	3	4	2	2	2	2	3	4	3	3	3	3	4	3	2	4	4	2	1	1	1	1	5	1	1

(续 表)

280	4	3	4	2	2	2	2	3	4	3	4	3	3	4	3	1	4	4	2	1	1	1	1	5	1	1
281	4	3	4	2	2	2	2	3	4	3	3	3	3	4	3	1	4	4	2	1	1	1	1	5	1	1
282	4	3	4	2	2	2	2	3	4	3	3	3	3	4	3	2	4	4	2	1	1	1	1	5	1	1
283	4	3	4	2	2	2	2	3	4	3	3	3	3	4	3	1	4	4	2	1	1	1	1	5	1	1
284	4	3	4	2	2	2	2	3	4	3	4	3	3	4	3	2	4	4	2	1	1	1	1	5	1	1
285	4	3	4	2	2	2	2	3	4	3	3	3	3	4	3	1	4	4	2	1	1	1	1	5	1	1
286	3	3	3	2	2	2	1	2	2	2	2	2	3	2	2	1	2	2	2	1	1	4	1	3	1	1
287	3	2	2	2	2	2	1	2	2	2	2	2	3	4	2	2	2	4	2	1	1	4	1	3	1	1
288	3	2	2	2	2	2	1	2	2	2	2	2	3	2	2	1	2	4	2	1	1	4	1	3	1	1
289	4	2	4	2	2	2	1	2	3	2	2	3	3	4	2	1	4	4	3	1	1	1	1	2	1	1
290	4	2	4	2	2	3	1	2	3	2	2	3	3	4	2	1	4	4	3	1	1	1	1	2	1	1
291	4	2	4	7	8	2	1	2	3	2	2	3	3	4	2	1	4	4	3	1	1	1	1	2	1	1

（续　表）

292	3	2	4	8	8	1	1	2	3	2	3	3	3	4	2	2	4	4	3	1	1	1	1	2	1	1
293	4	2	4	2	2	2	1	2	3	2	2	3	3	4	2	1	4	4	3	1	1	1	1	2	1	1
294	4	2	4	2	2	1	1	2	3	2	2	3	3	4	2	1	4	4	3	1	1	1	1	2	1	1
295	4	2	4	3	3	3	2	2	3	2	2	3	3	4	2	1	4	4	3	1	1	1	1	2	1	1
296	4	2	2	5	2	1	2	2	2	1	1	3	2	3	2	1	3	3	2	1	1	1	1	3	1	1
297	4	3	4	6	3	2	3	3	4	3	3	3	3	4	3	1	4	4	2	1	1	1	1	5	1	1
298	4	3	3	5	2	1	2	2	2	1	1	3	2	3	2	1	3	3	2	1	1	1	1	3	1	1
299	4	3	4	6	3	2	3	3	4	3	3	3	3	4	3	1	4	4	2	1	1	1	1	5	1	1
300	4	3	4	6	3	2	3	3	4	3	3	3	3	4	3	1	4	4	2	1	1	1	1	5	1	1
301	4	2	2	8	2	1	2	2	2	1	1	3	2	3	2	1	3	3	2	1	1	1	1	3	1	1
302	4	3	4	6	3	3	3	3	4	3	3	3	3	4	3	2	4	4	2	1	1	1	1	1	1	1
303	4	3	3	5	2	1	2	2	2	1	1	3	2	3	2	1	3	3	2	1	1	1	1	3	1	1

（续 表）

304	4	3	4	6	3	2	3	3	4	3	3	3	3	4	3	1	4	4	2	1	1	1	1	5	1	1
305	4	3	4	6	3	3	3	3	4	3	3	3	3	4	3	1	4	4	2	1	1	1	1	1	1	1
306	4	3	4	6	3	2	3	3	4	3	3	3	3	4	3	2	4	4	2	1	1	1	1	5	1	1
307	4	3	3	5	2	1	2	2	2	1	1	3	2	3	2	1	3	3	2	1	1	1	1	3	1	1
308	1	2	2	4	7	3	3	3	3	2	3	3	3	3	2	1	2	3	3	1	1	1	1	5	1	0
309	1	2	2	2	2	1	2	3	3	2	4	3	3	3	2	1	2	4	2	1	1	3	1	5	1	0
310	1	2	3	2	2	2	3	3	3	2	3	3	3	3	2	1	2	3	3	1	1	1	1	3	1	0
311	1	2	2	3	2	1	2	3	3	3	2	3	3	3	2	1	2	3	2	1	1	1	1	1	1	0
312	1	2	3	2	2	2	3	3	3	2	4	3	3	3	2	1	2	4	2	1	1	1	1	2	0	0
313	4	2	3	2	2	3	4	3	3	2	3	3	3	3	2	1	2	3	2	1	1	1	1	3	1	1
314	3	1	2	3	2	2	3	3	3	2	2	2	2	4	3	2	3	3	3	1	1	1	1	1	1	1
315	3	1	2	3	2	2	3	3	3	2	2	2	3	3	3	1	3	3	3	1	1	1	1	1	1	1

(续 表)

316	3	1	2	3	2	1	4	3	4	2	2	2	2	4	3	1	3	3	3	1	1	1	1	1	1	1
317	3	1	2	3	2	1	3	3	3	2	2	2	2	4	3	2	3	3	3	1	1	1	1	1	1	1
318	3	4	4	8	8	4	4	4	4	3	3	3	2	4	3	1	4	4	4	1	1	1	3	2	1	1
319	3	4	4	8	8	4	4	4	4	3	3	3	2	4	3	1	2	4	4	1	1	3	3	1	1	1
320	3	4	4	8	8	4	4	4	4	3	3	3	2	4	3	2	4	4	4	1	1	1	3	2	1	1
321	3	4	4	8	8	4	4	4	4	3	3	3	2	4	3	1	2	4	4	1	1	1	3	2	1	1
322	3	1	2	3	2	1	4	3	4	2	2	2	2	4	3	1	3	3	3	1	1	1	1	0	1	1
323	4	3	2	8	8	1	2	2	4	3	3	2	2	4	3	1	4	3	2	1	1	4	1	1	1	1
324	4	3	3	8	8	1	2	2	4	3	4	2	2	4	2	1	3	3	2	1	1	6	1	1	0	1
325	1	1	2	2	2	1	1	1	1	1	1	2	1	3	1	1	2	3	2	1	1	1	3	0	0	0
326	1	2	3	3	8	1	1	1	1	1	2	2	3	3	1	1	2	3	1	1	1	4	1	0	0	0
327	1	2	3	3	8	1	1	1	1	1	2	2	3	3	1	1	2	3	1	1	1	5	1	0	0	0

（续　表）

328	1	2	3	8	8	1	2	3	3	3	3	3	3	4	2	1	4	3	2	1	1	5	3	0	1	0
329	1	2	3	8	8	2	2	2	2	3	4	4	2	2	2	1	2	2	2	1	1	1	2	0	1	0
330	1	1	1	7	7	1	2	2	2	2	2	2	2	2	2	1	2	2	2	1	1	1	2	1	1	0
331	1	1	2	8	8	1	2	2	2	1	1	1	1	2	2	1	2	2	2	1	1	1	2	1	1	0
332	1	1	2	8	8	3	3	2	4	3	4	4	2	4	2	1	3	4	2	1	1	1	2	0	1	0
333	2	1	1	8	8	1	2	2	2	2	2	2	2	2	2	1	2	2	2	1	1	1	2	1	1	0
334	1	1	1	8	8	1	2	2	2	2	2	2	2	2	2	1	2	2	2	1	1	1	2	0	1	0
335	3	1	4	7	7	1	1	2	4	2	2	2	1	3	3	2	3	4	3	1	1	1	1	1	1	1
336	3	1	1	7	7	1	1	2	4	2	2	2	1	3	3	1	3	4	3	1	1	1	1	1	1	1
337	1	1	1	7	7	1	1	2	4	2	2	2	1	3	3	2	3	4	3	1	1	1	1	1	0	0
338	1	1	1	7	7	2	1	2	4	1	2	2	2	3	3	1	3	4	3	1	1	1	1	1	0	0
339	3	1	1	7	7	2	1	2	4	2	2	2	2	3	3	2	3	4	3	1	1	1	1	1	0	1

（续 表）

340	3	1	1	7	7	2	1	2	4	2	2	2	2	3	3	1	3	4	3	1	1	1	1	1	1	1
341	1	1	1	7	7	1	1	2	4	1	2	2	1	3	3	1	3	4	3	1	1	1	1	1	1	0
342	3	1	1	7	7	1	1	2	4	2	2	2	3	3	3	1	3	4	3	1	1	1	1	1	1	1
343	1	1	1	7	7	1	1	2	4	1	2	2	1	3	3	2	3	4	3	1	1	1	1	1	0	0
344	1	1	1	7	7	1	1	2	4	1	2	2	1	3	3	1	3	4	3	1	1	1	1	1	1	0
345	4	2	2	4	3	1	4	2	3	2	3	2	3	4	3	1	3	3	4	1	1	1	1	1	0	1
346	8	2	3	3	3	2	2	3	4	3	2	2	2	3	3	1	2	3	2	1	1	3	1	1	0	1
347	3	1	1	7	8	2	1	2	2	2	3	3	1	2	2	1	2	2	2	1	1	1	1	1	1	1
348	3	4	4	5	8	2	1	2	2	2	3	3	1	2	2	1	2	3	2	1	1	1	1	1	1	1
349	3	2	2	7	7	2	2	4	4	3	3	1	1	4	3	1	3	4	3	1	1	1	1	1	1	1
350	3	2	2	7	7	2	2	4	4	3	3	1	1	4	3	2	3	4	3	1	1	1	4	1	1	1

附录3 社会资本分量指数与总指数

网络规模因子值	网络规模的贡献率	网顶	网顶的贡献率	熟人信任	熟人信任的贡献率	普遍信任	普遍信任的贡献率	特殊信任	特殊信任的贡献率	规范因子值	规范的贡献率	贷款认知性	贷款认知性的贡献率	因子综合得分
0. 96674	13. 813	-0. 80353	10. 921	0. 19149	8. 952	-0. 95277	7. 763	-2. 07488	7. 459	0. 02147	6. 409	-0. 12774	5. 87	-17. 19266903
-0. 81041	13. 813	-1. 56718	10. 921	-0. 69004	8. 952	-0. 74822	7. 763	-0. 18686	7. 459	0. 65967	6. 409	-0. 55835	5. 87	-40. 73851426
-0. 03341	13. 813	1. 0534	10. 921	-1. 61249	8. 952	-0. 83069	7. 763	0. 54973	7. 459	0. 00475	6. 409	-0. 01859	5. 87	-5. 81921236
-0. 01046	13. 813	0. 78763	10. 921	-0. 20059	8. 952	-0. 83829	7. 763	-0. 4904	7. 459	0. 23866	6. 409	1. 14236	5. 87	4. 73122784
0. 1367	13. 813	1. 03934	10. 921	-0. 47262	8. 952	-0. 48288	7. 763	-0. 80845	7. 459	0. 30617	6. 409	-1. 04679	5. 87	-4. 95326476
-1. 29028	13. 813	-0. 3989	10. 921	-0. 63424	8. 952	1. 69322	7. 763	-0. 90446	7. 459	0. 42915	6. 409	-1. 31246	5. 87	-26. 41235915
0. 86013	13. 813	-1. 35063	10. 921	-0. 95121	8. 952	-0. 54444	7. 763	0. 21401	7. 459	0. 2888	6. 409	0. 06357	5. 87	-11. 79059849
0. 35708	13. 813	-1. 00595	10. 921	-0. 45685	8. 952	1. 85457	7. 763	1. 48065	7. 459	0. 23681	6. 409	0. 79688	5. 87	21. 49324104

(续　表)

-1. 42013	13. 813	-1. 09649	10. 921	1. 29788	8. 952	0. 71274	7. 763	1. 48628	7. 459	0. 67855	6. 409	-0. 26271	5. 87	-0. 54651883
0. 27105	13. 813	0. 34501	10. 921	-1. 09911	8. 952	0. 28546	7. 763	0. 05258	7. 459	0. 20165	6. 409	1. 48292	5. 87	10. 27797059
0. 04003	13. 813	-1. 69329	10. 921	1. 9871	8. 952	-0. 37085	7. 763	0. 81769	7. 459	0. 31572	6. 409	-0. 82189	5. 87	0. 26822984
-0. 23178	13. 813	0. 25911	10. 921	-0. 65155	8. 952	1. 4197	7. 763	-1. 04109	7. 459	-0. 01937	6. 409	-1. 23539	5. 87	-10. 32475327
-0. 26353	13. 813	-0. 00046	10. 921	-1. 74937	8. 952	1. 50818	7. 763	-1. 10511	7. 459	0. 06128	6. 409	0. 80067	5. 87	-10. 74786152
-0. 23178	13. 813	0. 25911	10. 921	-0. 65155	8. 952	1. 4197	7. 763	-1. 04109	7. 459	-0. 01937	6. 409	-1. 23539	5. 87	-10. 32475327
0. 0054	13. 813	-1. 40124	10. 921	0. 14715	8. 952	1. 87013	7. 763	1. 9962	7. 459	0. 49263	6. 409	-0. 97395	5. 87	12. 93658912
1. 57456	13. 813	-0. 2034	10. 921	-0. 02361	8. 952	1. 73847	7. 763	-1. 34641	7. 459	-0. 31523	6. 409	-1. 73211	5. 87	10. 58178481
0. 33882	13. 813	-1. 40448	10. 921	-0. 46008	8. 952	0. 78415	7. 763	0. 54762	7. 459	0. 61175	6. 409	1. 35874	5. 87	7. 291722
1. 47309	13. 813	0. 98177	10. 921	0. 98198	8. 952	1. 63733	7. 763	-0. 57714	7. 459	-0. 80195	6. 409	-0. 76219	5. 87	38. 65233998
1. 71013	13. 813	0. 77113	10. 921	0. 16237	8. 952	1. 77626	7. 763	-0. 98349	7. 459	-0. 58579	6. 409	-0. 85396	5. 87	31. 18325382
1. 49238	13. 813	0. 98723	10. 921	-0. 08116	8. 952	1. 74341	7. 763	-0. 7246	7. 459	-0. 57497	6. 409	0. 37366	5. 87	37. 30694135
0. 28503	13. 813	-0. 23518	10. 921	-0. 14669	8. 952	1. 63866	7. 763	2. 07313	7. 459	-0. 04523	6. 409	1. 44867	5. 87	36. 45375781

（续　表）

0.38808	13.813	-1.26398	10.921	-0.49457	8.952	-0.5293	7.763	-1.45579	7.459	-0.1781	6.409	-1.57314	5.87	-38.21423539
0.10593	13.813	-0.48782	10.921	-0.77528	8.952	-0.22868	7.763	-0.76788	7.459	0.04316	6.409	-0.64806	5.87	-21.83493721
0.00657	13.813	-0.69375	10.921	0.4741	8.952	1.75523	7.763	2.47627	7.459	0.16978	6.409	-0.36478	5.87	27.8016607
0.40185	13.813	0.76903	10.921	-0.57258	8.952	-0.98825	7.763	1.0149	7.459	-0.10408	6.409	-0.87389	5.87	2.92516585
1.32908	13.813	-1.04209	10.921	0.42523	8.952	0.7645	7.763	0.36168	7.459	0.24607	6.409	1.46672	5.87	29.60386976
0.01242	13.813	0.46834	10.921	-0.65738	8.952	1.35891	7.763	-0.94399	7.459	0.30433	6.409	-0.47353	5.87	2.08025963
0.71298	13.813	-0.47897	10.921	0.01698	8.952	2.01592	7.763	-0.26265	7.459	0.13599	6.409	1.18049	5.87	26.26108315
-0.16875	13.813	1.80878	10.921	0.03406	8.952	-1.05373	7.763	0.73249	7.459	0.02805	6.409	-0.95888	5.87	9.56233152
-2.01561	13.813	1.14682	10.921	-1.16629	8.952	-0.88072	7.763	-0.82174	7.459	0.20814	6.409	0.30337	5.87	-35.60946465
0.58773	13.813	0.88482	10.921	-1.23495	8.952	-0.83198	7.763	0.34712	7.459	0.25608	6.409	-0.80612	5.87	-0.23403903
0.40752	13.813	0.13374	10.921	-0.34449	8.952	-0.37202	7.763	-0.46745	7.459	0.1271	6.409	-1.04934	5.87	-7.71396889
0.47882	13.813	-0.87044	10.921	0.82273	8.952	0.50565	7.763	-0.5021	7.459	0.23972	6.409	1.01501	5.87	12.14761561
-0.03153	13.813	1.97562	10.921	-0.40197	8.952	-0.38102	7.763	0.68645	7.459	0.15936	6.409	-1.54104	5.87	11.67959242

(续　表)

-0. 23678	13. 813	1. 23924	10. 921	-0. 14643	8. 952	1. 05596	7. 763	0. 5106	7. 459	-0. 11302	6. 409	1. 24689	5. 87	27. 55313854
-0. 03153	13. 813	1. 97562	10. 921	-0. 40197	8. 952	-0. 38102	7. 763	0. 68645	7. 459	0. 15936	6. 409	-1. 54104	5. 87	11. 67959242
1. 10874	13. 813	0. 30833	10. 921	-0. 71299	8. 952	1. 86875	7. 763	-0. 83226	7. 459	0. 18978	6. 409	2. 17012	5. 87	34. 5537944
1. 40924	13. 813	0. 67465	10. 921	-0. 73528	8. 952	1. 91763	7. 763	-0. 11271	7. 459	0. 10885	6. 409	0. 6683	5. 87	38. 91785666
1. 40924	13. 813	0. 67465	10. 921	-0. 73528	8. 952	1. 91763	7. 763	-0. 11271	7. 459	0. 10885	6. 409	0. 6683	5. 87	38. 91785666
1. 40924	13. 813	0. 67465	10. 921	-0. 73528	8. 952	1. 91763	7. 763	-0. 11271	7. 459	0. 10885	6. 409	0. 6683	5. 87	38. 91785666
1. 40924	13. 813	0. 67465	10. 921	-0. 73528	8. 952	1. 91763	7. 763	-0. 11271	7. 459	0. 10885	6. 409	0. 6683	5. 87	38. 91785666
1. 40924	13. 813	0. 67465	10. 921	-0. 73528	8. 952	1. 91763	7. 763	-0. 11271	7. 459	0. 10885	6. 409	0. 6683	5. 87	38. 91785666
1. 36235	13. 813	0. 39704	10. 921	-0. 78592	8. 952	1. 93388	7. 763	-0. 09017	7. 459	0. 19375	6. 409	2. 20342	5. 87	44. 63461011
1. 31582	13. 813	0. 43319	10. 921	-0. 57702	8. 952	1. 85392	7. 763	-0. 73319	7. 459	0. 15092	6. 409	0. 74104	5. 87	31. 98107444
1. 1842	13. 813	0. 35177	10. 921	-1. 02205	8. 952	1. 89917	7. 763	-0. 8484	7. 459	0. 25249	6. 409	2. 07238	5. 87	33. 24776329
1. 81108	13. 813	-1. 40776	10. 921	0. 5912	8. 952	-0. 49067	7. 763	1. 16071	7. 459	-0. 06273	6. 409	-0. 81871	5. 87	14. 57552389
1. 71803	13. 813	-0. 64926	10. 921	0. 71684	8. 952	-0. 57725	7. 763	0. 21794	7. 459	-0. 18815	6. 409	-1. 17747	5. 87	12. 08455207

(续　表)

1. 55686	13. 813	−1. 04134	10. 921	0. 70471	8. 952	0. 78469	7. 763	1. 31965	7. 459	−0. 13403	6. 409	−0. 72894	5. 87	27. 23793871
1. 67493	13. 813	−1. 48821	10. 921	1. 41769	8. 952	1. 88331	7. 763	−0. 24995	7. 459	−0. 15731	6. 409	−0. 83132	5. 87	26. 44193785
0. 55563	13. 813	−0. 48656	10. 921	−0. 01829	8. 952	−0. 86591	7. 763	0. 21974	7. 459	0. 06044	6. 409	1. 36852	5. 87	5. 53501704
0. 38736	13. 813	−1. 91253	10. 921	−0. 63221	8. 952	−0. 43296	7. 763	−0. 23126	7. 459	0. 58246	6. 409	−0. 50242	5. 87	−25. 49793645
−0. 23491	13. 813	1. 2101	10. 921	0. 63832	8. 952	0. 57753	7. 763	0. 43718	7. 459	0. 22431	6. 409	−0. 12415	5. 87	24. 13806421
−2. 01561	13. 813	1. 14682	10. 921	−1. 16629	8. 952	−0. 88072	7. 763	−0. 82174	7. 459	0. 20814	6. 409	0. 30337	5. 87	−35. 60946465
0. 45318	13. 813	1. 31483	10. 921	0. 97505	8. 952	−1. 04839	7. 763	0. 5659	7. 459	0. 20534	6. 409	−0. 22601	5. 87	25. 41942326
0. 60171	13. 813	1. 5041	10. 921	0. 84886	8. 952	−0. 9933	7. 763	0. 64922	7. 459	0. 19233	6. 409	−0. 16403	5. 87	29. 738022
0. 6234	13. 813	1. 59517	10. 921	0. 62043	8. 952	−0. 99692	7. 763	−0. 00388	7. 459	0. 10737	6. 409	−0. 24407	5. 87	23. 07337768
0. 09183	13. 813	1. 56779	10. 921	1. 07889	8. 952	−1. 13232	7. 763	0. 33656	7. 459	0. 01591	6. 409	−0. 37706	5. 87	19. 65733153
0. 36098	13. 813	1. 45043	10. 921	0. 71665	8. 952	−1. 04981	7. 763	0. 04355	7. 459	0. 05901	6. 409	−0. 2481	5. 87	18. 33882608
−0. 74679	13. 813	1. 13389	10. 921	−0. 76158	8. 952	−0. 73902	7. 763	0. 48583	7. 459	0. 37988	6. 409	−0. 05672	5. 87	−4. 76136351
0. 37188	13. 813	1. 18155	10. 921	0. 55994	8. 952	−0. 9258	7. 763	0. 07625	7. 459	0. 1452	6. 409	1. 25177	5. 87	24. 71330892

（续 表）

0. 16729	13. 813	1. 61123	10. 921	0. 76983	8. 952	-1. 1019	7. 763	0. 32043	7. 459	0. 07862	6. 409	-0. 47481	5. 87	18. 35131631
0. 16729	13. 813	1. 61123	10. 921	0. 76983	8. 952	-1. 1019	7. 763	0. 32043	7. 459	0. 07862	6. 409	-0. 47481	5. 87	18. 35131631
0. 56367	13. 813	1. 58038	10. 921	0. 24806	8. 952	-1. 00857	7. 763	0. 54289	7. 459	0. 13255	6. 409	-0. 00331	5. 87	24. 31590766
-0. 00967	13. 813	0. 45178	10. 921	-0. 364	8. 952	-0. 6881.	7. 763	1. 16145	7. 459	0. 49904	6. 409	0. 53233	5. 87	11. 18644938
0. 33623	13. 813	-0. 34394	10. 921	-0. 17602	8. 952	0. 72245	7. 763	-0. 45685	7. 459	0. 39585	6. 409	-0. 60545	5. 87	0. 49619156
0. 36417	13. 813	-0. 74794	10. 921	0. 70557	8. 952	0. 81867	7. 763	0. 83887	7. 459	0. 13371	6. 409	-0. 30602	5. 87	14. 85136664
0. 51205	13. 813	0. 3481	10. 921	-0. 27562	8. 952	0. 56352	7. 763	0. 39142	7. 459	0. 01939	6. 409	-1. 29024	5. 87	8. 25196576
0. 27769	13. 813	-1. 20819	10. 921	-0. 41867	8. 952	-0. 37298	7. 763	-0. 36173	7. 459	0. 37247	6. 409	-0. 79304	5. 87	-20. 96841724
0. 68741	13. 813	-1. 15124	10. 921	0. 50166	8. 952	0. 71655	7. 763	0. 13964	7. 459	0. 32272	6. 409	-0. 82888	5. 87	5. 2203019
-0. 06053	13. 813	-0. 29694	10. 921	0. 86699	8. 952	1. 67905	7. 763	0. 85572	7. 459	0. 07048	6. 409	0. 62183	5. 87	27. 2014409
-0. 21125	13. 813	-0. 66548	10. 921	-0. 85856	8. 952	1. 90268	7. 763	-0. 31832	7. 459	0. 30306	6. 409	-1. 45863	5. 87	-12. 09522305
0. 94721	13. 813	-1. 28481	10. 921	-0. 63768	8. 952	-0. 26239	7. 763	-1. 09833	7. 459	-0. 25789	6. 409	-1. 92065	5. 87	-29. 81251919
0. 96943	13. 813	0. 24354	10. 921	-1. 27797	8. 952	-0. 75819	7. 763	-0. 2028	7. 459	0. 43841	6. 409	-0. 55084	5. 87	-3. 21212579

(续　表)

0. 94939	13. 813	0. 33722	10. 921	-1. 12452	8. 952	-0. 77034	7. 763	-0. 61881	7. 459	0. 45462	6. 409	-0. 39326	5. 87	-3. 26062918
0. 94939	13. 813	0. 33722	10. 921	-1. 12452	8. 952	-0. 77034	7. 763	-0. 61881	7. 459	0. 45462	6. 409	-0. 39326	5. 87	-3. 26062918
0. 59463	13. 813	0. 34553	10. 921	0. 33498	8. 952	-0. 93359	7. 763	-0. 87242	7. 459	0. 36524	6. 409	-0. 63222	5. 87	-0. 13924991
0. 59463	13. 813	0. 34553	10. 921	0. 33498	8. 952	-0. 93359	7. 763	-0. 87242	7. 459	0. 36524	6. 409	-0. 63222	5. 87	-0. 13924991
0. 66592	13. 813	0. 16865	10. 921	-0. 95464	8. 952	-0. 59031	7. 763	-0. 70448	7. 459	0. 42841	6. 409	1. 11067	5. 87	1. 92226207
0. 62314	13. 813	0. 38505	10. 921	0. 45543	8. 952	-0. 90483	7. 763	-0. 62159	7. 459	0. 28741	6. 409	-0. 80474	5. 87	2. 34712502
-0. 58518	13. 813	-0. 15616	10. 921	0. 64052	8. 952	-0. 78156	7. 763	-1. 13355	7. 459	0. 41297	6. 409	-0. 28943	5. 87	-17. 62920876
-1. 1321	13. 813	-0. 90618	10. 921	-0. 47254	8. 952	-0. 78482	7. 763	-0. 67799	7. 459	0. 57895	6. 409	-0. 97639	5. 87	-42. 93487098
-0. 45877	13. 813	1. 60368	10. 921	-1. 47325	8. 952	-0. 83954	7. 763	-0. 59857	7. 459	-0. 01629	6. 409	-1. 14736	5. 87	-19. 83322319
-0. 38332	13. 813	1. 64712	10. 921	-1. 7823	8. 952	-0. 80913	7. 763	-0. 6147	7. 459	0. 04642	6. 409	-1. 24511	5. 87	-21. 13936465
-0. 20654	13. 813	0. 6691	10. 921	-2. 01729	8. 952	-0. 9371	7. 763	-0. 74004	7. 459	0. 01621	6. 409	-0. 13898	5. 87	-27. 11106437
0. 41465	13. 813	-1. 58617	10. 921	0. 80472	8. 952	-0. 60397	7. 763	0. 59676	7. 459	-0. 00391	6. 409	-1. 07498	5. 87	-10. 96372674
0. 38659	13. 813	0. 5868	10. 921	-0. 28171	8. 952	-0. 78862	7. 763	-0. 26336	7. 459	0. 32363	6. 409	0. 98531	5. 87	8. 99799762

（续 表）

1. 39382	13. 813	-0. 59444	10. 921	-1. 15725	8. 952	-0. 76678	7. 763	-0. 19886	7. 459	0. 66121	6. 409	0. 04725	5. 87	-0. 51950307
1. 86859	13. 813	1. 16149	10. 921	-1. 04127	8. 952	-0. 88791	7. 763	-1. 36142	7. 459	-0. 35227	6. 409	-0. 66238	5. 87	5. 98047078
0. 5024	13. 813	1. 41081	10. 921	1. 33241	8. 952	-0. 49072	7. 763	1. 20089	7. 459	0. 20393	6. 409	-0. 3598	5. 87	38. 61778205
1. 3547	13. 813	1. 27239	10. 921	0. 57566	8. 952	-0. 83288	7. 763	-1. 06625	7. 459	-0. 70232	6. 409	-0. 93073	5. 87	13. 37819044
-0. 2632	13. 813	0. 66827	10. 921	0. 71382	8. 952	1. 49745	7. 763	0. 69315	7. 459	0. 15423	6. 409	0. 3631	5. 87	29. 96747898
0. 93772	13. 813	-0. 0677	10. 921	-0. 87087	8. 952	-0. 76625	7. 763	-1. 59057	7. 459	0. 01584	6. 409	-0. 9848	5. 87	-19. 0743714
0. 47512	13. 813	-1. 36601	10. 921	-1. 28927	8. 952	0. 44798	7. 763	-0. 03601	7. 459	0. 40042	6. 409	2. 36027	5. 87	-0. 26676086
1. 36536	13. 813	0. 93143	10. 921	0. 68322	8. 952	-0. 7852	7. 763	-1. 42421	7. 459	-0. 67428	6. 409	-0. 72926	5. 87	9. 82714344
1. 90878	13. 813	-2. 21925	10. 921	-1. 11946	8. 952	0. 75741	7. 763	1. 55508	7. 459	-2. 77815	6. 409	-0. 6796	5. 87	-12. 20715683
0. 31536	13. 813	0. 63408	10. 921	1. 39174	8. 952	-0. 41194	7. 763	0. 35784	7. 459	0. 32769	6. 409	1. 38896	5. 87	33. 46431059
1. 07745	13. 813	0. 17292	10. 921	-0. 76476	8. 952	0. 72862	7. 763	-0. 94089	7. 459	0. 28309	6. 409	0. 41491	5. 87	12. 81316871
1. 46642	13. 813	0. 77451	10. 921	0. 76191	8. 952	-0. 84889	7. 763	-0. 13863	7. 459	-0. 51093	6. 409	-0. 7404	5. 87	20. 29002888
0. 87956	13. 813	0. 41526	10. 921	0. 05948	8. 952	-0. 74994	7. 763	0. 08118	7. 459	0. 41149	6. 409	-0. 19498	5. 87	13. 49332591

(续　表)

-0.24724	13.813	0.29778	10.921	-1.92126	8.952	-0.63081	7.763	-1.04096	7.459	0.14296	6.409	-0.56344	5.87	-32.41485109
-1.05318	13.813	-1.70828	10.921	0.39896	8.952	-0.42393	7.763	-1.3346	7.459	0.2497	6.409	2.08352	5.87	-29.04737159
0.90612	13.813	0.28413	10.921	-0.43309	8.952	-0.91661	7.763	-1.40323	7.459	0.02159	6.409	0.03982	5.87	-5.46802468
0.44652	13.813	-0.20495	10.921	-0.46929	8.952	-0.75609	7.763	-0.64109	7.459	0.07908	6.409	-1.71033	5.87	-20.45579263
1.25934	13.813	0.64965	10.921	0.62594	8.952	-0.83406	7.763	-0.2377	7.459	-0.47207	6.409	0.68868	5.87	22,86274884
1.09155	13.813	0.72869	10.921	-0.6508	8.952	-0.69504	7.763	-1.5919	7.459	-0.11807	6.409	-0.43306	5.87	-3.35870841
1.91944	13.813	-2.56021	10.921	-1.0119	8.952	0.80509	7.763	1.19713	7.459	-2.75011	6.409	-0.47814	5.87	-15.75818794
0.51641	13.813	0.68117	10.921	1.54525	8.952	1.608	7.763	0.49979	7.459	0.19315	6.409	-0.061	5.87	45.49597286
0.7867	13.813	0.09192	10.921	-1.04999	8.952	-0.86496	7.763	-1.48477	7.459	0.08134	6.409	1.77239	5.87	-4.39331161
-0.33336	13.813	0.5953	10.921	-1.71976	8.952	-0.70891	7.763	-0.66687	7.459	0.05221	6.409	-0.66716	5.87	-27.55778887
0.60434	13.813	0.3707	10.921	-0.03818	8.952	-0.75577	7.763	-0.52225	7.459	0.31281	6.409	-0.24231	5.87	2.87431009
-1.11483	13.813	-0.99122	10.921	-0.41824	8.952	-0.35678	7.763	-1.11872	7.459	0.33997	6.409	0.07986	5.87	-38.43491458
1.51485	13.813	-1.2735	10.921	-0.76462	8.952	-0.4672	7.763	0.1299	7.459	0.23034	6.409	-0.35874	5.87	-3.11565293

(续 表)

-0.66461	13.813	-1.26342	10.921	-1.1595	8.952	-0.71487	7.763	0.02011	7.459	0.543	6.409	0.69926	5.87	-31.17270387
0.3664	13.813	1.25912	10.921	-0.89449	8.952	-0.87763	7.763	0.98311	7.459	0.44154	6.409	3.04289	5.87	32.0160282
1.50692	13.813	0.2355	10.921	0.10022	8.952	-0.80165	7.763	-0.16829	7.459	0.16107	6.409	-0.39457	5.87	15.52183857
1.02053	13.813	0.27229	10.921	0.81496	8.952	-0.71863	7.763	0.016	7.459	0.21335	6.409	0.23122	5.87	21.63102276
0.94263	13.813	-0.31261	10.921	-0.84108	8.952	0.08365	7.763	1.50351	7.459	0.365	6.409	1.61461	5.87	25.75828796
1.02276	13.813	1.27649	10.921	0.20338	8.952	-0.35206	7.763	1.86054	7.459	0.2563	6.409	-0.29918	5.87	40.91975511
1.6964	13.813	0.28497	10.921	0.96144	8.952	-0.73468	7.763	-1.53894	7.459	-0.55417	6.409	-0.31572	5.87	12.56411522
0.61708	13.813	0.6401	10.921	0.3997	8.952	-0.61677	7.763	1.68266	7.459	0.42124	6.409	-0.02995	5.87	29.37926863
-0.4814	13.813	0.77299	10.921	-2.18408	8.952	-0.66212	7.763	-1.41216	7.459	0.16225	6.409	0.8904	5.87	-27.16646932
-0.341	13.813	-1.58779	10.921	-0.72525	8.952	-0.35156	7.763	-1.59845	7.459	0.00358	6.409	0.36234	5.87	-41.0450444
0.10909	13.813	-0.39163	10.921	-1.58068	8.952	-0.61524	7.763	-1.02137	7.459	0.07123	6.409	-0.52466	5.87	-31.9381265
1.34457	13.813	0.23766	10.921	-0.9501	8.952	-0.48269	7.763	0.5154	7.459	0.47439	6.409	0.63559	5.87	19.53126001
-1.02176	13.813	-1.2025	10.921	-0.34482	8.952	-0.45617	7.763	-1.14692	7.459	0.38571	6.409	0.42697	5.87	-37.45069672

（续　表）

1.7094	13.813	-1.76725	10.921	-1.308	8.952	0.38406	7.763	2.39558	7.459	-2.96362	6.409	-0.7362	5.87	-9.86265663
-0.93409	13.813	-1.26986	10.921	-0.82574	8.952	-0.41934	7.763	-1.1294	7.459	0.40661	6.409	0.73045	5.87	-38.94857674
0.98798	13.813	-1.2573	10.921	-1.02298	8.952	-0.80285	7.763	-0.21447	7.459	0.59865	6.409	-0.38273	5.87	-15.48385605
1.09155	13.813	0.72869	10.921	-0.6508	8.952	-0.69504	7.763	-1.5919	7.459	-0.11807	6.409	-0.43306	5.87	-3.35870841
0.31536	13.813	0.63408	10.921	1.39174	8.952	-0.41194	7.763	0.35784	7.459	0.32769	6.409	1.38896	5.87	33.46431059
1.14729	13.813	0.97095	10.921	-1.80702	8.952	-0.67508	7.763	-0.47857	7.459	0.14108	6.409	0.35156	5.87	4.43235793
0.89952	13.813	-0.7728	10.921	-0.76506	8.952	-1.19292	7.763	-1.40354	7.459	-0.16133	6.409	0.21234	5.87	-22.38066715
0.51441	13.813	1.52808	10.921	0.99932	8.952	-0.97488	7.763	1.17007	7.459	0.20899	6.409	-0.43666	5.87	32.67540105
0.17534	13.813	0.79082	10.921	0.44315	8.952	-0.73359	7.763	1.1225	7.459	0.29964	6.409	0.21053	5.87	20.85966763
0.55935	13.813	2.04505	10.921	-0.19836	8.952	1.73084	7.763	0.59825	7.459	0.069	6.409	-0.34769	5.87	44.58471225
0.8608	13.813	0.0741	10.921	-1.25498	8.952	1.56188	7.763	-1.18202	7.459	0.33896	6.409	-0.34333	5.87	4.93013034
1.24645	13.813	-0.45688	10.921	-1.7284	8.952	-0.78343	7.763	0.22147	7.459	0.47242	6.409	-0.40281	5.87	-7.01158671
0.49084	13.813	0.11729	10.921	1.08582	8.952	0.28236	7.763	1.19845	7.459	0.14651	6.409	-0.17178	5.87	28.84299087

(续　表)

0. 44637	13. 813	-0. 33866	10. 921	0. 08816	8. 952	1. 62951	7. 763	-0. 42536	7. 459	0. 18237	6. 409	3. 57837	5. 87	34. 90737839
-0. 36198	13. 813	0. 9652	10. 921	-1. 56719	8. 952	-0. 71377	7. 763	-1. 33062	7. 459	0. 1025	6. 409	-0. 84217	5. 87	-28. 24127191
0. 81635	13. 813	-1. 59056	10. 921	-1. 08428	8. 952	-0. 43907	7. 763	0. 58342	7. 459	0. 226	6. 409	-0. 76124	5. 87	-17. 8775532
0. 46158	13. 813	0. 50232	10. 921	1. 17298	8. 952	-0. 44504	7. 763	0. 3911	7. 459	0. 32273	6. 409	0. 20138	5. 87	25. 07500477
0. 81334	13. 813	0. 1515	10. 921	0. 64501	8. 952	-0. 76296	7. 763	-2. 06363	7. 459	-0. 55552	6. 409	2. 2684	5. 87	7. 10303211
-1. 631	13. 813	0. 1289	10. 921	-0. 76466	8. 952	1. 96374	7. 763	-0. 45419	7. 459	0. 13041	6. 409	0. 94026	5. 87	-9. 75468812
0. 04668	13. 813	-0. 87841	10. 921	-1. 656	8. 952	-0. 59224	7. 763	-1. 47878	7. 459	0. 17498	6. 409	-0. 48291	5. 87	-41. 11385079
0. 14808	13. 813	-0. 27552	10. 921	-1. 47382	8. 952	-0. 88417	7. 763	-0. 79533	7. 459	0. 17005	6. 409	0. 27146	5. 87	-24. 27001905
1. 50173	13. 813	0. 44683	10. 921	0. 91066	8. 952	-0. 68542	7. 763	-1. 65831	7. 459	-0. 56556	6. 409	-0. 38503	5. 87	10. 20040535
1. 36689	13. 813	-0. 68417	10. 921	-1. 48295	8. 952	-0. 0763	7. 763	1. 61014	7. 459	0. 1377	6. 409	-0. 27454	5. 87	8. 82234946
0. 05173	13. 813	-2. 61229	10. 921	1. 00353	8. 952	-0. 52703	7. 763	0. 65358	7. 459	0. 25117	6. 409	-1. 80891	5. 87	-27. 05550588
0. 17962	13. 813	-1. 01449	10. 921	-0. 92997	8. 952	-0. 42521	7. 763	1. 16524	7. 459	0. 57163	6. 409	0. 05041	5. 87	-7. 57314237
1. 74037	13. 813	-0. 08743	10. 921	-0. 88129	8. 952	-0. 24601	7. 763	-0. 49713	7. 459	0. 08128	6. 409	0. 01893	5. 87	10. 20977402

(续　表)

1. 44759	13. 813	-1. 23881	10. 921	0. 00217	8. 952	-0. 09825	7. 763	0. 56214	7. 459	0. 09712	6. 409	-0. 13757	5. 87	9. 73113619
1. 29104	13. 813	-1. 06501	10. 921	0. 54982	8. 952	-0. 21424	7. 763	0. 92378	7. 459	0. 27528	6. 409	0. 19521	5. 87	19. 26163207
0. 10041	13. 813	-0. 79487	10. 921	0. 44614	8. 952	-0. 25197	7. 763	1. 98296	7. 459	0. 24489	6. 409	0. 27505	5. 87	12. 71893238
0. 26647	13. 813	-1. 14488	10. 921	-1. 61371	8. 952	0. 11035	7. 763	0. 57373	7. 459	0. 31269	6. 409	1. 9307	5. 87	-4. 79507796
0. 14904	13. 813	-0. 07835	10. 921	-0. 26183	8. 952	-0. 32241	7. 763	1. 47739	7. 459	0. 23855	6. 409	0. 14	5. 87	9. 72677714
0. 64778	13. 813	-0. 15114	10. 921	-0. 07229	8. 952	-0. 86086	7. 763	0. 19553	7. 459	0. 3249	6. 409	1. 56614	5. 87	12. 70117311
1. 39135	13. 813	-0. 07897	10. 921	-0. 25352	8. 952	0. 37255	7. 763	2. 66318	7. 459	-0. 05841	6. 409	-0. 38781	5. 87	36. 19274602
0. 64434	13. 813	-0. 88875	10. 921	0. 41522	8. 952	0. 36902	7. 763	3. 11116	7. 459	0. 42517	6. 409	0. 29145	5. 87	33. 41784984
-0. 48174	13. 813	-0. 01219	10. 921	0. 79531	8. 952	-0. 40656	7. 763	0. 74494	7. 459	0. 42295	6. 409	-0. 18528	5. 87	4. 35568864
-0. 9762	13. 813	-1. 17792	10. 921	-0. 55125	8. 952	-0. 20837	7. 763	-0. 14814	7. 459	0. 44679	6. 409	-0. 5588	5. 87	-34. 42233638
0. 78232	13. 813	-0. 09518	10. 921	0. 0893	8. 952	0. 27171	7. 763	-1. 59141	7. 459	-0. 18292	6. 409	1. 27104	5. 87	7. 09376704
-1. 89042	13. 813	-1. 45175	10. 921	0. 43294	8. 952	-0. 89127	7. 763	0. 97667	7. 459	0. 39745	6. 409	1. 94794	5. 87	-23. 74353696
-0. 97531	13. 813	-0. 42037	10. 921	1. 01115	8. 952	-0. 19572	7. 763	-0. 46753	7. 459	0. 15958	6. 409	-0. 19032	5. 87	-14. 11211381

（续 表）

1. 02295	13. 813	0. 60987	10. 921	0. 92539	8. 952	−0. 08643	7. 763	−0. 50065	7. 459	−0. 1736	6. 409	−0. 21119	5. 87	22. 31689776
−0. 03198	13. 813	−1. 73891	10. 921	−0. 06522	8. 952	−1. 08231	7. 763	−1. 85529	7. 459	0. 04348	6. 409	0. 1716	5. 87	−40. 97085061
0. 84276	13. 813	−1. 22431	10. 921	1. 26243	8. 952	−0. 41504	7. 763	−0. 84153	7. 459	0. 12925	6. 409	0. 18235	5. 87	1. 97145769
1. 14691	13. 813	−0. 16145	10. 921	1. 06764	8. 952	−0. 02109	7. 763	−0. 71445	7. 459	−0. 01462	6. 409	1. 63143	5. 87	27. 62657596
0. 24332	13. 813	−0. 91104	10. 921	0. 36117	8. 952	−0. 73581	7. 763	−1. 12184	7. 459	0. 05568	6. 409	−0. 80018	5. 87	−21. 77539591
0. 02196	13. 813	−0. 49186	10. 921	0. 93581	8. 952	−0. 55702	7. 763	1. 61543	7. 459	0. 18756	6. 409	−1. 14384	5. 87	5. 52217889
−1. 68621	13. 813	−0. 87794	10. 921	−0. 33727	8. 952	1. 13755	7. 763	−0. 11999	7. 459	−2. 50405	6. 409	0. 09227	5. 87	−43. 46987882
0. 82415	13. 813	0. 13184	10. 921	−0. 15697	8. 952	−1. 37294	7. 763	0. 02093	7. 459	0. 28867	6. 409	−0. 19517	5. 87	1. 62103493
−0. 84107	13. 813	−0. 55899	10. 921	−0. 5118	8. 952	−0. 66452	7. 763	−0. 0212	7. 459	0. 35834	6. 409	0. 15222	5. 87	−24. 4307304
−0. 08539	13. 813	−1. 44814	10. 921	−1. 17502	8. 952	1. 50538	7. 763	0. 84638	7. 459	0. 10063	6. 409	−0. 0718	5. 87	−9. 29052302
0. 83104	13. 813	−0. 38382	10. 921	0. 84601	8. 952	−0. 75709	7. 763	−0. 1829	7. 459	0. 22882	6. 409	−0. 03722	5. 87	8. 86742403
1. 12847	13. 813	−1. 23661	10. 921	−1. 06591	8. 952	−0. 74564	7. 763	0. 63978	7. 459	0. 64181	6. 409	1. 90072	5. 87	6. 79481437
−0. 40919	13. 813	0. 30839	10. 921	1. 11173	8. 952	−0. 54442	7. 763	−0. 97616	7. 459	0. 22295	6. 409	−0. 73971	5. 87	−6. 75272837

（续　表）

-1.18207	13.813	0.42117	10.921	1.84595	8.952	1.68503	7.763	0.13131	7.459	0.16012	6.409	-0.85319	5.87	14.87492202
-1.17256	13.813	-0.45382	10.921	0.32135	8.952	-0.99347	7.763	-0.89682	7.459	0.22373	6.409	1.91718	5.87	-19.98997012
0.06681	13.813	0.66336	10.921	1.29145	8.952	-0.56476	7.763	0.71897	7.459	0.17389	6.409	-0.29702	5.87	20.07798045
-0.89411	13.813	-0.23733	10.921	-0.33219	8.952	0.76372	7.763	-0.2657	7.459	-2.71085	6.409	2.39503	5.87	-17.28409673
1.52393	13.813	-1.78019	10.921	0.06597	8.952	-0.16433	7.763	-0.62554	7.459	0.11251	6.409	0.01973	5.87	-2.90555142
0.47036	13.813	0.59205	10.921	0.39421	8.952	-0.66966	7.763	0.30078	7.459	-0.05407	6.409	1.44892	5.87	21.69540186
-1.66906	13.813	0.58207	10.921	1.41848	8.952	1.60189	7.763	-1.42812	7.459	-0.096	6.409	-0.9246	5.87	-8.25924736
-0.23115	13.813	-0.12792	10.921	-0.45978	8.952	1.30042	7.763	-0.78677	7.459	0.22686	6.409	-1.13549	5.87	-9.69057736
1.57437	13.813	-1.75009	10.921	0.07429	8.952	-0.22732	7.763	-0.68531	7.459	0.01144	6.409	0.62276	5.87	0.15159171
0.45586	13.813	-0.5851	10.921	-0.22595	8.952	-0.86519	7.763	-0.65308	7.459	0.2532	6.409	0.06361	5.87	-11.70743151
-1.44268	13.813	0.71239	10.921	0.49132	8.952	1.69314	7.763	-1.47652	7.459	0.09212	6.409	-1.21784	5.87	-12.17727159
0.18863	13.813	0.33341	10.921	0.85892	8.952	0.25308	7.763	-0.87263	7.459	0.07751	6.409	1.2985	5.87	17.5104381
-1.44268	13.813	0.71239	10.921	0.49132	8.952	1.69314	7.763	-1.47652	7.459	0.09212	6.409	-1.21784	5.87	-12.17727159

（续　表）

0. 6375	13. 813	1. 18935	10. 921	-0. 08735	8. 952	-1. 17011	7. 763	-1. 27893	7. 459	0. 02496	6. 409	-1. 45784	5. 87	-6. 00793331
0. 26106	13. 813	1. 20159	10. 921	-0. 03669	8. 952	-0. 82314	7. 763	-1. 092	7. 459	0. 17797	6. 409	-1. 50261	5. 87	-5. 8148375
-1. 21244	13. 813	-0. 04517	10. 921	0. 79807	8. 952	-0. 77695	7. 763	0. 8818	7. 459	0. 38733	6. 409	-0. 01369	5. 87	-7. 14849163
-1. 30555	13. 813	0. 06007	10. 921	0. 12461	8. 952	-0. 92147	7. 763	0. 35379	7. 459	0. 29059	6. 409	2. 5271	5. 87	-4. 08001265
-0. 94417	13. 813	0. 81651	10. 921	0. 05693	8. 952	-0. 18562	7. 763	-0. 05114	7. 459	0. 23793	6. 409	-0. 00652	5. 87	-3. 95087749
1. 07245	13. 813	-1. 3825	10. 921	0. 36633	8. 952	-0. 11275	7. 763	-0. 66062	7. 459	-0. 0917	6. 409	0. 60994	5. 87	0. 18465518
-1. 72522	13. 813	0. 54409	10. 921	0. 6644	8. 952	1. 67755	7. 763	-1. 55946	7. 459	0. 06827	6. 409	0. 30899	5. 87	-8. 29862593
1. 12728	13. 813	-1. 73466	10. 921	0. 25956	8. 952	-0. 14274	7. 763	-0. 59538	7. 459	0. 0133	6. 409	0. 75524	5. 87	-2. 08005364
-1. 38785	13. 813	0. 36022	10. 921	0. 38455	8. 952	1. 66315	7. 763	-1. 41128	7. 459	0. 19712	6. 409	-1. 07253	5. 87	-14. 44203092
-0. 44091	13. 813	0. 17611	10. 921	1. 02779	8. 952	-0. 67548	7. 763	1. 37998	7. 459	0. 44428	6. 409	-0. 31214	5. 87	11. 09843186
0. 9202	13. 813	-1. 85952	10. 921	0. 12359	8. 952	-0. 12791	7. 763	-0. 69445	7. 459	0. 05216	6. 409	2. 18433	5. 87	0. 49272502
-1. 1215	13. 813	-1. 08289	10. 921	0. 18879	8. 952	1. 6703	7. 763	-1. 28935	7. 459	0. 41841	6. 409	-0. 77959	5. 87	-24. 17279947
0. 45801	13. 813	-0. 6399	10. 921	0. 22075	8. 952	-0. 97804	7. 763	-0. 24453	7. 459	0. 41395	6. 409	-0. 57608	5. 87	-8. 83075961

（续　表）

-0. 05703	13. 813	0. 3162	10. 921	0. 36977	8. 952	-0. 96902	7. 763	-1. 44538	7. 459	0. 17744	6. 409	0. 6419	5. 87	-7. 42277987
-0. 46408	13. 813	0. 18869	10. 921	-0. 01267	8. 952	-0. 62424	7. 763	-0. 30317	7. 459	0. 10145	6. 409	0. 15521	5. 87	-10. 00911979
1. 55718	13. 813	-0. 87915	10. 921	-1. 32078	8. 952	-0. 8799	7. 763	0. 82233	7. 459	0. 56178	6. 409	0. 34885	5. 87	5. 03580092
-0. 66138	13. 813	-0. 57914	10. 921	0. 45446	8. 952	-0. 81976	7. 763	-0. 56632	7. 459	0. 71167	6. 409	0. 82928	5. 87	-12. 55111509
-1. 44268	13. 813	0. 71239	10. 921	0. 49132	8. 952	1. 69314	7. 763	-1. 47652	7. 459	0. 09212	6. 409	-1. 21784	5. 87	-12. 17727159
-1. 44268	13. 813	0. 71239	10. 921	0. 49132	8. 952	1. 69314	7. 763	-1. 47652	7. 459	0. 09212	6. 409	-1. 21784	5. 87	-12. 17727159
-1. 64976	13. 813	0. 58753	10. 921	0. 35535	8. 952	1. 70797	7. 763	-1. 57559	7. 459	0. 13098	6. 409	0. 21125	5. 87	-9. 60449293
-1. 44268	13. 813	0. 71239	10. 921	0. 49132	8. 952	1. 69314	7. 763	-1. 47652	7. 459	0. 09212	6. 409	-1. 21784	5. 87	-12. 17727159
0. 92113	13. 813	-1. 85926	10. 921	0. 12679	8. 952	-0. 32354	7. 763	-0. 69173	7. 459	0. 05452	6. 409	2. 20723	5. 87	-0. 811782
1. 3201	13. 813	1. 2225	10. 921	-0. 3136	8. 952	0. 56761	7. 763	0. 7838	7. 459	-2. 76288	6. 409	-0. 28626	5. 87	19. 64319311
-1. 44268	13. 813	0. 71239	10. 921	0. 49132	8. 952	1. 69314	7. 763	-1. 47652	7. 459	0. 09212	6. 409	-1. 21784	5. 87	-12. 17727159
-0. 3536	13. 813	-0. 03898	10. 921	-0. 31249	8. 952	-0. 55525	7. 763	-0. 41365	7. 459	0. 1022	6. 409	1. 26484	5. 87	-7. 42359836
-0. 4196	13. 813	0. 28209	10. 921	-0. 18786	8. 952	-0. 67065	7. 763	0. 09081	7. 459	-0. 01306	6. 409	-0. 36975	5. 87	-11. 17999083

（续　表）

0. 16097	13. 813	1. 26139	10. 921	-0. 14891	8. 952	-0. 71111	7. 763	1. 43653	7. 459	0. 04244	6. 409	-0. 56509	5. 87	16. 81572648
0. 17603	13. 813	1. 7339	10. 921	-0. 3156	8. 952	1. 25986	7. 763	1. 18631	7. 459	0. 09842	6. 409	0. 91717	5. 87	43. 18571424
-2. 03173	13. 813	-0. 69228	10. 921	-0. 99806	8. 952	1. 63486	7. 763	0. 4871	7. 459	0. 38114	6. 409	0. 49143	5. 87	-22. 90719205
-0. 52529	13. 813	0. 11614	10. 921	0. 24541	8. 952	0. 02794	7. 763	1. 01692	7. 459	0. 33564	6. 409	1. 12976	5. 87	12. 79435695
0. 07331	13. 813	-1. 51202	10. 921	-0. 58022	8. 952	1. 36345	7. 763	-0. 49248	7. 459	0. 03942	6. 409	0. 04704	5. 87	-13. 25444722
0. 11619	13. 813	1. 65835	10. 921	-1. 87244	8. 952	-1. 33542	7. 763	-0. 52874	7. 459	0. 31024	6. 409	1. 0163	5. 87	-3. 40303802
0. 93178	13. 813	-0. 56474	10. 921	1. 97923	8. 952	1. 63073	7. 763	0. 15386	7. 459	0. 12032	6. 409	-1. 23661	5. 87	31. 74044747
-2. 17692	13. 813	-0. 43309	10. 921	-1. 02603	8. 952	-0. 82599	7. 763	0. 65705	7. 459	0. 27995	6. 409	1. 40525	5. 87	-35. 45279978
-1. 21263	13. 813	-1. 07998	10. 921	0. 41395	8. 952	-0. 95578	7. 763	0. 67735	7. 459	0. 29197	6. 409	0. 53446	5. 87	-22. 19768993
-1. 35779	13. 813	-0. 42397	10. 921	0. 49175	8. 952	-0. 95412	7. 763	1. 3672	7. 459	-0. 01425	6. 409	-0. 37256	5. 87	-18. 47032785
-1. 36991	13. 813	-0. 4814	10. 921	0. 0732	8. 952	-0. 8783	7. 763	-0. 07561	7. 459	0. 07364	6. 409	1. 7379	5. 87	-20. 23343596
-0. 99656	13. 813	-0. 33398	10. 921	0. 14876	8. 952	-0. 661	7. 763	0. 08627	7. 459	-2. 86086	6. 409	0. 4132	5. 87	-36. 47880215
-0. 84447	13. 813	-0. 41592	10. 921	-0. 67093	8. 952	-0. 77167	7. 763	-0. 12204	7. 459	0. 1397	6. 409	0. 01848	5. 87	-28. 11004746

(续　表)

0. 17726	13. 813	0. 23393	10. 921	0. 15871	8. 952	-1. 01105	7. 763	0. 15819	7. 459	0. 05498	6. 409	-1. 12998	5. 87	-6. 52544389
-0. 82243	13. 813	0. 7702	10. 921	0. 12599	8. 952	0. 18165	7. 763	0. 06416	7. 459	-0. 14071	6. 409	-0. 41998	5. 87	-3. 29938351
-1. 26371	13. 813	-0. 41673	10. 921	0. 19252	8. 952	-0. 76715	7. 763	0. 14301	7. 459	0. 23692	6. 409	-0. 89725	5. 87	-28. 9204066
-0. 15898	13. 813	-1. 09174	10. 921	-0. 37491	8. 952	-1. 12225	7. 763	-0. 02593	7. 459	0. 24107	6. 409	0. 33445	5. 87	-22. 87227709
-0. 7489	13. 813	0. 55991	10. 921	-0. 78411	8. 952	-0. 9562	7. 763	1. 12373	7. 459	0. 23691	6. 409	0. 09855	5. 87	-8. 19336515
-0. 95998	13. 813	0. 49521	10. 921	-0. 5136	8. 952	-0. 37634	7. 763	1. 4079	7. 459	-0. 31288	6. 409	-0. 44688	5. 87	-9. 49819737
0. 40827	13. 813	-0. 30761	10. 921	-0. 7375	8. 952	1. 65311	7. 763	1. 02559	7. 459	0. 51459	6. 409	0. 33873	5. 87	21. 44724585
-0. 86167	13. 813	-0. 80779	10. 921	-0. 80278	8. 952	-0. 71224	7. 763	0. 06062	7. 459	-2. 60613	6. 409	0. 36555	5. 87	-47. 54447207
0. 69613	13. 813	1. 25933	10. 921	-1. 22834	8. 952	1. 53621	7. 763	1. 53471	7. 459	0. 08735	6. 409	-0. 66394	5. 87	32. 40818541
-1. 26024	13. 813	-1. 18574	10. 921	-0. 14034	8. 952	-0. 93827	7. 763	0. 05486	7. 459	0. 28364	6. 409	2. 02851	5. 87	-24. 76287215
0. 46841	13. 813	-0. 58864	10. 921	-1. 19784	8. 952	1. 68955	7. 763	2. 27362	7. 459	0. 46596	6. 409	-0. 134	5. 87	21. 59321208
-0. 82822	13. 813	-0. 81605	10. 921	-0. 04738	8. 952	-0. 69766	7. 763	0. 66232	7. 459	-0. 06419	6. 409	-1. 45781	5. 87	-30. 22085878
-0. 47573	13. 813	-0. 51226	10. 921	-0. 29734	8. 952	-1. 04745	7. 763	-0. 25547	7. 459	0. 06993	6. 409	1. 47292	5. 87	-15. 77012094

（续　表）

-0.88219	13.813	-1.06768	10.921	-0.77592	8.952	-0.88012	7.763	0.53767	7.459	0.35399	6.409	0.24636	5.87	-29.89889551
-0.76586	13.813	0.08344	10.921	0.23194	8.952	-0.5524	7.763	0.70292	7.459	-9.12525	6.409	-0.35042	5.87	-67.17714263
0.33584	13.813	-0.93242	10.921	0.12809	8.952	-0.36667	7.763	-0.08006	7.459	0.29493	6.409	0.24749	5.87	-4.4979933
-1.021	13.813	0.31128	10.921	0.24653	8.952	-0.61982	7.763	-0.63835	7.459	-9.08067	6.409	1.55362	5.87	-67.1480275
0.37216	13.813	1.08528	10.921	-0.21561	8.952	-0.50047	7.763	-0.35616	7.459	0.2686	6.409	-1.08	5.87	3.90295959
-1.06809	13.813	-1.04438	10.921	-1.08298	8.952	-0.84652	7.763	1.46718	7.459	0.36792	6.409	1.51711	5.87	-20.21844227
-1.40509	13.813	-0.10805	10.921	-0.8125	8.952	-0.90998	7.763	1.10698	7.459	0.00534	6.409	-0.51336	5.87	-29.64843228
-1.31767	13.813	0.39208	10.921	-1.05457	8.952	-0.83957	7.763	1.60804	7.459	0.06536	6.409	-1.25589	5.87	-24.83597428
-1.96578	13.813	0.06379	10.921	-0.16315	8.952	-0.71533	7.763	1.90609	7.459	0.13478	6.409	-1.48882	5.87	-27.12833721
-1.61405	13.813	-0.65648	10.921	-1.28622	8.952	-0.87683	7.763	1.61589	7.459	0.42829	6.409	-0.2012	5.87	-34.16857334
-1.96578	13.813	0.06379	10.921	-0.16315	8.952	-0.71533	7.763	1.90609	7.459	0.13478	6.409	-1.48882	5.87	-27.12833721
-0.84474	13.813	-0.58292	10.921	-0.4035	8.952	-0.69745	7.763	0.7433	7.459	0.08172	6.409	-1.55846	5.87	-30.14104131
0.14018	13.813	1.89909	10.921	-0.20953	8.952	-0.50626	7.763	0.1082	7.459	0.19593	6.409	0.87482	5.87	24.06843186

(续　表)

-1. 07156	13. 813	-0. 27537	10. 921	-0. 75012	8. 952	-0. 6754	7. 763	1. 55533	7. 459	0. 32119	6. 409	-1. 40865	5. 87	-24. 37604081
-0. 25653	13. 813	-0. 61564	10. 921	0. 61123	8. 952	-0. 80686	7. 763	-1. 59825	7. 459	0. 11414	6. 409	-1. 47983	5. 87	-30. 93520214
-0. 88689	13. 813	-1. 03832	10. 921	-0. 06478	8. 952	-0. 72098	7. 763	0. 21674	7. 459	-2. 65086	6. 409	0. 70381	5. 87	-41. 00831597
-1. 01191	13. 813	-0. 26967	10. 921	-0. 40894	8. 952	-0. 83229	7. 763	-0. 0088	7. 459	0. 1602	6. 409	0. 11332	5. 87	-25. 41820605
-1. 36991	13. 813	-0. 4814	10. 921	0. 0732	8. 952	-0. 8783	7. 763	-0. 07561	7. 459	0. 07364	6. 409	1. 7379	5. 87	-20. 23343596
-0. 68439	13. 813	0. 37529	10. 921	-1. 77412	8. 952	-0. 78504	7. 763	1. 38219	7. 459	0. 27614	6. 409	-0. 55945	5. 87	-18. 53555977
-1. 07858	13. 813	-1. 07763	10. 921	-0. 33008	8. 952	-0. 79671	7. 763	0. 25735	7. 459	0. 50962	6. 409	-0. 70438	5. 87	-34. 75594103
-1. 5025	13. 813	-0. 93725	10. 921	-1. 16201	8. 952	-0. 95513	7. 763	1. 13838	7. 459	0. 2542	6. 409	1. 20633	5. 87	-31. 60522614
-1. 31767	13. 813	0. 39208	10. 921	-1. 05457	8. 952	-0. 83957	7. 763	1. 60804	7. 459	0. 06536	6. 409	-1. 25589	5. 87	-24. 83597428
-0. 42782	13. 813	-0. 706	10. 921	-0. 76089	8. 952	-1. 12128	7. 763	-0. 02731	7. 459	-0. 12606	6. 409	-0. 38033	5. 87	-32. 37984851
-1. 85076	13. 813	-0. 49434	10. 921	-0. 21293	8. 952	-0. 77965	7. 763	1. 51021	7. 459	-0. 01898	6. 409	1. 21758	5. 87	-20. 63159916
-1. 51664	13. 813	0. 17272	10. 921	-0. 93671	8. 952	-0. 83168	7. 763	1. 58449	7. 459	0. 17943	6. 409	-1. 92089	5. 87	-32. 21177948
0. 68355	13. 813	0. 53994	10. 921	-1. 48318	8. 952	-0. 81171	7. 763	-0. 44827	7. 459	0. 31169	6. 409	-0. 79964	5. 87	-10. 28008272

(续　表)

-0. 02524	13. 813	-0. 05969	10. 921	0. 70749	8. 952	0. 49999	7. 763	0. 28516	7. 459	0. 20858	6. 409	1. 58035	5. 87	21. 9548104
-0. 27609	13. 813	-0. 10313	10. 921	0. 19826	8. 952	-0. 11153	7. 763	0. 56332	7. 459	0. 13458	6. 409	0. 58134	5. 87	4. 44589513
0. 38408	13. 813	0. 86783	10. 921	-0. 31719	8. 952	-1. 00889	7. 763	-1. 16185	7. 459	0. 30014	6. 409	-1. 37776	5. 87	-10. 71872257
-0. 95735	13. 813	-0. 34098	10. 921	0. 2233	8. 952	-0. 51212	7. 763	-0. 00069	7. 459	-8. 72674	6. 409	-1. 05676	5. 87	-81. 06232866
0. 6635	13. 813	0. 63361	10. 921	-1. 32974	8. 952	-0. 82386	7. 763	-0. 86428	7. 459	0. 3279	6. 409	-0. 64206	5. 87	-10. 32892297
0. 58692	13. 813	0. 06419	10. 921	-1. 57397	8. 952	-0. 78821	7. 763	0. 55503	7. 459	0. 31159	6. 409	-0. 97605	5. 87	-10. 99337314
0. 03818	13. 813	0. 04567	10. 921	0. 5401	8. 952	-0. 98326	7. 763	0. 24701	7. 459	0. 1646	6. 409	1. 44609	5. 87	9. 61398752
-0. 06606	13. 813	1. 00924	10. 921	0. 09866	8. 952	-0. 6392	7. 763	0. 22167	7. 459	0. 21997	6. 409	0. 11706	5. 87	9. 78088444
0. 54824	13. 813	0. 66417	10. 921	-1. 68441	8. 952	-0. 90598	7. 763	0. 08679	7. 459	0. 27307	6. 409	-0. 86014	5. 87	-9. 93727093
-1. 11042	13. 813	-1. 16898	10. 921	-0. 83748	8. 952	-0. 79047	7. 763	1. 60248	7. 459	0. 54419	6. 409	-1. 18001	5. 87	-33. 22424828
0. 47925	13. 813	0. 65586	10. 921	2. 13669	8. 952	-0. 73181	7. 763	-0. 28511	7. 459	0. 29929	6. 409	1. 38183	5. 87	35. 13199138
1. 13342	13. 813	0. 76529	10. 921	2. 08739	8. 952	-0. 83121	7. 763	-0. 27597	7. 459	0. 25858	6. 409	-0. 17975	5. 87	34. 79094109
0. 68633	13. 813	0. 78072	10. 921	2. 27266	8. 952	-0. 74664	7. 763	-0. 18604	7. 459	0. 26043	6. 409	-0. 04726	5. 87	32. 55921272

（续　表）

0. 47925	13. 813	0. 65586	10. 921	2. 13669	8. 952	-0. 73181	7. 763	-0. 28511	7. 459	0. 29929	6. 409	1. 38183	5. 87	35. 13199138
0. 68633	13. 813	0. 78072	10. 921	2. 27266	8. 952	-0. 74664	7. 763	-0. 18604	7. 459	0. 26043	6. 409	-0. 04726	5. 87	32. 55921272
0. 92633	13. 813	0. 64043	10. 921	1. 95142	8. 952	-0. 81638	7. 763	-0. 37505	7. 459	0. 29744	6. 409	1. 24934	5. 87	37. 36350703
0. 68633	13. 813	0. 78072	10. 921	2. 27266	8. 952	-0. 74664	7. 763	-0. 18604	7. 459	0. 26043	6. 409	-0. 04726	5. 87	32. 55921272
-0. 50308	13. 813	-1. 78355	10. 921	1. 74561	8. 952	-0. 71665	7. 763	-0. 24762	7. 459	0. 29245	6. 409	-1. 16486	5. 87	-23. 17426055
-1. 00483	13. 813	-0. 84748	10. 921	1. 63462	8. 952	-0. 82133	7. 763	-0. 84218	7. 459	-0. 20754	6. 409	0. 93087	5. 87	-17. 02565
-0. 89863	13. 813	-0. 78281	10. 921	1. 75394	8. 952	-0. 71018	7. 763	-0. 62356	7. 459	-0. 04427	6. 409	-1. 70428	5. 87	-25. 71268473
-0. 76754	13. 813	0. 41525	10. 921	2. 06667	8. 952	-0. 79828	7. 763	-0. 24867	7. 459	0. 24644	6. 409	0. 07524	5. 87	6. 40296066
-0. 91493	13. 813	0. 46782	10. 921	2. 17522	8. 952	-0. 84676	7. 763	0. 28057	7. 459	0. 25072	6. 409	0. 01251	5. 87	9. 1433755
-0. 77451	13. 813	0. 33721	10. 921	2. 08101	8. 952	1. 43212	7. 763	-0. 20852	7. 459	0. 14839	6. 409	0. 03148	5. 87	22. 31158129
-0. 31193	13. 813	0. 17251	10. 921	1. 34888	8. 952	1. 65259	7. 763	-0. 9316	7. 459	0. 22704	6. 409	1. 31179	5. 87	24. 68602481
-0. 76754	13. 813	0. 41525	10. 921	2. 06667	8. 952	-0. 79828	7. 763	-0. 24867	7. 459	0. 24644	6. 409	0. 07524	5. 87	6. 40296066
-0. 62015	13. 813	0. 36268	10. 921	1. 95813	8. 952	-0. 74981	7. 763	-0. 77792	7. 459	0. 24215	6. 409	0. 13798	5. 87	3. 66247773

(续 表)

-0. 81204	13. 813	0. 35277	10. 921	2. 12802	8. 952	-0. 32842	7. 763	0. 55167	7. 459	0. 21755	6. 409	0. 13707	5. 87	15. 45018861
-1. 57402	13. 813	-1. 14061	10. 921	2. 01239	8. 952	0. 22569	7. 763	-0. 38841	7. 459	0. 40622	6. 409	0. 12833	5. 87	-13. 97198243
0. 78837	13. 813	0. 6198	10. 921	2. 24558	8. 952	0. 40569	7. 763	0. 11897	7. 459	0. 17694	6. 409	0. 13348	5. 87	43. 71532753
-1. 28814	13. 813	-1. 43701	10. 921	2. 2176	8. 952	0. 27921	7. 763	-0. 14294	7. 459	0. 53294	6. 409	0. 37713	5. 87	-6. 9040255
0. 78837	13. 813	0. 6198	10. 921	2. 24558	8. 952	0. 40569	7. 763	0. 11897	7. 459	0. 17694	6. 409	0. 13348	5. 87	43. 71532753
0. 78837	13. 813	0. 6198	10. 921	2. 24558	8. 952	0. 40569	7. 763	0. 11897	7. 459	0. 17694	6. 409	0. 13348	5. 87	43. 71532753
-1. 57487	13. 813	-1. 18647	10. 921	2. 03251	8. 952	0. 85968	7. 763	-0. 3545	7. 459	0. 3559	6. 409	0. 18452	5. 87	-9. 12251282
0. 48224	13. 813	0. 83417	10. 921	0. 97907	8. 952	0. 18885	7. 763	0. 57243	7. 459	0. 04847	6. 409	1. 50876	5. 87	39. 43864968
-1. 28814	13. 813	-1. 43701	10. 921	2. 2176	8. 952	0. 27921	7. 763	-0. 14294	7. 459	0. 53294	6. 409	0. 37713	5. 87	-6. 9040255
0. 78837	13. 813	0. 6198	10. 921	2. 24558	8. 952	0. 40569	7. 763	0. 11897	7. 459	0. 17694	6. 409	0. 13348	5. 87	43. 71532753
0. 68932	13. 813	0. 95903	10. 921	1. 11505	8. 952	0. 17403	7. 763	0. 67151	7. 459	0. 00961	6. 409	0. 07967	5. 87	36. 86611276
0. 58129	13. 813	0. 49494	10. 921	2. 10961	8. 952	0. 42052	7. 763	0. 0199	7. 459	0. 2158	6. 409	1. 56257	5. 87	46. 28810619
-1. 28814	13. 813	-1. 43701	10. 921	2. 2176	8. 952	0. 27921	7. 763	-0. 14294	7. 459	0. 53294	6. 409	0. 37713	5. 87	-6. 9040255

(续　表)

-0. 4615	13. 813	-0. 10783	10. 921	1. 32217	8. 952	0. 84259	7. 763	1. 23147	7. 459	0. 51251	6. 409	-1. 32208	5. 87	15. 5343828
0. 74325	13. 813	-0. 45025	10. 921	1. 21639	8. 952	-0. 53519	7. 763	-0. 74363	7. 459	0. 1973	6. 409	-1. 70024	5. 87	-2. 17887396
-0. 15904	13. 813	-0. 12881	10. 921	0. 71655	8. 952	-0. 54922	7. 763	0. 82876	7. 459	0. 54846	6. 409	-1. 03506	5. 87	2. 16840599
0. 00334	13. 813	-0. 07691	10. 921	-0. 10083	8. 952	-0. 53517	7. 763	-0. 35724	7. 459	0. 29254	6. 409	-1. 1915	5. 87	-13. 63482286
0. 46652	13. 813	-0. 21387	10. 921	0. 39782	8. 952	-0. 60277	7. 763	0. 50216	7. 459	0. 40821	6. 409	-1. 23937	5. 87	2. 07707505
-0. 20749	13. 813	-0. 79952	10. 921	1. 77109	8. 952	-0. 53073	7. 763	1. 49167	7. 459	0. 3601	6. 409	-0. 60458	5. 87	10. 02248623
-1. 42943	13. 813	1. 0018	10. 921	-0. 23151	8. 952	-0. 64704	7. 763	0. 31371	7. 459	0. 0728	6. 409	1. 80533	5. 87	-2. 49568264
-1. 36046	13. 813	1. 16392	10. 921	0. 37706	8. 952	-0. 63571	7. 763	0. 45503	7. 459	0. 11412	6. 409	-0. 53027	5. 87	-6. 62766032
-0. 82234	13. 813	1. 16385	10. 921	-0. 38097	8. 952	-0. 44692	7. 763	0. 22938	7. 459	0. 00263	6. 409	0. 62969	5. 87	-0. 10437858
-1. 28204	13. 813	0. 94922	10. 921	-0. 34005	8. 952	-0. 59857	7. 763	-0. 21554	7. 459	0. 06852	6. 409	1. 86807	5. 87	-5. 23621069
0. 53903	13. 813	1. 77239	10. 921	0. 22191	8. 952	1. 63513	7. 763	3. 1339	7. 459	0. 04757	6. 409	-0. 28096	5. 87	63. 51334612
0. 81742	13. 813	1. 14147	10. 921	-0. 12437	8. 952	1. 67512	7. 763	3. 16444	7. 459	-0. 26045	6. 409	-0. 662	5. 87	53. 69600656
0. 33195	13. 813	1. 64753	10. 921	0. 08594	8. 952	1. 64996	7. 763	3. 03482	7. 459	0. 08643	6. 409	1. 14812	5. 87	66. 08599149

（续　表）

0. 40994	13. 813	1. 28176	10. 921	0. 1184	8. 952	1. 67573	7. 763	3. 47132	7. 459	0. 05114	6. 409	-0. 41882	5. 87	57. 49106971
-0. 81025	13. 813	1. 23551	10. 921	-0. 69074	8. 952	-0. 49272	7. 763	0. 23521	7. 459	-0. 04028	6. 409	0. 63192	5. 87	-2. 50182111
0. 9908	13. 813	0. 22471	10. 921	0. 07694	8. 952	1. 46846	7. 763	-1. 46507	7. 459	-0. 50089	6. 409	0. 30471	5. 87	15. 87888673
1. 92152	13. 813	-0. 99171	10. 921	0. 15364	8. 952	1. 5476	7. 763	-1. 303	7. 459	-0. 6694	6. 409	-0. 0241	5. 87	14. 95016633
-2. 00127	13. 813	-2. 03314	10. 921	-0. 62753	8. 952	-0. 55712	7. 763	0. 17915	7. 459	0. 47468	6. 409	-0. 10627	5. 87	-56. 0353365
-0. 67525	13. 813	-2. 85118	10. 921	0. 81869	8. 952	0. 81358	7. 763	-1. 18374	7. 459	0. 16569	6. 409	-0. 69732	5. 87	-38. 68110846
-0. 47755	13. 813	-2. 95716	10. 921	0. 85219	8. 952	0. 83617	7. 763	-1. 34009	7. 459	0. 03135	6. 409	-0. 82002	5. 87	-39. 37987648
1. 59166	13. 813	-0. 33291	10. 921	-0. 52271	8. 952	1. 62804	7. 763	-0. 46793	7. 459	-0. 44403	6. 409	-1. 28784	5. 87	12. 41336513
1. 23406	13. 813	-1. 37309	10. 921	-0. 80436	8. 952	1. 66848	7. 763	0. 11178	7. 459	0. 54477	6. 409	-1. 89905	5. 87	0. 98010886
-1. 1397	13. 813	-1. 03348	10. 921	-0. 77903	8. 952	1. 32139	7. 763	-0. 08043	7. 459	0. 37234	6. 409	-1. 16887	5. 87	-28. 82010438
-2. 20027	13. 813	-1. 36156	10. 921	-0. 91939	8. 952	1. 9139	7. 763	0. 53291	7. 459	0. 49027	6. 409	-0. 11095	5. 87	-32. 16886023
1. 2577	13. 813	0. 26475	10. 921	-0. 92215	8. 952	1. 70177	7. 763	0. 406	7. 459	-0. 03163	6. 409	-0. 97352	5. 87	22. 33077349
-1. 21636	13. 813	-1. 09247	10. 921	-0. 46647	8. 952	1. 69792	7. 763	-0. 05572	7. 459	0. 29049	6. 409	-1. 0753	5. 87	-24. 5932081

(续　表)

-1. 12882	13. 813	-0. 97737	10. 921	-1. 08529	8. 952	1. 68254	7. 763	-0. 06603	7. 459	0. 31029	6. 409	-1. 17081	5. 87	-28. 29673035
-1. 103	13. 813	0. 90148	10. 921	-0. 38914	8. 952	1. 33887	7. 763	-0. 72387	7. 459	0. 21104	6. 409	1. 67514	5. 87	7. 30567144
-1. 27302	13. 813	1. 45727	10. 921	-0. 61282	8. 952	1. 16776	7. 763	-0. 99637	7. 459	-0. 06987	6. 409	-0. 18225	5. 87	-7. 03955151
-1. 32918	13. 813	1. 41929	10. 921	-1. 36691	8. 952	1. 24342	7. 763	-1. 12771	7. 459	0. 0944	6. 409	1. 05135	5. 87	-7. 0789609
-1. 80391	13. 813	1. 45276	10. 921	-0. 35984	8. 952	1. 26538	7. 763	-0. 31091	7. 459	0. 1327	6. 409	-0. 56935	5. 87	-7. 2606475
-1. 71515	13. 813	1. 45234	10. 921	-0. 15933	8. 952	1. 09729	7. 763	-0. 58372	7. 459	-0. 04763	6. 409	0. 88062	5. 87	-0. 22841045
-1. 50807	13. 813	1. 5772	10. 921	-0. 02336	8. 952	1. 08246	7. 763	-0. 48465	7. 459	-0. 08649	6. 409	-0. 54847	5. 87	-2. 80118911
-1. 56886	13. 813	1. 33283	10. 921	-0. 94931	8. 952	1. 35068	7. 763	-0. 82263	7. 459	0. 14931	6. 409	-0. 20313	5. 87	-11. 49916351
-1. 44834	13. 813	1. 59198	10. 921	0. 34902	8. 952	1. 09411	7. 763	-1. 03142	7. 459	-0. 11166	6. 409	-0. 78922	5. 87	-4. 04361599
-1. 77594	13. 813	1. 20798	10. 921	-1. 08528	8. 952	1. 36551	7. 763	-0. 9217	7. 459	0. 18817	6. 409	1. 22595	5. 87	-8. 92633434
-1. 56886	13. 813	1. 33283	10. 921	-0. 94931	8. 952	1. 35068	7. 763	-0. 82263	7. 459	0. 14931	6. 409	-0. 20313	5. 87	-11. 49916351
-0. 73848	13. 813	0. 96727	10. 921	0. 47678	8. 952	-0. 24462	7. 763	0. 00422	7. 459	-0. 0244	6. 409	0. 46156	5. 87	5. 31653551
-0. 15559	13. 813	0. 15461	10. 921	1. 31069	8. 952	-0. 33577	7. 763	0. 15231	7. 459	-3. 29995	6. 409	0. 10778	5. 87	-10. 71458515

（续 表）

-0. 64944	13. 813	-1. 05202	10. 921	-0. 26789	8. 952	1. 34644	7. 763	-0. 44004	7. 459	0. 35826	6. 409	-1. 16791	5. 87	-20. 24736442
0. 15395	13. 813	-1. 55847	10. 921	0. 44112	8. 952	1. 11431	7. 763	0. 20853	7. 459	0. 66697	6. 409	-0. 60427	5. 87	-0. 01127365
-0. 48636	13. 813	2. 1162	10. 921	-1. 27318	8. 952	0. 80915	7. 763	0. 56852	7. 459	-0. 2658	6. 409	0. 3343	5. 87	15. 77627309
-0. 6333	13. 813	1. 71031	10. 921	-1. 86949	8. 952	0. 86043	7. 763	1. 71747	7. 459	-0. 27557	6. 409	1. 29066	5. 87	18. 49502102

社会资本视角下农村中小企业信贷融资机制创新

后 记

本书是在博士学位论文的基础上修改完成的。回首博士阶段的学习历程，心中感慨颇多！那是我生命中最为充实和紧张的一段岁月！为了如期完成博士论文，常常要哄年幼的女儿入睡后，自己继续挑灯夜战！如今，女儿也即将进入小学二年级的学习，我的拙著《社会资本视角下农村中小企业信贷融资机制创新》终于要出版了，此时的心情就如同看着我女儿不断成长，充满无限的喜悦和欣慰！当然，在我看来，任何一项学术研究都不是一个人能独立完成的事！本书之所以能够顺利出版，离不开许多人的帮助和支持，我由衷地感谢他们！

感谢导师张文棋教授。恩师言传身教、授道解惑、治学严谨、思想深邃、待人宽容，在追随他攻读硕士和博士期间所受到的教诲与学术熏陶使我终生受益。

感谢中国农业银行福建省分行营业部、中国人民银行宁德中心支行、农村信用社邵武联社、中国银行莆田分行等对调查工作提供的热情帮助。感谢在银行系统工作的宋凌鹏先生、梁辉晴女士、吴滋兴先生给我提供了不少研究素材，使书稿写作得以顺利进行。

感谢我可爱的师弟郑境辉博士。他为本书数学模型的建立和数据处理做出了无私的贡献。

感谢我的同门同学林强博士、邹志强博士、陈春博士，他们给了我无私的帮助和鼓励。

感谢经济与管理学院书记陈秋华教授和院长刘伟平教授，他们为我们青年教师提供了各种学习和培训的机会。

感谢张春霞教授、马九杰教授、徐学荣教授、蔡贤恩教授、郑庆昌教授、赵建仓副教授、谢志忠教授、林少伟博士、游碧蓉博士、苏宝财博士、梁劲锋博士、林斌博士、王波博士、郑龙章博士等，他们对我的研究多有贡献。徐学荣教授还系统传授给我几门重要的数学课程，使我的数学修养有了很大的提高。

本书得以出版，获得国家社科基金项目、福建省社科规划项目和福建省科协决策咨询研究课题项目的资助是很重要的保障，此外，浙江大学出版社张作梅老师为书稿付出了大量心血，浙江大学出版社教联分社蔡鹏老师为本书的顺利出版提供了许多帮助，在此一并表示感谢！

最后，我要感谢我的家人。感谢我亲爱的父母，他们用最深的爱抚养和教育着我，即使在我成家之后，还继续为我的学习和工作提供坚实的后勤服务。感谢我的爱人江潮炳先生，在我最困难的时候，承担了照顾女儿的重担和责任，使我有更多的时间和精力投入到我的学业和工作。特别感谢我的爱女江昱洁，她的懂事乖巧和聪明可爱是我前进道路上的精神支柱和不竭的动力。

林丽琼

2012年7月

图书在版编目(CIP)数据

社会资本视角下农村中小企业信贷融资机制创新/林丽琼著. —杭州:浙江大学出版社,2012.12

ISBN 978-7-308-11107-2

Ⅰ. ①社… Ⅱ. ①林… Ⅲ. ①农业企业—中小企业—贷款管理—研究—中国②农业企业—中小企业—融资—研究—中国 Ⅳ. ①F832.42②F324

中国版本图书馆 CIP 数据核字(2013)第 022768 号

社会资本视角下农村中小企业信贷融资机制创新

林丽琼 著

责任编辑 张作梅
封面设计 张作梅
出版发行 浙江大学出版社
(杭州市天目山路 148 号 邮政编码 310007)
(网址:http://www.zjupress.com)
排　　版 杭州教联文化发展有限公司
印　　刷 杭州丰源印刷有限公司
开　　本 880mm×1230mm 1/32
印　　张 10
字　　数 183 千
版 印 次 2012 年 12 月第 1 版 2012 年 12 月第 1 次印刷
书　　号 ISBN 978-7-308-11107-2
定　　价 48.00
